ZDTh

Zeitschrift für Dialektische Theologie

Heft 71 · Jahrgang 36 · Nummer 1/2020

Der Christ in der Gesellschaft

EVANGELISCHE VERLAGSANSTALT
Leipzig

Zeitschrift für Dialektische Theologie ISSN 0169-7536
Journal of Dialectical Theology

Gründer	**Redaktionsanschrift**
Gerrit Neven (Kampen)	Universität Siegen
	Prof. Dr. Georg Plasger
Herausgeber	D - 57068 Siegen
Georg Plasger (Siegen), Rinse Reeling Brouwer (Amsterdam) und Bruce McCormack (Princeton)	zdth@uni-siegen.de
Erweiterter Herausgeberkreis:	**Abonnementskosten:**
Gregor Etzelmüller (Osnabrück), Gerard den Hertog (Apeldoorn), Marco Hofheinz (Hannover), Cornelis van der Kooi (Amsterdam), Peter Opitz (Zürich), Günter Thomas (Bochum) und Matthias Wüthrich (Zürich)	Preise incl. MWSt.: Einzelheft: € 19,80, Einzelheft zur Fortsetzung € 17,80, für Mitglieder der Karl Barth-Gesellschaft e.V. 30 % Rabatt, für Studierende 40 % Rabatt, jeweils zuzügl. Versandkosten für Büchersendung. Die Fortsetzung läuft immer
Layout	unbefristet, ist aber jederzeit kündbar.
Anna Lena Schwarz (Siegen)	

Bestellservice: Leipziger Kommissions- und Großbuchhandelsgesellschaft (LKG)
Frau Nadja Bellstedt, An der Südspitze 1-12, 04579 Espenhain
Tel. +49 (0)34206-65256, Fax +49 (0)34206-651771 . E-Mail: nadja.bellstedt@lkg-service.de

© 2020 by Evangelische Verlagsanstalt GmbH · Leipzig
Printed in Germany

Das Werk einschließlich aller seiner Teile ist urheberrechtlich geschützt.
Jede Verwertung außerhalb der Grenzen des Urheberrechtsgesetzes ist ohne Zustimmung des Verlags unzulässig und strafbar. Das gilt insbesondere für Vervielfältigungen, Übersetzungen, Mikroverfilmungen und die Einspeicherung und Verarbeitung in elektronischen Systemen.
Das Buch wurde auf alterungsbeständigem Papier gedruckt.

Cover: Kai-Michael Gustmann, Leipzig
Satz: Anna Lena Schwarz, Siegen
Drucken und Binden: Hubert & Co., Göttingen
ISBN 978-3-374-06563-9
www.eva-leipzig.de

Inhalt

Rinse Reeling Brouwer
Einleitung 5

Barth-Tagung 2018

Marco Hofheinz
Der „Alleszermalmer"?
Die Formation eines „beweglichen" theologischen Konzeptes in
Karl Barths „Tambacher Vortrag" 13

Rinse Reeling Brouwer
„Man wird von diesen Gesichtspunkten immer auch noch anders
reden können"
Wie Karl Barth tatsächlich anders geredet hat und wie auch wir
noch wieder anders reden können 54

Wessel H. ten Boom
Für eine Theologie des Absoluten 78

Erik Borgman
The Revolution Prior to All Revolutions
Karl Barth's Tambach Lecture as an Invitation to a New
Catholicity 95

Messianische Exegese

Katherine Sonderegger
Deus Dixit 110

Georg Plasger
Messianische Ansprüche
Zu den Anfängen des Matthäusevangeliums 127

Andreas Pangritz
Die „Summe der Geschichte *Gottes* in der Geschichte" und die
Weisheit des „alttestamentlichen Gesellschaftsphilosophen"
Zum Gebrauch der Bibel in Karl Barths Tambacher Vortrag 139

Aufsatz

Victor Kal
Wa-chaj ba-hem, ani HaSjem / „Und er lebt durch sie, Ich bin
G-tt" (III 18,5)... 151

Rezensionen 170

Verzeichnis der Autoren und Autorinnen..................... 174

Rinse Reeling Brouwer

Einleitung

Es ist mir eine Freude, Sie auf der 37. Barth-Tagung in den Niederlanden herzlich begrüßen zu dürfen. Das Thema lautet diesmal: „Der Christ in der Gesellschaft – Karl Barths Tambacher Vortrag nach 100 Jahren".

1.

In den Andachten dieser Tagung werden wir als durchgehende Lesung das ganze Kapitel 1. Korinther 15 in vier Abschnitten hören. Zur Eröffnung der Tagung – und zugleich das anschließende öffentliche Symposium antizipierend, das im Rahmen des Karl Barth-Jahres stattfindet und worin die ökologische Frage (wohl *die* „politische Frage von heute") im Zentrum unseres theologischen Interesses stehen wird – bringe ich die Verse 35–42 in Erinnerung. Der Rotterdamer Priester, Liturg und Exeget Thomas Naastepad hat dazu einige bemerkenswerte Notizen geschrieben.[1] Wenn Paulus im V. 35 – man möchte seufzen: endlich! – auf die Frage eingeht: „Wie werden die Toten auferstehen, mit was für einem Leib kommen sie wieder?", verweist er die Leser nicht auf das Ende („am Ende der Tage"), sondern lädt sie ein, zum Anfang zurückzukehren, weil in diesem Anfang das Ganze beschlossen liegt. Wenn man darauf achtgibt, sieht man, dass im Schlussteil die drei ersten Kapitel des Buches Genesis ins Gedächtnis gerufen werden: In den Versen 35–44 aus Genesis 1, in den Versen 45–50 aus Genesis 2 und in den Versen 51–58 aus Genesis 3. Wir beschränken uns jetzt auf die erstgenannte Perikope. Bekanntlich wird im „Lied der sieben Tage" die Zeit, die am Sabbattag ihre Erfüllung findet, in sechs Tage geordnet und skandiert. Dabei verlaufen die Tage 1–2–3 parallel zu den Tagen 4–5–6. Am dritten Tag, an dem das Trockene sich sehen lässt und diesem Trockenen der Namen „Erde" zugerufen wird, heißt es: „Gott sprach: / Sprießen lasse die Erde Gespross,

---

[1] Thomas J. M. Naastepad, *Maandbrief voor „Arauna"*, http://rotterdamsleerhuis.nl/seizoen-1984-1985/ mb mei 1985.

/ Kraut, das Samen samt, Fruchtbaum, der nach seiner Art Frucht macht darin sein Same ist, auf der Erde!" (Genesis 1,11 nach der Verdeutschung Martin Bubers). Und am sechsten Tag, an dem der Mensch – männlich und weiblich – geschaffen wird, spricht Gott zu ihnen: „Fruchtet und mehrt euch und füllet die Erde" (V. 28), und „da gebe ich euch / alles samensäende Kraut, das auf dem Antlitz der Erde all ist, / und alljeden Baum, daran samensäende Baumfrucht ist, / euch sei es zum Essen […]" (V. 29) – Naastepad bemerkt dazu: Der Mensch ist wie ein Samen geschaffen, und nach Paulus wird er deshalb aufgerufen, in seinem Säen seine eigene Seinsweise in Angriff zu nehmen (1 Kor 15,36–38). Und dann liest Paulus das Gedicht von Genesis in umgekehrter Reihenfolge: Beginnend mit dem sechsten Tag (das Vieh, 1 Kor 15,39; Genesis 1,24.26), dann den fünften Tag (die Fische und die Vögel – im Wasser bzw. auf der Erde unterhalb des Himmelsgewölbes –, 1 Kor 15,39; Gen 1,20), und schließlich den vierten Tag (die himmlischen Körper im Unterschied zu den irdischen Körpern – die Sonne, der Mond und die Sterne –, 1 Kor 15,40–41; Gen 1,16), bis er die LeserInnen in V. 42f. wieder auf den dritten Tag zurückführt. Und da lautet die Frage: Haben sie den Mut, sich säen zu lassen in Verweslichkeit, in Unehre und in Schwachheit?

Die Korinther zeigen sich interessiert: Wie denn wird die Auferstehung stattfinden, und mit was für einem Leib kommen sie wieder? Und der Apostel kommt ihrem Interesse auch entgegen. Ja, sagt er, in der Auferstehung wird Gott jedem und jeder einen besonderen Leib geben, und zwar jedem anders, denn jedem „nach seiner Art". Aber dann dreht sich die Zuspitzung gleich in die umgekehrte Richtung. Die vorherrschende Frage soll nicht die nach dem Zustand am Ende der Tage sein, sondern die nach dem eigenen aktuellen Verhalten eines jeden Mannes und einer jeden Frau: Bist du bereit, dich säen zu lassen, in der Nähe der Erde zu bleiben und da immer mehr zu sein, um dort letztendlich als ein nacktes Korn zu sterben? Alles andere, was dir versprochen ist, deutet auf die Rückseite *dieser* Bewegung nach unten. Und ohne eine Antwort auf die Frage der eigenen Bereitschaft zu dieser Bewegung bleibt die Frage nach dem „wie" der Auferstehung eine tote Frage.

Einleitung

2.

Seit Januar 1919 beschäftigte Karl Barth sich mit 1 Korinther 15.[2] Er benutzte diese Lektüre für seinen Vortrag am Pfingstmontag auf einer Versammlung des Christlichen Studenten-Vereins in Aarburg (vor allem den Abschnitt über die Eschatologie).[3] Als er dann am 2. September nach längerem Zögern beschloss, doch nach Tambach zu fahren,[4] griff er für den dort zu haltenden Vortrag wieder zurück auf Einsichten, die er schon in Aarburg vorgetragen hatte.[5]

Nico T. Bakker schließt sich in seiner Untersuchung über die Hermeneutik des (zweiten) Römerbriefs dem Strukturvergleich zwischen der Adam-Christus-Parallele im paulinischen Römerbrief und in 1 Korinther 15 von R.C.M. Ruijs an.[6] Das Fazit lautet, dass dort in der Wiedergabe des Auferstehungsgeschehens die vertikale Dimension viel mehr Gewicht als in seinem Römerbrief hat, und dass es für eine Geschichte zwischen Ursprung und Ende keinen Raum mehr gibt. Dieser vorwiegend räumlich-kosmischen Gestaltung des Stoffes steht eine mehr temporal-historische Ordnung in Römer 1–8 gegenüber. Dort sind die aufeinandertreffenden Gegensätze und Zusammenhänge vorwiegend in heilsgeschichtlicher Perspektive zu verstehen. Sie werden über die Länge der Zeit auseinandergezogen und behandeln anhand von Abfall (Adam) und Vereinigung (Christus) das Liebesdrama von Gott und Mensch. Voraussetzung für das alles ist der Bund, in welchem Christus „geboren aus Davids Geschlecht, dem Fleische nach" (Röm 1,3) ist. Ruijs schlussfolgert, dass Paulus offenbar nicht an eine bestimmte fixierte Denkform gebunden ist. Bakker stellt daraufhin fest, dass die 2. Römerbrief-Auslegung Barths viel besser zur vertikalen Struktur des Auferstehungskapitels passt als zum nicht nur, aber auch linearen Diskurs des paulinischen Römer-

---

2 *Karl Barth – Eduard Thurneysen, Briefwechsel, Bd. 1: 1913–1921* (GA V), hg. von Eduard Thurneysen, Zürich 1973, 310 (Brief 15. Januar), 320 (Brief 17. Februar), 333 (Brief 10. Juni) usw.
3 Karl Barth, Das christliche Leben, in: ders., *Vorträge und kleinere Arbeiten 1914–1921* (GA III), hg. von Hans-Anton Drewes / Friedrich-Wilhelm Marquardt, Zürich 2012, 503–513, 510–511.
4 Barth, *Briefwechsel* (Anm. 2), 342f.
5 In Karl Barth, Der Christ in der Gesellschaft, in: ders., *Vorträge und kleinere Arbeiten 1914–1921* (Anm. 3), (546) 556–598 werden die Verse 19 (S. 595), 23–28 (S. 594), 26 (S. 596), 28 (S. 596), 34 (S. 591) und 50 (S. 595) angeführt.
6 Nico T. Bakker, *In der Krisis der Offenbarung. Karl Barths Hermeneutik, dargestellt an seiner Römerbrief-Auslegung*, Neukirchen-Vluyn 1974, 133–141.

briefs.⁷ Jetzt können wir hinzufügen, dass die Entdeckung dieser Struktur offenbar ein Ergebnis seines Studiums im Safenwiler Pfarrhaus in 1919 war.

Dieses Studium ist für Barth wahrscheinlich auch der Grund gewesen, im Sommersemester 1923 in Göttingen eine Vorlesung über 1 Korinther 15 zu halten. Das Kapitel enthält, so sagt er, keine Lehre von den letzten Dingen. Die hier von Paulus ausgeführten Gedanken könnte man besser als „Methodologie der Apostelpredigt" bezeichnen.⁸ „Darum ist die Erinnerung an den Tod so wichtig, so dringlich, so beunruhigend, so aktuell, weil sie ja wirklich die Botschaft von der Auferstehung hinter sich hat, die Erinnerung an das *Leben* ist, an unser Leben, das wir nicht leben und das doch unser Leben ist. Darum kann das Ende des Briefes auch sein Anfang, sein das Ganze tragende und bewegende Prinzip sein." Dieser vertikale Impuls der Barthschen Lektüre wird dann auch in seiner Erklärung der am Anfang genannten Perikope V. 35–44a klar.⁹ Die Überschrift lautet: „Die Auferstehung als Wahrheit". Es handelt sich hier um die Denkmöglichkeit der Auferstehung. Man muss aufpassen, aufgrund des Bildes vom Weg des Samens die Auferstehung als einen Naturprozess aufzufassen. Es ist nicht mehr gemeint als eine Analogie, ein Gleichnis, nämlich ein Gleichnis für die Neuprädikation: Das Subjekt (das ein Leib ist, und Fleisch!) bleibt, die Prädikate sind andere geworden. Wichtig ist für Barth, dass der Tod der Tod des Leibes ist, wie auch das neue Leben in der Leiblichkeit bestehen soll. Aber den Aufruf, den Naastepad darin las, d.h. die Einladung, sich in seinem Leib säen zu lassen, finde ich in der Erklärung Barths nicht. Wir können uns fragen, ob wir sie im Tambacher Vortrag wohl wiederfinden können.

---

7 Bakker, *Krisis* (Anm. 6), 141: „Die vertikale Weise der Wiedergabe schließt zwar an die antiheidnische Problemstellung von Röm.1, 18–32 und 1. Kor. 15 an, ist aber unbrauchbar für eine Interpretation des Römerbriefes in seiner Gesamtheit". In seinen Augen ist es Barth dann in der „Kurzen Erklärung des Römerbriefs" (von 1941/1956) gelungen, beide Strukturelemente in einer ausgewogenen Weise miteinander zu verknüpfen.

8 Karl Barth, *Die Auferstehung der Toten. Eine akademische Vorlesung über I. Kor. 15*, München ²1926, 62 (und auf 68 zur Möglichkeit, Röm 3–8 auf dem Hintergrund des Auferstehungskapitels zu lesen). Nico T. Bakker hat davon eine (unvollständige) niederländische Übersetzung besorgt: Karl Barth, *Opstanding*, Delft 2003. Zitat dort auf 31.

9 Barth, *Die Auferstehung* (Anm. 8), 108–115.

Einleitung

3.

Im Jahr 1978 haben wir, aus Anlass des XVI. Lustrums der Nederlandse Christen-Studenten Vereniging, eine Neuauflage des Tambacher Vortrags in niederländischer Sprache veröffentlicht. Herman Meijer hat übersetzt, ich selber habe (mit der Hilfe von Dick Boer) Annotationen zum Text gemacht und Friedrich-Wilhelm Marquardt schrieb einen Aufsatz zur Geschichte und Aktualität des Barthschen Textes.[10] Wessel ten Boom, der damals gerade mit seinem Studium der Niederlandistik aufgehört hatte, las den Text zweimal und beschloss dann, Theologie zu studieren – und deshalb haben wir ihn eingeladen, seine Geschichte mit dem Tambacher Vortrag noch einmal mit uns zu reflektieren. Schon bevor der Tambacher Vortrag in der Karl Barth-Gesamtausgabe erschien,[11] hat Friedrich-Wilhelm Marquardt mich über den Fortgang beim Auffinden der Herkunft der Zitate und der Anspielungen ständig informiert, und es stellte sich heraus, dass viele meiner Anmerkungen überholt waren. Als dann die *Vorträge und kleinere Arbeiten 1914–1921* im Jahr 2012 erschienen, habe ich gleich in der Zeitschrift *Ophef* einen Bericht darüber geschrieben. Fast unmittelbar darauf schrieb mir Erik Borgman, Mitkämpfer im Verein für Theologie und Gesellschaft (VTM): Wir *müssen* rasch wieder den Tambacher Vortrag ins Gespräch bringen, denn damit „hat Barth die Theologie recht unsanft aus dem 19. ins 20. Jahrhundert katapultiert". Nun, „rasch" ist es nicht geworden, aber im 100. Gedenkjahr war es unumgänglich, den Tambacher Vortrag zum Thema dieser Tagung zu machen. Und Erik Borgman wird am letzten Vormittag der Tagung auch referieren. Ich hoffe aber sehr, dass unser erster Referent, Marco Hofheinz, ebenso wie andere vertraute und neue ausländische Teilnehmer uns vor einer provinziellen innerniederländischen Introspektion behüten werden.[12]

---

10 Karl Barth, *De christen in de maatschappij (1919)*; Friedrich-Wilhelm Marquardt, *Tambach nu*, Zeist 1978. Der Aufsatz Marquardts erschien später auch im deutschen Original: *Der Christ in der Gesellschaft 1919–1979. Analyse und aktuelle Bedeutung Karl Barths Vortrag* (TEH.NF 206), München 1980.

11 Wie mir erzählt wurde, gab es eine geraume Zeit lang ein Zögern im Herausgeberkreis im Blick auf die Aufnahme der „Sozialistischen Reden" in der GA.

12 Zum 100. Gedächtnis des Tambacher Vortrags erschienen in den Niederlanden schon: Dick Boer, De christen in de maatschappij in onze tijd, in: *Ophef* 21 (4/2018), 12–17 und At Polhuis, „Hoop en nood" bzw. „naïveteit en kritiek", in: *In de Waagschaal* 47 (12/2018), 16–19 und 48 (1/2019), 19–22.

4.

In den achtziger Jahren habe ich als Pfarrer mehrmals die Karl Barth-Tagung in den Niederlanden besucht, z.B. (war es 1984?) als Markus Barth unvergesslich über das Mahl des Herrn referierte, wie er es dann später in seinem Buch, „Das Mahl des Herrn", ausführlich dargelegt hat,[13] und 1987, während der Arbeit an meiner Dissertation. 1996 habe ich zum ersten Mal ein Referat auf der Tagung gehalten (zur Engellehre Barths[14]), und seit ich Anfang 1997 an der Theologischen Universität Kampen tätig war, habe ich die Tagung nur einmal versäumen müssen – 2005, wegen der Beerdigung meines Vaters. Die Tagungen wurden vorbereitet von einem Komitee, zusammengestellt aus Dozenten der verschiedenen theologischen Ausbildungsstätten in den Niederlanden, und die Vorträge sind seit 1985 in der von Gerrit Neven (Kampen) herausgegebenen *Zeitschrift für dialektische Theologie* veröffentlicht worden. Auf der Tagung von 2008 hat Neven mitgeteilt, dass er, wegen seiner baldigen Emeritierung, mir ab sofort die Verantwortlichkeit für die Tagungen und die Zeitschrift übertragen wollte. Seitdem bin ich, als *primus inter pares* im Komitee, dieser Aufgabe gerne nachgekommen.

Seitdem liegen elf Tagungen hinter uns, zwischen 2009 und 2013 im theologischen Seminarium Hydepark, ab 2014 hier in De Glind. Die Vorträge der ersten fünf Tagungen erschienen, mit mir als Herausgeber, in den Heften 51, 53, 55, 57 und 59 der Zeitschrift, die späteren in den Heften 61, 63, 65, 67, 69, gemeinsam mit dem Team Georg Plasgers in Siegen vorbereitet, bei der Evangelischen Verlagsanstalt. Für die erste Gruppe war Maren Mielke als Redaktionssekretärin zuständig, bei der zweiten Gruppe hat Daniel Maassen van den Brink als Student-Assistent geholfen. Zum Komitee gehörten Kees van der Kooi (VU Amsterdam) und Gerard den Hertog (Theologische Universität Apeldoorn), bis 2013 auch Susanne Hennecke (Utrecht) und seit 2017 Edward van 't Slot (Protestantische Theologische Universität), zu dessen Aufgaben die Förderung der Interaktion zwischen Pfarramt und Akademie gehört.

An den Tagungen in der Periode Neven fällt auf, dass die Themen öfter aktueller, kultureller und philosophischer Art waren (wie Narrativität oder

---

13 Markus Barth, *Das Mahl des Herrn. Gemeinschaft mit Israel, mit Christus und unter den Gästen*, Neukirchen-Vluyn 1987.
14 Rinse Reeling Brouwer, Keine Niederlassungsbewilligung? Nein, Ehrenbürgerrecht! Einige hermeneutische und sonstige Bemerkungen zu Barths Angelologie, in: *ZDTh* 12 (1/1996), 51–65.

Lebenskunst), und die Frage war, inwiefern das Denken Barths für diese Themen fruchtbar zu machen war. Für die elf vom Komitee in der jetzigen Zusammenstellung vorbereiteten Tagungen war ein solcher gemeinsamer Nenner weniger einfach zu finden. Es gab Themen, die deutlich die eigenen Interessen der Komiteemitglieder verrieten, wie „Theologie als Nonkonformismus?" (2009), „Barth und die jüdische Religionsphilosophie" (2012), „Bonhoeffers theologischer Weg als Herausforderung an Barth" (2018). Es gab auch Themen anlässlich von Gedenkjahren wichtiger Texte (75 Jahre „Nein!", 2010, und 100 Jahre Tambacher Vortrag), oder der für viele im Ausland noch immer unverständlichen Reorganisation der Fakultäten für Religionswissenschaft und Theologie in den Niederlanden („Orte der Theologie", 2011). Auch Neuveröffentlichungen wurden Thema: Die Herausgabe des zweiten Römerbriefes in der *Karl Barth-Gesamtausgabe* (in Zusammenhang mit der niederländischen Übersetzung und der Welle von Paulusstudien kontemporärer Philosophen, 2015), das Erscheinen einer niederländischen Übersetzung des 34. Paragraphen der Kirchlichen Dogmatik: „Die Erwählung der Gemeinde. Israel und die Kirche" (2016), das Buch von Angela Dienhart Hancock *Karl Barth's Emergency Homiletic 1932–1933* („Karl Barth und die Predigt", 2017), oder die Dissertation von Ariaan Baan über Stanley Hauerwas: „Der Christ als Zeuge" (2013) und – von Hans Theodor Goebel vorgeschlagen – das Erscheinen einer Reihe neuer Jesus-Bücher („Die Menschlichkeit Jesu Christi im neuen Licht", 2014). Diese Reihe zu bewerten überlasse ich Anderen, aber ich selbst jedenfalls habe auf diesen Tagungen viel gelernt, auch über das, was mir das Denken Karl Barths an Anregungen einschließlich der gelegentlichen Entdeckung seiner Defizite gebracht hat, hinaus.

Und so beende ich mit dieser Tagung meinen Vorsitz des Komitees. Gerard den Hertog und Kees van der Kooi sind schon emeritiert, ich werde es in einigen Wochen auch sein. Die Zeit für ein neues Team ist gekommen. Neben Edward van 't Slot gehören dazu: Katja Tolstaya (VU Amsterdam) und Arnold Huijgen (Theologische Universität Apeldoorn). Zu einem späteren Zeitpunkt werden sie sich auf dieser Tagung selber vorstellen und auch ihre Pläne mitteilen.

5.

Das letzte Wort in dieser Einleitung gehört aber doch wieder dem Apostel Paulus. „Fleisch und Blut können das Reich Gottes nicht ererben noch die Vergänglichkeit die Unvergänglichkeit" (1 Kor 15,50), das heißt nach Barth: Unsere Weltbejahung und unsere Weltverneinung, unsere Mitarbeit und unsere Kritik bringen das Gottesreich nicht hervor. Aber zugleich gilt: „Dieses Vergängliche *muss* Unvergänglichkeit und dieses Sterbliche Unsterblichkeit anziehen" (V. 53) – so gewiss es vergänglich ist, so gewiss es sterben muss. Diese Perspektive, wie unverständlich sie auch ist, ist uns verkündigt und begründet unsere Naivität wie unsere Kritik. Wir wünschen einander, auch in diesen Tagen, in der Hoffnung auf das ewige Leben miteinander in die säende Bewegung hineingenommen zu werden, unsere eigene Seinsweise als Samen in Angriff zu nehmen, und dann auch Frucht zu tragen.

Marco Hofheinz

Der „Alleszermalmer"?

Die Formation eines „beweglichen" theologischen Konzeptes in Karl Barths „Tambacher Vortrag"[1]

Gerard den Hertog zum 70. Geburtstag und dem Andenken seines väterlichen Freundes Dieter Schellong (1928–2018) gewidmet

1. Der frühe Barth – ein Alleszermalmer?

Moses Mendelssohn hat Immanuel Kant den „Alleszermalmer der Metaphysik" genannt.[2] Die kopernikanische „Revolution der Denkart"[3], wie Kant sie in der „Vorrede" zur zweiten Auflage seiner „Kritik der reinen Vernunft" stilisiert, und sein Gebaren auf dem „Kampfplatz der Metaphysik"[4], wie es wiederum in der „Vorrede" zur ersten Auflage heißt, lassen Kant in den Augen des jüdischen Denkers Mendelssohn als den Destrukteur par excellence erscheinen. Mendelssohn greift Kants eigene bellikose Metaphorik auf und damit zu jener Fremdbezeichnung, die – wäre sie eine Selbstzuschreibung – nur als pathologische Ausdrucksform von Megalomanie beurteilt werden könnte.

---

[1] Der Redestil dieses Vortrages wurde bewusst beibehalten. Für eine kritische Durchsicht und mancherlei Hinweise danke ich Kai-Ole Eberhardt und Jens Heckmann.
[2] Vgl. Moses Mendelssohn, *Morgenstunde oder Vorlesungen über das Daseyn Gottes* (1785), Stuttgart 1979, 5. Zu Kant und Mendelssohn vgl. Josef Simon, Argumentatio ad hominem. Kant und Mendelssohn, in: Werner Stegmaier (Hg.), *Die philosophische Aktualität der jüdischen Tradition*, Frankfurt a.M. 2000, 376–399; Norbert Hinske, Das stillschweigende Gespräch. Prinzipien der Anthropologie und Geschichtsphilosophie bei Mendelssohn und Kant, in: Michael Albrecht u.a. (Hg.), *Moses Mendelssohn und die Kreise seiner Wirksamkeit* (Wolfenbütteler Studien zur Aufklärung 19), Berlin / New York 1994, 135–156.
[3] Immanuel Kant, *KrV*, B XI.
[4] A.a.O., A VIII.

Lässt sich diese Prädikation „Alleszermalmer" auf den frühen Barth und seinen berühmten „Tambacher Vortrag"[5] übertragen? Hat nicht Barth nach eigener Aussage den deutschen Religiös-Sozialen in Tambach gründlich das Konzept verdorben?[6] Hatte Eduard Thurneysen nicht Recht, als er nach der Lektüre des Manuskriptes Barth postwendend schrieb: „[D]as ist ein großer Schlag!"[7] War also, um die erkenntnisleitende Ausgangsfrage dieses Vortrages auf den Punkt zu bringen, der frühe Barth ein „Alleszermalmer"? Meine Antwort lautet weder kurz „Ja" noch bündig „Nein". Sie lautet kurz und bündig: Ja *und* Nein. Sie fällt mit anderen Worten dialektisch aus. Der Vortrag umfasst in seiner Disposition dementsprechend beides: Destruktion und

---

5 Karl Barth, Der Christ in der Gesellschaft (1919), in: ders. *Vorträge und kleinere Arbeiten 1914–1921 (GA III)*, hg. von Hans-Anton Drewes / Friedrich-Wilhelm Marquardt, Zürich 2012, 546–598. Die Kommentare zu diesem Text sind inzwischen unüberschaubar. Ich nenne hier nur in alphabetischer Reihenfolge: Hendrik J. Adriaanse, „Wir stehen tiefer im Nein als im Ja". Figuren der Negativität in K. Barths dialektischer Theologie, in: Marco M. Olivetti (Hg.), *Théologie négative*, Padova 2002, 721–737; Eberhard Busch, *Antworten, die zu neuen Fragen wurden. Die Bedeutung des Tambacher Vortrages für K. Barths Weg* (1994), abgerufen unter: http://wwwuser.gwdg.de/~ebusch/tambach.htm (26.7.2018); Christof Gestrich, *Neuzeitliches Denken und die Spaltung der Dialektischen Theologie* (BHTh 52), Tübingen 1977, 59–72; Hans Theodor Goebel, Der Christ in der Gesellschaft. Ein Gang durch Karl Barths Tambacher Vortrag, in: Melanchthon Akademie Köln (Hg.), *… im Fluss. Rheinisches Strandgut zum Karl Barth-Jahr für Marten Marquardt zum 75. Geburtstag*, Köln 2019, 109–119; Christian Link, Bleibende Einsichten von Tambach, in: Michael Beintker u.a. (Hg.), *Karl Barth in Deutschland (1921–1935). Aufbruch – Klärung – Widerstand. Beiträge zum Internationalen Symposion vom 1. bis 4. Mai 2003 in der Johannes a Lasco Bibliothek Emden*, Zürich 2005, 333–346; Hildegard Kirsch, *Zum Problem der Ethik in der kritischen Theologie Karl Barths*, Diss. masch. Bonn 1972, 115–179; Alexander Maßmann, *Bürgerrecht im Himmel und auf Erden. Karl Barths Ethik* (ÖTh 27), Leipzig 2011, 32–45; Gerald McKenny, *The Analogy of Grace. Karl Barth's Moral Theology*, Oxford 2010, 33f.; Friedrich-Wilhelm Marquardt, *Der Christ in der Gesellschaft 1919–1979. Geschichte, Analyse und aktuelle Bedeutung von Karl Barths Tambacher Vortrag* (TEH 206), München 1980; Friedrich-Wilhelm Marquardt, *Theologie und Sozialismus. Das Beispiel Karl Barths* (GTS 7), München / Mainz 1985, 202–219; Georg Pfleiderer, *Karl Barths praktische Theologie. Zu Genese und Kontext eines paradigmatischen Entwurfs systematischer Theologie im 20. Jahrhundert* (BHTh 115), Tübingen 2000, 315–331; John Webster, *Barth's Moral Theology. Human Action in Barth's Thought*, Edinburgh 1998, 20–27.

6 Vgl. Karl Barth, Abschied von „Zwischen den Zeiten", in: ZZ 11 (1933), 536–544, 542. Wiederabgedruckt in: Jürgen Moltmann (Hg.), *Anfänge der dialektischen Theologie Teil II: Rudolf Bultmann, Friedrich Gogarten, Eduard Thurneysen* (ThB 17), München 1977, 313–321, 319.

7 Thurneysen an Barth am 14.9.1919, in: *Karl Barth – Eduard Thurneysen, Briefwechsel, Bd. 1: 1913–1921* (GA V), hg. von Eduard Thurneysen, Zürich 1973, 345.

Konstruktion. Barth selbst bekennt sich im Tambacher Vortrag ausdrücklich zu beidem: „Es ist in uns [...] ein kritisches Nein und ein schöpferisches Ja gegenüber allen Inhalten unseres Bewusstseins, eine Wendung vom alten zum neuen Äon."[8]

Doch was genau meint Dialektik? Hierbei handelt es sich durchaus um eine, wenn nicht gar *die* Preisfrage der Barthforschung, die seit Hans Urs von Balthasars vieldiskutierter Beobachtung einer Wende von der Dialektik zur Analogie Bände füllt.[9] Der kürzlich verstorbene deutsche Literaturpapst Marcel Reich-Ranicki berichtete nicht ohne Süffisanz vom Schriftsteller Heinrich Böll, dass dieser immer dann, wenn er in Interviews nicht weitergewusst habe, antwortete: „Das muss man differenziert und dialektisch sehen."[10] Diese Auskunft habe Böll so manches Mal aus der Verlegenheit befreit. Gilt dies nicht auch im Blick auf Karl Barth? Seine Verlegenheit im Blick auf die Rede von Gott ist ja evident. Er konzediert und kultiviert sie nicht nur. Sie ist bei ihm gewissermaßen Programm, zu dem er mit dem Tambacher Vortrag die Programm*schrift* liefert.

Verlegen ist indes nicht nur Barth, sondern auch die Barth-Forschung hinsichtlich der Einordnung dessen, was in Tambach wirklich geschah. Hendrikus Berkhof spricht von einem „Tasten und Fortschreiten"[11], Eberhard Busch unter Rekurs auf Barths Selbsteinschätzung von einem „Griff nach dem Glockenseil"[12] bzw. einer „programmatische Ankündigung"[13] dessen, was in den nächsten Jahren dann ausführlich entfaltet wurde, Dieter Schellong indes von einem „entscheidende[n] Dokument der Vollendung von Barths früher Wende"[14]. Christofer Frey identifiziert fernerhin einen

---

8 Barth, Der Christ in der Gesellschaft (Anm. 5), 557.
9 Vgl. Hans Urs von Balthasar, *Karl Barth. Darstellung und Deutung seiner Theologie*, Köln 1962, 93.
10 So Marcel Reich-Ranicki über Heinrich Böll in der Sendung „Lauter schwierige Patienten" (2/12), gesendet am 22.01.2012 auf ARD-alpha.
11 Hendrikus Berkhof, *200 Jahre Theologie. Ein Reisebericht*, Neukirchen-Vluyn 1985, 189.
12 Busch, Antworten (Anm. 5), 1. Vgl. Eberhard Busch / Hinrich Stoevesandt, *Der Zug am Glockenseil. Vom Weg und Wirken Karl Barths*, Zürich 1982. Die Metapher vom „Zug am Glockenseil" findet sich in: Karl Barth, *Die christliche Dogmatik im Entwurf. Erster Band: Die Lehre vom Wort Gottes. Prolegomena zur christlichen Dogmatik*, München 1927, IX.
13 Eberhard Busch, *Karl Barths Lebenslauf. Nach seinen Briefen und autobiographischen Texten*, München ⁴1986, 123.
14 Dieter Schellong, Alles hat seine Zeit. Bemerkungen zur Barth-Deutung, in: *EvTh* 45 (1985), 61–80, 66.

„Donnerschlag"[15], ähnlich Georg Merz einen Augenblick, einen Kairos, in dem „wohl jeder in irgendeiner Weise geweckt"[16] wurde. Markus Mattmüller spricht hingegen von einer „endgültigen Scheidung"[17], und zwar im Blick auf den religiösen Sozialismus, Christian Link von einem „Dokument des Übergangs"[18], das jedoch „die Initialzündung zu der einflußreichsten theologischen Bewegung des 20. Jahrhunderts ausgelöst hat."[19] Andere schwanken im Urteil zwischen den Extremen einer „kleinen Fingerübung" und einem „rhetorischen Geniestreich".[20] Kurz, die Frage imponiert sich: Was geschah in Tambach wirklich? Man ist versucht, „schelmisch"[21] zu antworten: „Das muss man differenziert und dialektisch sehen!" Ja, in der Tat. Nur – was bedeutet „Dialektik"?

Die Frage nach Bedeutung des Tambacher Vortrags ist noch nicht geklärt – weder für Barths eigenes Werk, geschweige denn für uns heute. Die ökumenische Hoffnung, die etwa Friedrich-Wilhelm Marquardt in seinem immer noch lesenswerten Kommentar zum Tambacher Vortrag im Jahr 1980 zur Sprache brachte, dass die ökumenische Bewegung die sozialistische Bewegung beerben könne und solle,[22] dürfte längst zu den „enttäuschten Hoffnungen"[23] gehören, die Michael Weinrich in seinem „Plädoyer für einen neuen Realismus" diagnostizierte. Wie aber, wenn nicht so, ist der Tambacher Vortrag in seiner Gegenwartsrelevanz einzuschätzen? Ist er etwa „nur"

---

15 Christofer Frey, *Die Ethik des Protestantismus von der Reformation bis zur Gegenwart* (GTB 1424), Gütersloh 1989, 178.
16 Georg Merz, *Wege und Wandlungen*, München 1961, 241.
17 Markus Mattmüller, *Leonhard Ragaz und der religiöse Sozialismus. Eine Biographie*, Bd. 2, Zürich 1968, 256: „Seit der Tambacher Konferenz waren die Wege der Dialektiker und der schweizerischen religiösen Sozialisten endgültig geschieden. Theologie und Prophetie, Kirchlichkeit und Laienhaftigkeit, wissenschaftliche Arbeit und politischer Kampf, akademische Tätigkeit und Ablehnung des Intellektualismus waren nun die Kampfpositionen."
18 Link, Bleibende Einsichten (Anm. 5), 333.
19 A.a.O., 334.
20 Vgl. Markus Baum, *Stein des Anstosses. Eberhard Arnold 1883–1935*, Moers 1996, 132. Pfleiderer (*Karl Barths praktische Theologie* [Anm. 5], 320) hat den Vortrag einen der „rhetorisch fulminantesten Texte der neueren Theologiegeschichte" genannt.
21 Karl Barth selbst hat übrigens gegenüber Thurneysen in seinem Brief vom 8. Juli 1919 bemerkt, dass er sich „schelmisch auf die Reise" nach Tambach freue. *Karl Barth – Eduard Thurneysen I* (Anm. 7), 338.
22 Vgl. Marquardt, *Der Christ in der Gesellschaft* (Anm. 5), 81ff.
23 Michael Weinrich, *Ökumene am Ende. Plädoyer für einen neuen Realismus*, Neukirchen-Vluyn 1995, 40. Zu Marquardt vgl. a.a.O., 40–43.

noch von theologiegeschichtlichem oder gar subalternem, werkgeschichtlichem Rang?

Ich möchte mich heute nicht enggeführt auf die Besprechung der geistesgeschichtlichen Prägung des Tambacher Vortrags, wie z.b. auf die Frage nach der Herkunft aus der späten Ritschlschule[24] oder nach der produktiven Anverwandlung des Marburger Neukantianismus,[25] die bereits Hendrikus Berkhof im Tambacher Vortrag beobachtete,[26] kaprizieren, sondern versuchen, so etwas wie eine Gesamtschau mit einem kritischen Impuls für die Gegenwart anzubieten. Denn es zeigt sich, dass in der Barthforschung zwar eine Fülle von Einzeluntersuchungen zu mehr oder weniger singulären Gesprächspartnern vorliegen, etwa zu Barth und Blumhardt[27], Barth und Ragaz[28], Barth und der Neuwerkbewegung[29], Barth und dem Kairoskreis;[30] die

---

24 Vgl. dazu bündelnd Hartmut Ruddies, Karl Barth als liberaler Theologe. Eine Skizze zu den Anfängen seiner Theologie, in: Roderich Barth u.a. (Hg.), *Protestantismus zwischen Aufklärung und Moderne. Festschrift für Ulrich Barth* (Beiträge zur rationalen Theologie 16), Frankfurt a.M. 2005, 389–402.

25 Vgl. Johann Friedrich Lohmann, *Karl Barth und der Neukantianismus. Die Rezeption des Neukantianismus im „Römerbrief" und ihre Bedeutung für die weitere Ausarbeitung der Theologie Karl Barths* (TBT 72), Berlin / New York 1995. Fernerhin: Cornelis van der Kooi, *Anfängliche Theologie. Der Denkweg des jungen Karl Barth (1909–1927)* (BEvTh 103), München 1987.

26 Berkhof, *200 Jahre Theologie* (Anm. 11), 189–200.

27 Herbert Anzinger, *Glaube und kommunikative Praxis. Eine Studie zur „vordialektischen" Theologie Karl Barths* (BEvTh 110), München 1991, 117f.; Christian T. Collins Winn, *Jesus is Victor! The Significance of the Blumhardts for the Theology of Karl Barth*, Eugene 2008; Gerhard Sauter, Barth und Blumhardt, in: Michael Beintker (Hg.), *Barth Handbuch*, Tübingen 2016, 76–80.

28 Vgl. Eberhard Busch, *Barth – ein Porträt in Dialogen. Von Luther bis Benedikt XVI.*, Zürich 2015, 129–148; Eduard Buess / Markus Mattmüller, *Prophetischer Sozialismus. Blumhardt – Ragaz – Barth*, Freiburg / Schweiz 1986; Ulrich Dannemann, Der unvollendete Abschied vom Bürgertum. Karl Barths Kritik des religiösen Sozialismus, in: Günter Ewald (Hg.), *Religiöser Sozialismus*, Stuttgart u.a. 1977, 91–113.

29 Stephan Wehowsky, *Religiöse Interpretation politischer Erfahrung. Eberhard Arnold und die Neuwerkbewegung als Exponenten des religiösen Sozialismus zur Zeit der Weimarer Republik* (GTA 16), Göttingen 1980, 80–91. 225–234.

30 Vgl. Busch, *Barth – ein Porträt in Dialogen* (Anm. 28), 191–213; Hermann Fischer, Theologie des positiven und kritisches Paradoxes. Paul Tillich und Karl Barth im Streit um die Wirklichkeit, in: *NZSTh* 31 (1989), 195–212; Hartmut Ruddies, Paul Tillich, Karl Barth und der religiöse Sozialismus, in: Christian Danz u.a. (Hg.), *Religion und Politik*, Münster 2009, 53–65; Werner Schüssler, Paul Tillich und Karl Barth. Ihre erste Begegnung in den zwanziger Jahren, in: ders., *„Was uns unbedingt angeht". Studien zur Theologie und Philosophie Paul Tillichs*, Münster 2009, 119–129; Joachim Track, Paul Tillich und die Dialek-

Liste ließe sich problemlos erweitern um Overbeck, Kant, Nietzsche, Platon, Kierkegaard und Dostojewski. Solche Tandems existieren zweifellos und es ist durchaus spannend, ihre Fahrkünste und ihr gemeinsames bisweilen akrobatisches Agieren zu beobachten. Aber über den eigentlichen „Rennverlauf" wissen wir trotz Kenntnisse über die Tandems noch relativ wenig. Was es gar meint, dass Gott Fahrrad fährt,[31] das ahnen wir vermutlich nicht einmal. Man verzeihe mir die Eulen, die ich damit nach Athen oder besser: die Tulpen, die ich damit nach Amsterdam trage!

Die interpersonalen Bezüge und Gesprächspartnerschaften sind im Tambacher Vortrag Legion und können nicht alle von mir identifiziert werden. Barth selbst bringt dies in einem Brief an Thurneysen noch vor der Reise nach Tambach zum Ausdruck: „Wie du siehst, ist es eine nicht ganz einfache Maschine geworden, vorwärts- und rückwärtslaufend, nach allen Seiten schießend, an offenen und heimlichen Scharnieren kein Mangel."[32] Es nimmt nicht wunder, dass die Barthforschung immer neue Gesprächspartner ausmacht. Selbst der alte Goethe bleibt nicht ausgespart.[33] In den multiplen Gesprächskonstellationen bildet sich der Ideen- und Reflexionsreichtum der durchaus rasanten Barthschen Denkbewegung ab. Robert Jenson hat einmal treffend bemerkt: „[I]t is astonishing how many wheels within wheels Barth's dialectical engine could keep spinning."[34] Kurzum: Die Gesprächskonstellation ist komplexer als es vielfach scheint und wenn im Folgenden daraufhin eine tour d'horizon gewagt wird, dann kommt geradezu so etwas wie ein „Who is who?" der ersten Dekaden der Theologie des 20. Jahrhunderts zustande. Bisweilen mag es so scheinen, als würde die Geistesgeschichte jener dramatischen Epoche wie in einem Prisma in die Spektralfarben zerlegt. Ich beschränke mich indes bei dieser Gesamtschau, die *de facto* nur Schau, d.h. ohne Gesamtanspruch ist, auf Barths Gegenwart, d.h. seine Zeitgenossen im Sinne damals lebender Gesprächspartner. Es kann hier nicht um mehr als einen flüchtigen Blick in ein Kaleidoskop gehen.

---

tische Theologie, in: Hermann Fischer (Hg.), *Paul Tillich. Studien zu einer Theologie der Moderne*, Frankfurt a.M. 1989, 138–166.

31 So der deutsche Titel des Romans Maarten 't Hart, *Gott fährt Fahrrad*, Zürich 2000.

32 Barth an Thurneysen am 11.9.1919, in: *Karl Barth – Eduard Thurneysen I* (Anm. 7), 343.

33 Thomas Xutong Qu, Karl Barths Tambacher Vortrag aus dem Blick seiner Goethe-Rezeption, in: *ZDTh* 30 (1/2014), 153–172.

34 Zit. nach George Hunsinger, *Disruptive Grace. Studies in the Theology of Karl Barth*, Grand Rapids / Cambridge 2000, 128.

Der „Alleszermalmer"? 19

2. Zeitgeschichtliche Hintergründe im Makro- und Mikrokontext

Der Tambacher Vortrag wurde am 25. September 1919 im kleinen Thüringer Ort Tambach gehalten. Zeitgeschichtlich ist über diesen Mikrokosmos hinaus der Makrokontext der gerade im Entstehen begriffenen „Weimarer Republik" und die damalige „Großwetterlage" in den Blick zu nehmen. Bruce McCormack schreibt dazu:

> „Die Anfänge der Weimarer Republik ließen für deren Erfolg nichts Gutes erwarten. Die Republik wurde am 9. November geboren, als der Kaiser auf den Thron verzichtete und Kanzler Max von Baden den SPD-Vorsitzenden Friedrich Ebert aufforderte, eine neue Regierung zu bilden. Am Nachmittag desselben Tages rief Philipp Scheidemann (der zweithöchste SPD-Politiker) die Republik aus. Von Beginn an war die Republik mit einer aktiven Opposition konfrontiert, zunächst aus den Reihen der Linken. […] [M]ehrere linksradikale Oppositionelle [hatten sich] unter Führung von Rosa Luxemburg und Karl Liebknecht zum ‚Spartakusbund' zusammengeschlossen. Diese Gruppe wurde von Ebert und seinen Kollegen besonders gefürchtet. Ebert war entschlossen, dass keine sozialistische Revolution in Deutschland stattfinden sollte; daher traf er am Tag seines Amtsantritts die verhängnisvolle Entscheidung, das Oberkommando der Armee an General Wilhelm Groener zu übergeben. Damit wurde das Geschick der jungen Republik in die Hände einer Gruppe von erzkonservativen, antirepublikanischen Nationalisten gelegt, auf deren Loyalität im Falle einer Gefährdung kaum zu rechnen war. Eberts Sorgen wegen eines Putschversuchs waren begründet. Am Abend des 5. Januars 1919 begannen die Spartakisten […] einen Versuch, die Macht zu übernehmen, indem sie das Zentrum Berlins einnahmen. Innerhalb weniger Tage wurde die Rebellion jedoch niedergeworfen. Karl Liebknecht und Rosa Luxemburg wurden am 15. Januar von Armeeoffizieren verhaftet und ermordet. […] Die Säuberungen endeten im Mai mit der Einnahme von München, wo die Bayrische Republik, gegründet im November 1918 von den Unabhängigen Sozialdemokraten, im April 1919 von einer Räterepublik abgelöst worden war."³⁵

Von diesen zeitgeschichtlichen Umständen merkt man auf den ersten Blick im Tambacher Vortrag relativ wenig,³⁶ was überrascht, wenn man be-

---
35 Bruce L. McCormack, *Theologische Dialektik und kirchlicher Realismus. Entstehung und Entwicklung von Karl Barths Theologie 1909–1936*, übers. von Matthias Gockel, Zürich 2006, 179f.
36 Freilich spricht Barth von der „deutschen Revolution" und zeigt sich überrascht darüber, dass mit der Weimarer Reichsverfassung die privilegierte Position der Großkirchen erhalten blieb und die beiden sozialistischen Parteien (SPD und USPD) sich mit der Verschär-

rücksichtigt, dass die Tagungsteilnehmer – wie Günther Dehn in seinen „Lebenserinnerungen" schreibt – „durch die Umwälzung der letzten Jahre zu innerst bewegt waren und nun als Christen nach neuen Wegen im politischen und kirchlichen Leben Ausschau hielten."[37] Wenn Barth seinen Tambacher Vortrag mit der suggestiven Frage beendet: „Denn was kann der Christ in der Gesellschaft anderes tun, als dem Tun Gottes aufmerksam zu folgen?"[38], dann bietet dieses Statement bis heute Anlass zur Kritik. So bemerkt der Ragaz-Biograph Markus Mattmüller: Diese Schlusspointe „war aber beim damaligen Stand der Dinge eine Aufforderung zur theologischen Arbeit und nicht zum kämpfenden Anteilnehmen an der Geschicken der Gesellschaft, zum Beispiel an der Gestaltung des damals jungen und gefährdeten demokratischen Staatswesens in Deutschland."[39]

Dieser Vorwurf Mattmüllers steht in einer Linie mit denen Klaus Scholders[40] und vor allem Friedrich Wilhelm Grafs[41], die jüngst auf seine Weise Paul Silas Peterson[42] wiederholt hat. Die Dialektische Theologie, namentlich Karl Barth, habe die kirchlichen Ressentiments gegenüber der jungen Wei-

---

fung des Trennungsprinzips zwischen Kirche und Staat (Zubilligung eines privatrechtlichen Vereinsstatus) nicht durchsetzen konnten. Barth fragt die Zuhörenden: „War es nicht auch Ihnen etwas vom Überraschendsten an der deutschen Revolution und eigentlich das, was am meisten geeignet war, allzu große Hoffnungen für die nächste Zeit zu dämpfen, wie die neuen Gewalten so rasch Halt machten gerade vor den Pforten der *Religion an sich*, wie leicht gerade dieses Abstraktum, diese Todesmacht in ihrer katholischen und protestantischen Form sich in ihrer Geltung behaupten konnte, ohne sich mit einem nennenswerten grundsätzlichen Protest gegen ihr Dasein irgendwie auseinandersetzen zu müssen?" Barth, Der Christ in der Gesellschaft (Anm. 5), 573.

37 Günther Dehn, *Die alte Zeit – die vorherigen Jahre. Lebenserinnerungen*, München 1962, 217.
38 Barth, Der Christ in der Gesellschaft (Anm. 5), 598.
39 Mattmüller, *Leonhard Ragaz II* (Anm. 17), 255.
40 Klaus Scholder, Neuere deutsche Geschichte und protestantische Theologie (1963), in: ders., *Die Kirchen zwischen Republik und Gewaltherrschaft. Gesammelte Aufsätze*, hg. von Karl O. von Aretin / Gerhard Besier, Berlin 1988, 75–97; Klaus Scholder, *Die Kirche und das Dritte Reich Bd. 1: Vorgeschichte und Zeit der Illusionen 1918–1934*, Frankfurt a.M. / Berlin 1977. Nach Scholder (a.a.O., 52) steckte in dem Ungleichgewicht von Ja und Nein im Tambacher Vortrag „die besondere politische Problematik des Entwurfs für die Weimarer Zeit."
41 Vgl. Friedrich Wilhelm Graf, *Der heilige Zeitgeist. Studien zur Ideengeschichte der protestantischen Theologie in der Weimarer Republik*, Tübingen 2011, 111–137. 425–446. 447–459.
42 Paul Silas Peterson, *The Early Karl Barth: Historical Contexts and Intellectual Formation 1905–1935* (BHTh 184), Tübingen 2018, 7 u.ö.

marer Demokratie mit ihrem glühenden, schroffen Antihistorismus[43] befeuert und mentalitätsgeschichtlich dazu beigetragen, dass Demokratie und Parlamentarismus in Deutschland sturmreif geschossen worden seien.

Man wird indes in die Irre gehen, wenn man von Barth die schlichte Affirmation der Genese der Weimarer Republik mit all ihren „Geburtsfehlern" (wie dem Ebert-Groener-Pakt oder dem militärbasierten „Durchgreifen" Gustav Noskes) oder die Würdigung politischer Persönlichkeiten wie Friedrich Naumann erwartet. Diese Affirmation hat der Tambacher Vortrag nicht geleistet, ja intentional nicht leisten wollen. Er ist dennoch ebenso wenig a-historisch oder a-kontextuell[44] wie antidemokratisch oder antiparlamentarisch, bezieht er sich doch sehr bewusst, ja mit geradezu epochalem Bewusstsein direkt nach dem Ersten Weltkrieg auf eine zu Ende gehende Zeit. Diese stand in Gestalt des Wilhelminismus mit Dreiklassenwahlrecht, Sozialistengesetzen, Expansionspolitik und nachgeholtem Kolonialismus – ironisch bemerkt – nicht wirklich im Verdacht, überzeugte Wegbereiterin von Demokratie und Parlamentarismus gewesen zu sein: „Er [der Tambacher Vortrag; M.H.] erhebt den Anspruch, die Klammer, die das Christentum bisher mit dem Weg der Gesellschaft und ihrer Kultur, aber auch mit der neu aufgekommenen Bewegung des religiösen Sozialismus verband, als ‚Verrat an Christus' aufzusprengen und derart mit nahezu allen Voraussetzungen A. Ritschls, W. Herrmanns und A. von Harnacks zu brechen. Das macht ihn zu einem Dokument der Theologiegeschichte"[45], ja einer theologischen Zäsur, wenn nicht gar eines Epochenwechsels.

Barths Abgrenzung impliziert mit anderen Worten einen Rückblick. Ohne diesen Rückblick aber kann kein Ausblick, ohne die Retrospektive auf Kaiserreich, die Allianz von Thron und Altar, ebenso wie die deutsche Nationalreligion etc. keine Prospektive für die junge, im Entstehen begriffene Weimarer Republik gewonnen werden. Ist Weimar nicht auch – auch, aber nicht

---

43 Zum sog. „Antihistorismus" vgl. die erhellenden Ausführungen Christian Links, Bleibende Einsichten (Anm. 5), 339.
44 Im zweiten Römerbrief bemerkt Karl Barth (*Der Römerbrief* [Zweite Fassung] 1922 [GA II], hg. von Cornelis van der Kooi / Katja Tolstaja, Zürich 2010, 71–74), dass nur die „vernünftig Schauenden" die Zeichen der Zeit erkennen. Im Tambacher Vortrag macht Barth – darauf hat Dieter Schellong (Alles hat seine Zeit [Anm. 14], 66f.) zu Recht hingewiesen – mit dem weisheitlichen *cantus firmus* „Alles hat seine Zeit" das Kontextprinzip stark. Dies heißt freilich primär, dass „Barths Verständnis des Gebotes Gottes immer offen dazu [ist; M.H.], daß Gott selbst den Seinen zu erkennen gibt, was von ihm aus an der Zeit ist, was jeweils im rechten Augenblick getan werden muß."
45 Link, Bleibende Einsichten (Anm. 5), 334.

nur – an der selbstverstellten und *eo ipso* selbstverschuldeten Perspektive auf die Vergangenheit gescheitert, wie bereits das Stichwort „Dolchstoßlegende" nahelegt? Christian Link kann deshalb regelrecht euphorisch feststellen: „Hier [im Tambacher Vortrag; M.H.] war der Theologie der Durchbruch in die eigene Gegenwart gelungen. Hier hatte sie auf die europäische Krise des Ersten Weltkriegs nicht nur eine glaubwürdige Antwort gegeben, sondern sich selbst als Antwort auf diese Krise neu formiert. Sie hatte ihre Zeit eingeholt, statt ihr nur atemlos nachzulaufen."[46]

In Tambach vollzog sich demnach eine entscheidende „Kehre", nämlich die kühne Wendung vom Christen zu Christus: „*Der Christ* [in der Gesellschaft; M.H.] – wir sind wohl einig darin, dass damit *nicht die Christen* gemeint sein können […]. Der Christ ist *der Christus*. Der Christ ist das in uns, was nicht wir sind, sondern Christus in uns."[47] Christian Link spricht von einer Wendung „von der Möglichkeit einer Begründung der Theologie auf dem Fundament der Subjektivität hin zu der unbegründbaren Objektivität der ihr vorgegebenen Offenbarung."[48] Anders gesagt: „Statt beim religiösen Subjekt oder beim ethisch verantwortlichen Ich der Menschen anzusetzen, spricht Barth […] von einem neuen Subjekt, dem Christus in uns. Das allein überwindet jenen radikalen Bruch, den Gottes Eingriff in die Welt erzeugt."[49] So und nicht anders, wird man wohl sagen müssen, gelang es Barth, die in ihn gesetzten Erwartungen zu enttäuschen und doch große Resonanz zu gewinnen.[50] „Gott als Subjekt, als bewegende Kraft einer Geschichte, die, unsere Erwartungen, Vormeinungen und Maßstäbe durchkreuzend, beim Menschen ankommt – Barth spricht von ‚Gottesgeschichte' –: das ist die Entdeckung, die methodische Wende von Tambach."[51]

Barth rückt dabei auch die Gotteserkenntnis auf das Engste an die Gottesgeschichte heran, ja versteht Gotteserkenntnis als Teil der Gottesgeschichte, als Tun Gottes im Menschen: „Es entspricht dem Wunder der Offenbarung das Wunder des *Glaubens*. Gottes*geschichte* ist auch diese Seite der Gottes*erkenntnis*, und wieder kein bloßer Bewusstseinsvorgang, sondern ein neues

---

46 Ebd.
47 Barth, Der Christ in der Gesellschaft (Anm. 5), 557.
48 Link, Bleibende Einsichten (Anm. 5), 335.
49 Frey, Die Ethik des Protestantismus (Anm. 15), 178.
50 Christofer Frey, Die Theologie Karl Barths. Eine Einführung, Frankfurt a.M. 1988, 90.
51 Link, Bleibende Einsichten (Anm. 5), 340. Vgl. Gerard den Hertog, Barth: een theoloog die het de mensen niet naar de zin maakt, in: Theologia Reformata 54 (2011), 192–207.

Müssen von oben her."⁵² Gotteserkenntnis ist nach Barth als Teil der Gottesgeschichte Folge der Bewegung, die durch die Auferstehung Jesu Christi in unserer Welt des Todes angehoben hat und uns mitreißt. Sie geschieht an und in uns, fängt aber nicht von uns aus an, vielmehr hat Gott sie in uns angefangen.⁵³ Weil es sich aber um eine initiativ bei Gott anhebende Bewegung handelt, ist jedenfalls von uns aus keine und keiner auszuschließen. Dies relativiert – weitergedacht – im Blick auf die Gotteserkenntnis den Unterschied zwischen christlich-theologisch einerseits und profan andererseits, also den Unterschied zwischen Kirche und Welt.⁵⁴

Mit dieser Bemerkung sind wir theologisch im Blick auf die Grundentscheidungen von Tambach bereits vorausgeeilt. Zunächst gilt es, Barths Vortrag zeitgeschichtlich zu verorten. Verengen wir dabei den Fokus und blicken vom Makrokontext auf den biographischen Mikrokontext, dann können wir ihn mit Eberhard Busch wie folgt beschreiben:

„Die hessischen Pfarrer Otto Herpel und Heinrich Schultheis luden auf den 22.–25. September zu einer religiös-sozialen Tagung im Erholungsheim ‚Tannenberg' eines Wilhelm Scheffen in Tambach (Thüringen) ein. Dabei sollte deutschen Interessenten der schweizerische religiöse Sozialismus vorgestellt werden. Da der zunächst als Redner begehrte Ragaz absagen mußte, wurde (offenbar auf Anregung des jungen Alfred de Quervain, der gerade in Marburg studierte) der in Deutschland fast unbekannte Safenwiler Pfarrer um einen Vortrag gebeten. Bis dahin hatte sein ‚Römerbrief' in der Tat nahezu ausschließlich Schweizer Leser und Rezensenten gefunden [...]. Ende Juli nahm Barth zunächst zu seiner Stärkung und Erholung Ferien, in denen er mit Thurneysen und Pestalozzi im Berner Oberland und in den Bergen um Saas Fee tüchtig wanderte und kletterte. Und dann, nachdem er Anfang September aus Anlaß des Todes von Naumann und Blumhardt das Werk des einen verneinend, das des anderen bejahend gewürdigt hatte, begab er sich ‚in ununterbrochener Tag- und Nachtschicht' an die Ausarbeitung seines Vortrages. Begleitet von den religiös-sozialen Freunden Hans Bader und Rudolf Liechtenhan, einem Vetter Barths, damals Basler Pfarrer, später Basler Neutestamentler, reiste er am Vortag der Konferenz erst nach Frankfurt, wo der Zoo und eine Operette angesehen wurden, und dann weiter nach Thüringen."⁵⁵

---

52 Barth, Der Christ in der Gesellschaft (Anm. 5), 569.
53 Vgl. Goebel, Der Christ in der Gesellschaft (Anm. 5), 111, der betont, dass es sich um „eine Einsicht aus der Frühzeit Barths [handelt; M.H.], an der er als an einer grundlegenden Einsicht von da an festgehalten und ihr bis in sein Spätwerk hinein nachgedacht hat."
54 Diesen Hinweis verdanke ich H.T. Goebel (mündlich).
55 Busch, *Karl Barths Lebenslauf* (Anm. 13), 122.

3. Das Nein. Oder: Ein theologisches Landschaftsportrait in der Negation und Destruktion

Im Tambacher Vortrag selbst nimmt Barth eine fulminante Abgrenzungsbewegung vor. Die Positionen, die dies betrifft, umfassen auf den ersten Blick geradezu ein Kaleidoskop von Konzeptionen, die der Destruktion des vermeintlichen „Alleszermalmers" anheimfallen. Sie alle geraten nach Barths Urteil unter das Verdikt der Säkularisierung des Christus: „Ja, Christus zum soundsovielten Male zu *säkularisieren*, heute z.B. der Sozialdemokratie, dem Pazifismus, dem Wandervogel zu Liebe, wie ehemals den Vaterländern, dem Schweizertum und Deutschtum, dem Liberalismus der Gebildeten zu Liebe, *das* möchte uns allenfalls gelingen. Aber nicht wahr, da graut uns doch davor, wir möchten doch eben Christus nicht ein neues Mal verraten."[56] Es handelt sich nach Barths Einschätzung um Bindestrich-Theologien: „Schnell zur Hand sind alle jene Kombinationen, wie ‚christlich-sozial', ‚evangelisch-sozial' ‚religiös-sozial', aber höchst erwägenswert ist die Frage, ob die Bindestriche, die wir da mit rationaler Kühnheit ziehen, nicht gefährliche Kurzschlüsse sind."[57]

Dieter Schellong macht klar, dass sich im Tambacher Vortrag eine doppelte „Absage an die *Säkularisierung* Christi und an die *Klerikalisierung* der Gesellschaft"[58] manifestiert. Schon im ersten Römerbrief hieß es bei Barth: „Das Göttliche darf nicht politisiert und das Menschliche nicht theologisiert werden".[59] Dass dieser Doppelakzent Barths gar nicht stark genug betont werden kann, wird deutlich, wenn man Ragaz' Reaktion auf den Tambacher Vortrag wahrnimmt, der Barth und die Bewegung der Dialektischen Theologie in den folgenden Jahren bis kurz vor seinem Tod exakt mit dem Klerikalismus-Vorwurf überzog: „Ragaz verstand die neue theologische Richtung als Entartung der Blumhardt-Bewegung. Sie habe deren Botschaft theologisiert: ‚Die prophetische Botschaft' ist zur ‚Schriftgelehrsamkeit' erstarrt und mit der Zeit zu einer ‚neuen Orthodoxie mit all ihrem Zubehör' geworden.

---

56 Barth, Der Christ in der Gesellschaft (Anm. 5), 560.
57 A.a.O., 559.
58 Dieter Schellong, Karl Barth als Theologe der Neuzeit, in: ders. / Karl Gerhard Steck (Hg.), *Karl Barth und die Neuzeit* (TEH 173), München 1973, 34–102, 69.
59 Karl Barth, *Der Römerbrief* (Erste Fassung) 1919 (GA II), hg. von Hermann Schmidt, Zürich 1985, 509.

Daher hätten die Dialektiker die Kirche restauriert und einen neuen Klerikalismus eingerichtet."[60]

Barth selbst umreißt mit der Trias a) christlich-sozial, b) evangelisch-sozial und c) religiös-sozial als den Spielarten von Bindestrich-Theologien bereits ein beachtliches Panorama. Es mag seltsam anmuten, dass Barth die Stöckersche christlich-soziale Bewegung und die Naumannsche evangelisch-soziale mit der religiös-sozialen unter einem Oberbegriff zusammenfasst.[61] Sie weisen jedoch eine nach Barth theologisch hochproblematische Gemeinsamkeit auf, und diese bringt er bereits im Vorfeld seines Vortrages in einem Brief an Thurneysen auf den Punkt: „Was tun, um sich [in] dieser religiös-sozialen Hurrastimmung, in der das ‚Mit Gott für Kaiser und Vaterland!' doch immer noch etwas nachklingt, überhaupt Gehör zu verschaffen für den Hinweis auf das totaliter aliter des Himmelreiches?"[62] Es geht beim „christlich-sozial", „evangelisch-sozial" und „religiös-sozial" um diverse Spielarten, Varianten ein und desselben Grundfehlers der Nostrifizierung Gottes (Barth spricht vom „Amalgamieren"[63]). Dieser Kardinalfehler lässt sich in seiner Ausdifferenzierung regelrecht typologisieren. Darum soll es im Folgenden gehen. Ich beginne mit der von Barth selbst induzierten Trias, und werde dabei den letzten Typus, den religiösen Sozialismus, ungleich stärker ausdifferenzieren als die beiden erstgenannten und dabei auf eine eigene kleine „Typologie der religiös-sozialistischen Konzeptionen in der Weimarer Republik"[64] zurückgreifen.

---

60 Mattmüller, *Leonhard Ragaz II* (Anm. 17), 256.
61 A.a.O., 254.
62 Barth am 8. Juli 1919 an Thurneysen, in: *Karl Barth – Eduard Thurneysen I* (Anm. 7), 336f.
63 Vgl. Barth, Der Christ in der Gesellschaft (Anm. 5), 560: „Wie spröde verhält sich das Göttliche, wenn es das Göttliche ist, dem Menschlichen gegenüber, dem wir es heute so gerne amalgamieren möchten!"
64 Traugott Jähnichen / Norbert Friedrich, Geschichte der sozialen Ideen im deutschen Protestantismus, in: Helga Grebing (Hg.), *Geschichte der sozialen Ideen in Deutschland. Sozialismus – Katholische Soziallehre – Protestantische Sozialethik. Ein Handbuch*, Wiesbaden 2005, 873–1103. 1006.

3.1 Die christlich-soziale Bewegung Adolf Stöckers

Die christlich-soziale Bewegung des streitbaren Sozialreformers und Begründers der „Christlich-sozialen Arbeiterpartei" Adolf Stöcker (1835–1909)[65] steht mit dem Programm der Rechristianisierung Deutschlands für den Versuch der (Re)Klerikalisierung der Gesellschaft und insbesondere der Arbeiterschaft. Darauf hat Günter Brakelmann schon früh aufmerksam gemacht, wobei er betont, dass es sich bei diesem Vorwurf um einen Vorwurf der liberalen Öffentlichkeit handelte: „In seiner [Stöckers] politischen und sozialpolitischen Agitation konnte sie [die liberale Öffentlichkeit; M.H.] nur den illegitimen Versuch sehen, von der Kirche her einen Einfluß auf die Gesellschaft zu nehmen. Den aber lehnten die Liberalen radikal ab. Sie witterten Klerikalisierung."[66]

Für Barth steht die christlich-soziale Bewegung mit ihrem Exponenten Stöcker für das „zum Tod verurteilte Unternehmen, der Sozialdemokratie einen ‚christlichen Sozialismus' an die Seite stellen zu wollen."[67] „Christlichsozial ist wirklich ein Unsinn"[68], konnte Barth 1917 auf einem Ferienlager vor der Schweizer CVJM-Jugend feststellen und er wiederholt genau diesen Satz im Tambacher Vortrag: „Ohne diese Erkenntnis [der *dynamis*, der Bedeutung und Kraft des lebendigen Gottes, der eine neue Welt schafft; M.H.] ist doch wohl ‚Christlich-sozial' auch heute noch Unsinn."[69] Barth subsumiert diese Bewegung unter die „zahlreichen Halbheiten"[70] und überflüssi-

---

65 Günter Brakelmann / Martin Greschat / Werner Jochmann, *Protestantismus und Politik. Werk und Wirkung Adolf Stoeckers* (Beiträge zur Sozial- und Zeitgeschichte 17), Hamburg 1982; Grit Koch, *Adolf Stoecker 1835–1909. Ein Leben zwischen Politik und Kirche* (Erlanger Studien 101), Erlangen / Jena 1993; Günter Brakelmann, *Adolf Stoecker als Antisemit, Teil 1: Leben und Wirken Adolf Stoeckers im Kontext seiner Zeit*, Waltrop 2004; Günter Brakelmann, *Adolf Stoecker als Antisemit. Teil 2: Texte des Parteipolitikers und des Kirchenmannes*, Waltrop 2004; Traugott Jähnichen, Adolf Stoecker (1835–1909). Das zwiespältige Erbe des „politischen Theologen" des Kaiserreichs, in: Michael Häusler / Jürgen Kampmann (Hg.), *Protestantismus in Preußen. Bd. 3: Von der Mitte des 19. Jahrhunderts bis zum Ersten Weltkrieg*, Frankfurt a.M. 2013, 195–218.
66 Günter Brakelmann, *Die soziale Frage des 19. Jahrhunderts*, Witten 1971, 172.
67 Karl Barth, Vergangenheit und Zukunft (1919), in: ders., *Vorträge und kleinere Arbeiten 1914–1921* (Anm. 5), 528–545, 543.
68 Karl Barth, Die Zukunft des Christentums und der Sozialismus (1917), in: ders., *Vorträge und kleinere Arbeiten 1914–1921* (Anm. 5), 390–407, 406.
69 Barth, Der Christ in der Gesellschaft (Anm. 5), 562.
70 Barth, Die Zukunft des Christentums und der Sozialismus (Anm. 68), 406.

gen Kompromissversuche, die unternommen würden, um der Sozialdemokratie den Rang abzulaufen.

Noch unter einem weiteren, einem ekklesiologischen Aspekt scheint mir Stöckers christlich-soziale Bewegung relevant zu sein, repräsentiert sie doch ein bestimmtes Volkskirchenkonzept, nämlich das Paradigma „Volkskirche als Kirche *eines Volks*". Auf den Schultern Wicherns stehend, ging es dem Berliner Hofprediger und Politiker, dem konservativen Kirchenmann wie volksmissionarischen Organisator, um jene Nationalkirche, die Barth mit dem Rekurs auf den 1. Weltkrieg und die Parole des „Gott mit uns" scharf kritisiert.

Zu Stöckers Volkskirchenkonzept wird man kritisch bemerken müssen: „Je stärker sich der Begriff der Volkskirche mit demjenigen der Nationalkirche verband, desto mehr verlor er [...] seine kritische Ausrichtung gegen das Staatskirchentum. Das Verlangen nach der ‚deutschen evangelischen Kirche' und das Verständnis Deutschlands als des ‚Heiligen protestantischen Reichs deutscher Nation' entsprachen einander. Seine faszinierende Kraft gewann der Begriff der Volkskirche nicht zuletzt dadurch, daß er in jene nationale Religiosität eingebettet wurde, aus der das Wort vom ‚deutschen Gott' hervorging. So gehört diese Verwendung des Worts in den geschichtlichen Zusammenhang der deutsch-protestantischen Nationalreligion, die in der Kriegsbegeisterung des Ersten Weltkrieges einen krassen Ausdruck erlebte und in der Ideologie der ‚Deutschen Christen' ihre offenkundige Pervertierung erfuhr."[71]

---

71 Wolfgang Huber, *Folgen christlicher Freiheit. Ethik und Theorie der Kirche im Horizont der Barmer Theologischen Erklärung* (NBST 4), Neukirchen-Vluyn 1985, 135f. Auf gewisse Übereinstimmungen mit Hubers eigenem Programm einer „Öffentlichen Theologie" weist indes Traugott Jähnichen (Das zwiespältige Erbe [Anm. 65], 218) hin.

3.2 Die evangelisch-soziale Bewegung Friedrich Naumanns

An der Seite Stöckers sieht Barth den Theologen und liberalen Politiker Friedrich Naumann (1860-1919)[72] stehen.[73] Wenige Wochen vor dem Tambacher Vortrag hatte Barth einen recht kritischen Nachruf auf den kurz zuvor verstorbenen Vorsitzenden der linksliberalen DDP geschrieben. Dort bereits wird evident, was Barth Naumann übel nimmt, nämlich die Kehre vom weltverändernden, radikalen und revolutionären „sozialen Jesus"[74] der Armen und Unterdrückten hin zu einer an Manichäismus grenzenden dualistischen Separierung der Bereiche Politik und Religion.[75]

Das Schibboleth „Eigengesetzlichkeit" fällt mehrfach im Tambacher Vortrag: „Es sträubt sich alles in uns, die vor dem Krieg bis zum Überdruss wiederholten Sätze von der Eigengesetzlichkeit der Kultur, des Staates, des Wirtschaftslebens fernerhin zu hören und nachzusagen."[76] Diese Bereiche seien von Naumann „mit dem Mute der Verzweiflung oder zum ästhetischen Überfluss" mit „religiöse[m] Glanz[]"[77] umhüllt worden, dessen sie nun entkleidet werden müssten. Naumann hat sich nach dem Urteil Barths ins Ja verrannt.[78] Barth vergleicht Naumann gar mit der schillernden antiken Figur des Alkibiades, der nicht nur als Politiker, Feldherr und Philosoph, son-

---

72 Hermann Timm, *Friedrich Naumanns theologischer Widerruf. Ein Weg protestantischer Sozialethik im Übergang vom 19. zum 20. Jahrhundert*, München 1967; Albrecht Grözinger, *Friedrich Naumann als Redner. Politisch-rhetorische Analyse eines Liberalen* (Schriften der Friedrich Naumann Stiftung: Wissenschaftliche Reihe), Bonn 1978; Hartmut Ruddies, *Karl Barth und die Liberale Theologie. Fallstudien zu einem theologischen Epochenwechsel*, Diss. masch. Göttingen 1994, 113–197; Traugott Jähnichen, Neudeutsche Kultur- und Wirtschaftspolitik. Friedrich Naumann und der Versuch einer Neukonzeptualisierung des Liberalismus im Wilhelminischen Deutschland, in: Wolther von Kieseritzky / Klaus-Peter Sick (Hg.), *Demokratie in Deutschland. Chancen und Gefährdungen im 19. und 20. Jahrhundert*, München 1999, 125–152; Hartmut Ruddies, „Kein spiegelglattes, problemloses Christentum". Über Friedrich Naumanns Theologie und ihre Wirkungsgeschichte, in: Rüdiger vom Bruch (Hg.), *Friedrich Naumann in seiner Zeit*, Berlin / New York 2000, 317–343, 337.
73 Vgl. Barth, Vergangenheit und Zukunft (Anm. 67), 532.
74 A.a.O., 533.
75 Karl Barth (Der Christ in der Gesellschaft [Anm. 5], 579) spricht von dem „so schmerzlichen Übergang *Naumanns* von seinem früheren christlich-sozialen Wollen zur schlechthinnigen National- und Wirtschaftspolitik".
76 A.a.O., 561.
77 A.a.O., 562. Vgl. auch a.a.O., 579.
78 Vgl. a.a.O., 597.

dern auch übermütiger Partygänger mit Hang zu Gelagen und Ausschweifungen gilt.[79] Im Blick auf Naumann identifiziert Barth die Gefahr, dass aus „weltbejahende[m] Hindurchschauen auf den Schöpfer doch wieder ein bloßes Schauen der Geschöpfe wird".[80]

Dass Naumann um die Jahrhundertwende seinen bisherigen Ansatz verwarf, wonach aus Jesu Verkündigung politische Handlungsanweisungen resultieren, kann Barth keineswegs goutieren: „[U]nvermerkt geschah es, dass sich ihm das Bestehende überhaupt: der Staat und die Hohenzollern und das preußische Militär, der deutsche Bürger mit seiner unvergleichlichen ‚Tüchtigkeit', der Großkapitalismus, der Handel und das Unternehmertum, kurz das wilhelminische Deutschland, das sich um die Jahrhundertwende dem Zenith seines Glanzes näherte, mit einem seltsamen religiösen Heiligenschein zu umgeben begann. Es verwandelte sich das ‚christlich-soziale' Fähnlein über Nacht in ein *national*-soziales, um dann 1903 definitiv im Museum des *Freisinns* zu verschwinden."[81]

Naumann ist, wie Barth in dem Nachruf recht unverblümt hervorhebt, der politisch-weltlichen Versuchung erlegen:[82] Naumann „ist auf dem Boden, den er sich gewählt, ein ausgezeichneter, verdienstvoller Mensch gewesen. Er ist, nachdem sich das Neue Testament endgültig vor ihm verschlossen hatte, einer der Einflussreichsten des neuen Deutschland (nach einigen der bedeutendste politische Kopf nach Bismarck!) geworden, ein berühmter und allzeit bereiter Parlaments- und Volksredner, das geistige Haupt des deutschen Linksliberalismus. Sein Name wurde letzten Herbst genannt, als es sich um die Besetzung des Reichpräsidentenstuhles handelte. ‚Das alles will ich dir geben, so du niederfällst und mich anbetest' [Mt 4,9]."[83]

Was die Rolle des Christen in der Gesellschaft betrifft, so stellt Barth klar, dass er den vermeintlichen Ausweg Friedrich Naumanns keineswegs mitgehen konnte und wollte: „Naumanns spätere Entwicklung nahm immerhin die Einsicht ernst, dass Gott der Gesellschaft nicht einfach ‚aufgetragen' werden kann. Seine Lösung folgte jedoch einer übersteigerten Version der lutherischen Zwei-Reiche-Lehre, nach der das Evangelium nur das innere Leben

---

79 Vgl. Herbert Heftner, *Alkibiades. Staatsmann und Feldherr*, Darmstadt 2011.
80 Barth, Der Christ in der Gesellschaft (Anm. 5), 580.
81 Barth, Vergangenheit und Zukunft (Anm. 67), 534.
82 Vgl. Hartmut Ruddies, Christentum (Anm. 72), 337: „Naumanns Theologie war für Barth in dieser Perspektive auch – Götzendienst." Fernerhin: Ruddies, *Karl Barth und die Liberale Theologie* (Anm. 72), 191.
83 Barth, Vergangenheit und Zukunft (Anm. 67), 537.

des Christen betrifft und wenig oder keine Relevanz für die Frage der politischen, wirtschaftlichen und kulturellen Gestaltung der Gesellschaft hat.

Für Barth führte diese ‚Klerikalisierung' des Evangeliums unweigerlich zu einem Verrat an der Gesellschaft."[84] Bei Lichte betrachtet ist Naumann beiden Versuchungen, Säkularisierung wie Klerikalisierung, erlegen: Er säkularisierte die Welt und Politik, indem er sich gegen jede Verchristlichung ökonomischer und sozialer Strukturen wandte, und er klerikalisierte zugleich das Evangelium, indem er ihm eine Enklave in der Innerlichkeit zuwies. Beide, Säkularisierung und Klerikalisierung, bilden gewissermaßen zwei Seiten derselben Medaille, wie das Beispiel Naumanns zeigt.

3.3 Der religiöse Sozialismus

Barth sieht auch den religiösen Sozialismus als Variante des Liberalismus bzw. desselben theologischen Grundfehlers an.[85] Was aber ist religiöser Sozialismus? Hartmut Ruddies definiert: „Die europäischen religiösen Sozialisten eint die Rahmenvorstellung, daß zwischen den Kernaussagen des christlichen Glaubens und seiner Ethik und dem Sozialismus und seiner Politik Verwandtschaftsstrukturen bestehen, deren Verbindung die Überwindung der alten und den Aufbau von neuen, menschengerechten Gesellschaftsordnungen bewirken soll. Die Religiösen Sozialisten unterscheiden sich in den Modellanschauungen, in der Bedeutung dieser Verwandtschaft und der Entwicklung von Praxisfiguren."[86]

Genau gegen diese unterstellten Verwandtschaftsstrukturen wendet sich Barth indes: „Karl Barth machte es 1919 dem religiösen Sozialismus, dem revolutionären Flügel des praktischen Christentums jener Tage zum Vorwurf, statt die historische Faktizität der abstrakten Differenz von Jesus Christus und unserer Gesellschaft – praktisch und theoretisch – ernst zu nehmen, der Fiktion eines differenzierten Zusammenhanges von Christus und Gesellschaft zu huldigen. De facto wurde damit aber nur die Abstraktheit des Unterschieds von bürgerlicher Gesellschaft als der dominierenden historischen Gestalt der Gesellschaft und der Wahrheit, die der christliche Glaube meint,

---

84 McCormack, *Theologische Dialektik* (Anm. 35), 181f.
85 So auch Ingrid Spieckermann, *Gotteserkenntnis. Ein Beitrag zur Grundfrage der neuen Theologie Karl Barths* (BEvTh 97), München 1985, 58f.
86 Hartmut Ruddies, Art. Religiöse Sozialisten, in: *RGG*[4] 7, 409–412, 409.

fortgesetzt."[87] Der religiöse Sozialismus überspiele die Entzweiung von Jesus und Gesellschaft, die Inkongruenz von Bürgertum und Christentum, indem er sie auf seine Weise zu heilen versuche. Er sei trotz allem revolutionären Pathos im Grunde genommen „konstantinistisch" unterwegs.[88]

3.3.1 Der religiöse Sozialismus bei Leonhard Ragaz

Für Leonhard Ragaz (1868–1945) als Haupt der Schweizer Religiös-Sozialen bedeutete der Tambacher Vortrag nahezu eine Katastrophe. Ragaz war – wie gesagt – ursprünglich für den Vortrag vorgesehen, konnte aber nicht kommen: „Ragaz stand damals gerade im heißen politischen Kampf: Es ging um die der Urabstimmung unterstellte Frage, ob die schweizerische Sozialdemokratie der Dritten Internationale beitreten solle. Er schwankte, von Berlin her bat Siegmund-Schultze um sein Erscheinen. Zudem fühlte sich Ragaz nicht ganz gesund – kurz nachher erfolgte im September ein eigentlicher gesundheitlicher Zusammenbruch, der ihn monatelang lähmte. Er mußte daher auf die Teilnahme an der Konferenz verzichten."[89] Die Konsequenz dessen fasst Ragaz in seiner Autobiographie wie folgt zusammen: „Viele der Deutschen lernten dadurch die Hauptelemente unserer religiös-sozialen Botschaft zum ersten Male kennen und wurden dadurch mächtig angezogen; aber sie lernten sie in ihrer dialektischen Fassung und Entstellung kennen, und dadurch wurde ihre revolutionäre Wirkung paralysiert."[90]

Im Tambacher Vortrag nimmt Barth explizit nur an einer Stelle auf Ragaz Bezug, nämlich sein eingängiges Diktum: „Gottesdienst ist Menschendienst. Wir dürfen von Gott nichts bekommen, ohne daß wir den Bruder daran teilnehmen lassen."[91] Barth kommentiert, dass dieses Paradoxon zwar sehr geistreich sei, aber ob unsere eilfertigen Menschendienste, selbst wenn sie im Namen der reinsten Liebe geschähen, Gottesdienste würden, das stehe doch in einem ganz anderen Buch.[92] Wiederum ist es der Verdacht einer Nostrifi-

---

87 Hans-Georg Geyer, Das Recht der Subjektivität im Prozess der Vergesellschaftung (1970), in: ders., *Andenken. Theologische Aufsätze*, hg. von Hans Theodor Goebel u.a., Tübingen 2003, 364–393, 389.
88 Geyer (a.a.O., 391) wendet sich „gegen die ‚konstantinische Praxis' der Kollaboration von staatlich etablierter Macht und kirchlich organisierter Überzeugung".
89 Mattmüller, *Leonhard Ragaz II* (Anm. 17), 253f.
90 Zit. nach a.a.O., 255.
91 Leonhard Ragaz, *Das Evangelium und der soziale Kampf der Gegenwart*, Basel ²1907, 27.
92 Barth, Der Christ in der Gesellschaft (Anm. 5), 559.

kation Gottes, seiner Instrumentalisierung zugunsten unserer eigenen politischen und sozialen Lieblingsideen, der sich hier bei Barth artikuliert. Barth wirft Ragaz eine Vermischung von Gottes und eigenem Tun vor, durch das Gott dem Menschen als echtes Gegenüber verloren gehe.[93]

3.3.2 Die Neuwerk-Bewegung und Eberhard Arnold[94]

Eberhard Arnold (1883–1935) war der Koreferent von Barth in Tambach. Dieses Koreferat hat allerdings nie Beachtung gefunden und ist auch nicht erhalten geblieben.[95] Man hat gar vermutet, dass Arnold es nie gehalten hat, da die Zuhörerschaft nach Barths Vortrag auf der Konferenz so „geflasht" war, dass man auf eine weitere Aussprache verzichtete. Nach dem Tambacher Vortrag schrieb Thurneysen empört an Barth: „Hast Du im ‚Neuwerk' Eberhard Arnold vernommen […]? An ihm ist offenbar alles in Tambach Gesagte abgeglitten!"[96]

Wer war Eberhard Arnold? Arnold, der ein Jahr nach dem Tambacher Vortrag in Sannerz bei Schlüchtern den ersten „Bruderhof" gründete, war einer der führenden[97] Repräsentanten der sog. „Neuwerk-Bewegung"[98], die aus der Jugendbewegung hervorging. Günther Dehn charakterisiert sie in seinen Lebenserinnerungen wie folgt:

---

93 Vgl. E. Busch, *Barth – ein Porträt in Dialogen* (Anm. 28), 146.
94 Zu Arnold vgl. Marco Hofheinz, „Franziskus in Kniebundhosen". Der christliche Pazifismus Eberhard Arnolds als Tatzeugnis gemeinsamen Lebens, in: ders. / Friederike van Oorschot (Hg.), *Christlich-theologischer Pazifismus im 20. Jahrhundert* (Studien zur Friedensethik 56), Münster / Baden-Baden 2016, 69–94; Wehowsky, *Religiöse Interpretation politischer Erfahrung* (Anm. 29); Sabrina Hoppe, „Aber wir können doch nicht alle Leute, die zu diesen Dingen etwas zu sagen haben, mit heranziehen!" Das Netzwerk Friedrich Karrenbergs als exemplarisches protestantisches Netzwerk in der frühen Bundesrepublik, in: Christian Albrecht / Reiner Anselm (Hg.), *Teilnehmende Zeitgenossenschaft. Studien zum Protestantismus in den ethischen Debatten der Bundesrepublik Deutschland 1949–1989* (Religion in der Bundesrepublik Deutschland 1), Tübingen 2015, 199–234, 208–211.
95 Baum, *Stein des Anstosses* (Anm. 20), 314.
96 Thurneysen am 1.12.1919 an Barth, in: *Karl Barth – Eduard Thurneysen I* (Anm. 7), 355.
97 Vgl. Marquardt, *Der Christ in der Gesellschaft* (Anm. 5), 19: „Er [Eberhard Arnold; M.H.] spielte in der ersten Phase der Neuwerkbewegung, die von einer Pfingsttagung 1920 in Schlüchtern ihren Ausgang nahm, eine entscheidende Rolle; sie wäre ohne seine außerordentliche Wirkung unter christlichen Studenten und politischer Jugend niemals zustande gekommen."
98 Vgl. Antje Vollmer, *Die Neuwerkbewegung. Zwischen Jugendbewegung und religiösem Sozialismus*, Freiburg i.Br. 2016.

„Die Neuwerkbewegung war ein Kind des religiösen Enthusiasmus, wie er in der evangelischen Kirche seit langem nicht mehr aufgetreten war [...]. Was jetzt wieder lebendig wurde, erinnerte an das 16. Jahrhundert, aber natürlich nicht an Luther oder Calvin, sondern an die [...] von der Kirche verfolgten sogenannten Schwarmgeister, die Mennoniten und andere Taufgesinnte, an Männer wie Thomas Müntzer und Hans Denck. Diese Menschen waren pazifistisch gesonnen, antiimperialistisch und antirationalistisch. Sie wollten in stillen Gemeinschaften leben, in landwirtschaftlichen Siedlungen, in denen jeder durch seiner Hände Arbeit sich sein Brot verdienen und alle Siedler den gleichen Anteil haben sollten. Die Jugendträume jener Tage vom ewigen Frieden, von einer neuen Gesellschaft, von einer erneuerten Kirche, von Brüderlichkeit und Menschlichkeit, treten uns hier vor Augen."[99]

Über Arnold erzählt Dehn: Er war „eine echte Schwärmergestalt, der mit seinen Anhängern auftrat. Er war mit ihnen gerade durch Thüringen gezogen, mit einer weißen Fahne, die einen Handschuh auf der Spitze trug, und hatte überall den ewigen Frieden verkündigt, der allein durch totale Gewaltlosigkeit zu erreichen sei. Er erzählte uns, daß er schon längst aus der Kirche ausgetreten sei und sich jetzt, wenn ich mich recht entsinne, zu den Darbysten halte."[100] Barth dürfte Arnold und die Neuwerkbewegung vor Augen gehabt haben, wenn er bemerkt: „Ja, wir ahnen wieder, dass der Sinn der sogenannten Religion in ihrer Beziehung auf das tatsächliche Leben, auf das Leben der Gesellschaft besteht und nicht in ihrer Absonderung. Ein abgesondertes Heiligtum ist kein Heiligtum."[101] Auch wenn Barth vom Pazifismus als Säkularisierungsversuch spricht[102] und die Botschaft der Bergpredigt als eine solche kennzeichnet, „in der Menschen selig gepriesen werden [Mt 5,3–11], die es gar nicht gibt",[103] dürfte ihm Arnold vor Augen gestanden haben.

---

99 Dehn, *Die alte Zeit* (Anm. 37), 231ff. Vgl. U. Schwab, Art. Neuwerk, in: *RGG*⁴ 6, 253f.
100 Dehn, *Die alte Zeit* (Anm. 37), 220.
101 Barth, Der Christ in der Gesellschaft (Anm. 5), 559.
102 Vgl. a.a.O., 560.
103 A.a.O., 589.

3.3.3 Der Berliner Kairos-Kreis (Carl Mennicke, Paul Tillich)[104]

Der interdisziplinär arbeitende Kairos-Kreis wurde 1919 von Carl Mennicke (1887–1959) gegründet und wesentlich von Paul Tillich (1886–1965) inspiriert. Er hat eine eigene Geschichtsdeutung entwickelt: „Gemeinsame Grundüberzeugung dieses Kreises war der von Tillich entworfene Versuch, den religiösen Sozialismus als eine in der gegenwärtigen Wirklichkeit angelegte, kommende Wirklichkeit zu deuten. […] Tillich betrachtete die frühen Jahre der Weimarer Republik als einen solchen partikularen ‚Kairos', da sich die unentrinnbare Entscheidung aufdrängte, den Geist der bürgerlichen Gesellschaft zu überwinden und eine neue soziale Ordnung aufzurichten."[105]

Tillich fühlte sich vom bloßen Hörensagen des Tambacher Vortrags herausgefordert und brachte das gegen Barth vor, was er seither stets gegen dessen Gottesverständnis auf dem Herzen hatte:[106] „Diese ungeheure Abstraktion von Gott, die sich in der Täuschung bewegt, als sei Gott etwas bestimmt Umrissenes, das hinter und außer den Dingen stände, in seiner bestimmten Umrissenheit erkannt werden und an seinen bestimmten Spuren in der Wirklichkeit aufgefunden werden könne, diese ungeheure Abstraktion ist für uns der entscheidende Anstoß […]. Der Gottesbegriff muß frei bleiben von jeder abstrakten Loslösung Gottes aus dem gesamten Lebensprozeß, von jeder Statuierung einer besonderen Gegenständlichkeit über den anderen Gegenständen."[107] Die Einbindung Gottes in den „gesamten Lebensprozeß" vermisst Tillich bei Barth schmerzlich.[108]

---

104 Zum Kairos-Kreis vgl. Alf Christophersen, *Kairos. Protestantische Zeitdeutungskämpfe in der Weimarer Republik* (BHTh 143), Tübingen 2008.
105 Jähnichen / Friedrich, Geschichte der sozialen Ideen im dt. Protestantismus (Anm. 64), 1012f. Dort z.T. kursiv.
106 So Busch, *Antworten* (Anm. 5), 1.
107 Zit. nach Marquardt, *Der Christ in der Gesellschaft* (Anm. 5), 32f.
108 Eberhard Busch (*Antworten* [Anm. 5], 6) gibt indes zu bedenken: „Nun, es gab etwas in dem Vortrag, […] was die Kritik von Mennicke und Tillich übersah, obwohl es ihren Wünschen ganz entgegenkam […]. Der Rede vom Christus als dem Durchbruch des Reiches Gottes ins Menschliche ist nämlich die Präzisierung hinzugefügt: Es handle sich dabei um den ‚Christus in uns'. Zwar wird weiter gesagt, gemeint sei damit ‚keine psychische Gegebenheit', sondern eine ‚Voraussetzung' über, hinter, ‚jenseits uns'. Und doch beharrt Barth auf das ‚in uns'. Das hat einen Grund, der praktisch diese Einschränkung ihrerseits wieder einschränkt."

Heftiger noch fiel der Protest Carl Mennickes aus, der zwar an der Tambacher Tagung teilnahm, aber vorzeitig abreiste – zurück nach Berlin.[109] Nachträglich formuliert Mennicke seine Gegenposition zu Barth und sieht das Defizit vor allem im Praktischen bzw. in der politischen Ethik Barths: „Wir bewundern Barths kühne Konsequenz in der Aufnahme des Auferstehungsglaubens wie in der Aufnahme des eschatologischen Gedankens, den Manifestationen Gottes par excellence in Vergangenheit und Zukunft. Aber – und hier liegt der *wesenhafte* Grund dafür, daß wir von jener Angst [gemeint ist: die Angst vor der Autonomie; M.H.] nichts wissen, daß wir die Kühnheit der Autonomie wagen – *uns gilt es das gegenwärtige Leben.* [...] Wir wollen gar nicht die Aufhebung der gegenwärtigen Weltsituation, wie Barth sie in der Eschatologie ersehnt. Jedenfalls hätte solcher Gewaltakt Gottes für uns nicht das mindeste Interesse. Wir wissen aber, daß diese Welt nicht dazu da ist, zwangsläufig zerbrochen, sondern daß sie dazu da ist, in Freiheit gestaltet zu werden."[110]

Soweit zunächst der panoramahafte Überblick. Was lässt sich nach dem Blick durch das Kaleidoskop zusammenfassend festhalten? Barth wendet sich gegen die diversen Bindestrich-Theologien als Instrumentalisierung Gottes zugunsten menschlicher Zwecke. Das geschähe in Gestalt des Säkularisierens wie Klerikalisierens! Was also wirft Barth den typologisch aufgefächerten Positionen vor? Die Antwort auf diese Frage hat Michael Weinrich auf den Punkt gebracht: Barth macht klar, „dass die Theologie nicht die Aufgabe habe, irgendwelche gesellschaftlichen Optionen zu sanktionieren, sondern die Beunruhigung zu bedenken [...], die von Gottes keineswegs einfach für eine gesellschaftspolitische Gesinnung vereinnahmbare Zuwendung zur Welt ausgehe und alle menschlichen Geschichtsentwürfe in Frage stelle. [So] versetzte er die ganze Versammlung in eine irritierende Verlegenheit."[111]

---

109 So Mattmüller, *Leonhard Ragaz II* (Anm. 17), 255; Busch, *Karl Barths Lebenslauf* (Anm. 13), 124; Marquardt, *Der Christ in der Gesellschaft* (Anm. 5), 30: „Barth selbst hatte er dort gar nicht mehr gehört, seine Abreise war also nicht eine direkte Reaktion auf das Barthsche Referat, sondern auf die ganze bis dahin sichtbar gewordene Linie der Konferenz, nicht zuletzt wohl auf den unter dem Druck der Schweizer zustande gekommenen Verzicht auf jede Ausbildung einer religiös-sozialen Organisation in Deutschland, auf die sich im Organisationsverzicht ausdrückende Haltung des ‚Harrens' und ‚Wartens'."
110 Zit. nach Marquardt, *Der Christ in der Gesellschaft* (Anm. 5), 36f.
111 Michael Weinrich, *Karl Barth. Leben – Werk – Wirkung* (UTB 5093), Göttingen 2019, 59.

4. Das Ja. Oder: Die „Konstruktion" einer „beweglichen" theologischen Position

War Barth also doch ein „Alleszermalmer"? Gehört er zu jenen, die meinen, dass gegen Kopfschmerzen nur Köpfen hilft? Vordergründig mag dies den Anschein haben. Man hat ihm dies zum Vorwurf gemacht.[112] Barth selbst konnte bemerken: *„Wir stehen tiefer im Nein als im Ja, tiefer in der Kritik und im Protest als in der Naivität, tiefer in der Sehnsucht nach dem Zukünftigen als in der Beteiligung an der Gegenwart."*[113] Der Zusammenhang ist unzweifelhaft *primär*, aber eben *nicht exklusiv negativ-kritisch* bestimmt.[114] Der Eindruck vom Alleszermalmer resultiert aus der Prävalenz der Antithese gegenüber der These, zumal die Antithese nach Barth „mehr ist als bloße Reaktion auf die Thesis. In eigener ursprünglicher Kraft entspringt sie der Synthesis, die Thesis in sich begreifend und aufhebend und also in jedem denkbaren Moment sie an Würde und Bedeutung überragend."[115]

Auch die Antithese erweist sich gleichwohl als gerahmt durch die Synthese, die den Ursprung[116] und das Ziel von These *und* Antithese bildet. Barth arbeitet mit Begriffen, die philosophiegeschichtlich einer vulgären Hegelauslegung entstammen dürften, wobei festgehalten werden kann: „Anders als bei Hegel ist die Synthesis jedoch nicht nur End-, sondern auch Ausgangspunkt des Dreischritts, so daß man entweder von einem ‚Vierschritt' sprechen kann oder auch von nur zwei Elementen, denn Thesis und Antithesis rücken als

---

112 Carl Mennicke meint in der Barthschen Negation einen Quietismus ausmachen zu können: „Es ist nicht zufällig, daß Barth sich, wie mir Harnack nach seinen Eindrücken von der Aarauer Konferenz erzählte, auf den Quietismus zubewegt (‚Er ist der ganze Thomas Müntzer'). Es ist vielmehr sinnvoll, daß ein solcher Fehler im Ansatz immer deutlicher seine Konsequenzen findet, wie es in demselben Grade sinnvoll ist, daß solcher Quietismus einmal umschlägt in Gottesreichs-Bolschewismus." Zit. nach Marquardt, *Der Christ in der Gesellschaft* (Anm. 5), 35.
113 Barth, Der Christ in der Gesellschaft (Anm. 5), 587.
114 Vgl. Link, Bleibende Einsichten (Anm. 5), 336.
115 Barth, Der Christ in der Gesellschaft (Anm. 5), 586. So a.a.O., 595.
116 An der Verwendung des Begriffs „Ursprung", den auch Karl Barths Philosophenbruder Heinrich gebraucht, lässt sich – wie Lohmann (*Karl Barth und der Neukantianismus* [Anm. 25], 261–267) gezeigt hat – der Einfluss des Marburger Neukantianismus, vor allem der Hermann Cohens und Paul Natorps, festmachen. Zur Kategorie des „Ursprungs" bei Karl Barth vgl. fernerhin: Anzinger, *Glaube und kommunikative Praxis* (Anm. 27), 146–153.

bloße Zwischenglieder gegenüber der Synthesis auf eine Ebene."[117] Dieter Schellong hat insofern nicht ganz unzutreffend von einer „Dialektik ohne Synthese"[118] gesprochen.

Freilich ist diese Formel missverständlich. Sie klingt nach einem dialektischen Spiel, nach intellektuellem Pingpong, ja nach jenem dialektischen Schaukelstuhl, in dem man es sich im Vor und Zurück von These und Antithese gemütlich einrichten kann.[119] Barth indes geht es entschieden um etwas anderes, um nichts weniger als „stürzen und aufrichten".[120] Um im Bilde zu bleiben: Der Schaukelstuhl schaukelt nicht gemütlich hin und her, sondern wer auf diese Weise Theologie betreibt, fällt gleichsam mit dem Stuhl um, schlägt hart auf, um sich nur mühevoll zu berappeln und wieder aufzustehen zu können. These und Antithese befinden sich bei Barth gerade nicht in „einem harmonischen Gleichgewicht".[121]

Im Übrigen gebraucht Barth den Begriff „Synthesis" auch mehrfach explizit und zudem affirmativ im Tambacher Vortrag, zentral in den Abschnit-

---

117 Lohmann, *Karl Barth und der Neukantianismus* (Anm. 25), 263. Zur Hegelauslegung des frühen Barth vgl. auch Michael Beintker, *Die Dialektik in der „dialektischen Theologie" Karl Barths. Studien zur Entwicklung der Barthschen Theologie und zur Vorgeschichte der „Kirchlichen Dogmatik"* (BEvTh 101), München 1987, 71–75. Fernerhin: Frey, *Die Theologie Karl Barths* (Anm 50), 90f. Zur Hegelrezeption des mittleren und späten Barth vgl. Michael Welker, *Theologische Profile. Schleiermacher – Barth – Bonhoeffer – Moltmann*, Frankfurt a.M. 2009, 121–155.
118 Dieter Schellong, Jenseits von politischer und unpolitischer Theologie. Grundentscheidungen der „Dialektischen Theologie", in: Jacob Taubes (Hg.), *Religionstheorie und Politische Theologie. Bd. 1: Der Fürst dieser Welt. Carl Schmitt und die Folgen*, Paderborn 1983, 292–315, 300. Schellong bezieht sich dabei vor allem auf Barths Elgersburger Vortrag „Das Wort Gottes als Auftrag der Theologie" (1922), in: Karl Barth, *Vorträge und kleinere Arbeiten 1922–1925* (GA III), hg. von Holger Finze, Zürich 1990, 144–175: „Es kann nur mit menschlichen Worten und Denkmöglichkeiten auf Gottes Wirklichkeit in Jesus Christus hingewiesen werden, doch keiner der Hinweise kann die Wirklichkeit, die gemeint ist und die ausschließlich die Gottes bleibt, ,haben', verifizieren, vorzeigen oder gewährleisten. Deshalb muß ein stetiger Wechsel der Sprach- und Denkmittel vorgenommen werden; denn das Unzureichende des Hinweisens kann man nur deutlich machen, indem man ständig Ergänzungen und Durchkreuzungen durch andere Sprach- und Denkmittel vollzieht – die dann ihrerseits wieder nur unzureichend zu erkennen sind und aufgehoben werden müssen. Das ist der Grund für die Ruhelosigkeit, ja intentionale Unendlichkeit des Barthschen Theologisierens." Schellong, a.a.O., 301.
119 Dieter Schellong (Von der unmöglichen Möglichkeit, Barth weiterzuführen, in: *ZDTh* 11 [1995], 195–209, 199) betont, dass Barth „eilt" und sich nicht „niederlässt".
120 Barth, Der Christ in der Gesellschaft (Anm. 5), 560.
121 A.a.O., 586.

ten 3 und 5. Ohne Synthesis bleibt die Dialektik Barths insofern nur, als dass die Synthesis als Verbindung des Absoluten mit dem Endlichen vom Menschen aus und für Menschen unerreichbar ist. Sie findet sich allein in Gott und nur insofern bildet sie den Anfang und das Ende, genauer gesagt: den erzeugenden Ursprung:[122] „Stellt uns in die Kraft des Ursprungs! Stellt uns in die Wirklichkeit Gottes!"[123] Gerade was das Ursprungspathos betrifft, macht Barth starke philosophische Anleihen, vor allem bei der neukantianischen Schule Hermann Cohens[124] und insbesondere seinem Philosophenbruder Heinrich.[125]

Konzeptionell teilt Barth die dialektische Dreiheit von These, Antithese und Synthese strukturbildend auf die altprotestantische Trias von *regnum naturae, gratiae* und *gloriae* auf, wie sie sich bei Johann Gerhard[126] findet.[127] Diese übersetzt er wiederum in den Reich-Gottes-Dreischritt aus Schöpfung, Erlösung und Vollendung.[128] Barth gewinnt dadurch einen theologischen Referenzrahmen, der die Einordnung und Näherbestimmung der dialektischen Dreiheit erlaubt.[129] Jedem der „Reiche" lässt sich nach diesem Gliederungsschema ein Abschnitt des Tambacher Vortrages zuordnen: Dem Abschnitt 3 (576–585) das *regnum naturae*, dem Abschnitt 4 (586–593) das

---

122 Vgl. a.a.O., 577: „Das Ursprüngliche ist die Synthesis, aus ihr erst entspringt die Antithesis, vor allem aber offenbar auch die Thesis selbst." Vgl. a.a.O., 593ff.
123 A.a.O., 565.
124 Vgl. Gerard den Hertog, Endlich das Thema: Karl Barth und die jüdische Religionsphilosophie!, in: *ZDTh* 28 (2/2012), 5–10.
125 Vgl. zum Verhältnis von Karl und Heinrich Barth siehe Beintker, *Dialektik* (Anm. 117), 222–230; Lohmann, *Karl Barth und der Neukantianismus* (Anm. 25); Marquardt, *Theologie und Sozialismus* (Anm. 5), 207–219; McCormack, *Theologische Dialektik* (Anm. 35), 196–203; Pfleiderer, *Karl Barths praktische Theologie* (Anm. 5), 315–331; Spieckermann, *Gotteserkenntnis* (Anm. 85), 117–120; Van der Kooi, *Anfängliche Theologie* (Anm. 25), 123–126. 155–157.
126 Vgl. Heinrich Schmid, *Die Dogmatik der evangelisch-lutherischen Kirche. Dargestellt und aus Quellen belegt*, neu hg. von Horst Georg Pöhlmann, Gütersloh 1979, 240–243.
127 Bereits in seinem Aarburger Pfingstvortrag vom 9.6.1919 hatte Barth von dieser Trias Gebrauch gemacht. Vgl. Karl Barth, Das Christliche Leben (1919), in: ders., *Vorträge und kleinere Arbeiten 1914–1921* (Anm. 5), 503–513, 507. 512.
128 Dieser Dreischritt manifestiert sich ebenfalls bereits in Barths Aarburger Vortrag (a.a.O., 504). Vgl. auch Barth, Der Christ in der Gesellschaft (Anm. 5), 576: „Das letzte Wort heißt Reich Gottes, Schöpfung, Erlösung, Vollendung der Welt durch Gott und in Gott."
129 Vgl. Pfleiderer, *Karl Barths praktische Theologie* (Anm. 5), 328f.: „Diese Übersetzung der ursprungsphilosophischen Reflexionsbestimmung in die dogmatisch-theologische Trias ist der eigentliche systematisch-konzeptionelle Grundgedanke des Vortrages."

regnum gratiae und dem fünften und letzten Abschnitt (593–598) das *regnum gloriae*.

Bereits durch die Zuordnung von These und *regnum naturae* wird evident, dass Barth nicht nur an der Destruktion bzw. Negation interessiert ist. Im *regnum naturae* geht es um „die schlichte sachliche Mitarbeit im Rahmen der bestehenden Gesellschaft", im *regnum gratiae* um die „die radikale Opposition gegen ihre Grundlagen".[130] Barth propagiert „[k]eine ungehemmte Naivität in diesem Äon, aber auch keine ungehemmte Kritik."[131] Im Tambacher Vortrag findet sich also nicht nur Negation, sondern auch Konstruktion, wobei dieser Begriff sofort in Anführungsstriche zu setzen ist. So stellt John Webster treffend fest: „Barth is best understood when we realize that he is not so much constructing a position as attempting to bring home to the reader a spiritual and intellectual process in which he found himself inescapably caught up."[132]

Barth erweist sich auch in der „Konstruktion" als Dialektiker. Denn Dialektik heißt für ihn nicht zuletzt, keinen festen Standort,[133] kein *fundamentum inconcussum* zu besitzen und infolgedessen auch nicht beziehen zu können: „,Standort' ist schon nicht das richtige Wort. Denn unsere Stellung zur Lage ist tatsächlich ein Moment einer *Bewegung*, dem Augenblicksbild eines Vogels im Fluge vergleichbar".[134] Dialektik meint eine standortlose, in Bewegung begriffene Denkbewegung. Barth kann von einem solchen entsicherten theologischen Denken in heikler Position als einem „Stehen in der freien Luft" sprechen: „[E]in mysterium tremendum muss es sein, das die biblischen Menschen vor unseren Augen hinaus- und immer weiter hinausdrängt, an den Rand des Erlebbaren, Denkbaren und Tunlichen, an den Rand der Zeit und der Geschichte, sie treibt, sich in die Luft zu stellen, wo man scheinbar nur noch fallen kann."[135]

Die Bewegung von Gott her ist der Schlüssel – der Schlüssel zum Verstehen des Tambacher Vortrags, aber auch der Schlüssel zum Verstehen

---

130 Barth, Der Christ in der Gesellschaft (Anm. 5), 593.
131 Ebd.
132 Webster, *Barth's Moral Theology* (Anm. 5), 20.
133 Vgl. Goebel, Der Christ in der Gesellschaft (Anm. 5), 110.
134 Barth, Der Christ in der Gesellschaft (Anm. 5), 564.
135 Karl Barth, Biblische Fragen, Einsichten und Ausblicke (1920), in: ders., *Vorträge und kleinere Arbeiten 1914–1921* (Anm. 5), 662–701, 685. In seiner Abschiedsvorlesung kann Barth (*Einführung in die Theologie*, Zürich 1985, 61f.) dieses Bild von einer „Theologie im luftleeren Raum" wiederaufgreifen.

der Gesellschaft: „[D]er Schlüssel, dem sich die Hoffnungen und Abgründe der Gesellschaft auftun, der Schlüssel, der den Christen zum seismographischen Anzeiger der ihr [der Gesellschaft; M.H.] eigenen Wahrheit macht, der gegenüber ihre [der Gesellschaft; M.H.] Augen verschlossen sind."[136] Es kommt darauf an, sich in die Bewegung Gottes hineinnehmen zu lassen, in der sich die Gesellschaft und ihre Lage erst erschließen.[137]

Diese Barth selbst einholende und ereilende „Konstruktion" bildet sich auch in politisch-ethischer Hinsicht ab. Ich benenne zwei motivgeschichtliche Zusammenhänge, an denen dies deutlich wird: a) der Botschaft vom Reich Gottes und b) den Gleichnissen des Himmelreichs. Es gilt hinsichtlich des Reiches Gottes zu beachten, wie scharf Barth auf dem Hintergrund illegitimer religiös-sozialer Inanspruchnahmen desselben zwischen dem Reich Gottes und menschlichen Taten, zwischen Gottes Revolution und unserem Revolutionären, zwischen Gottes Reaktion und unserem Reaktionären unterscheidet: „Das Reich Gottes fängt nicht erst mit unseren Protestbewegungen an. Es ist eine Revolution, die *vor* allen Revolutionen ist, wie sie *vor* allem Bestehenden ist."[138]

Barth rechnet indes – und hier kulminiert seine „Konstruktion" – mit Analogien des Göttlichen im Weltlichen, mit „Gleichnissen des Himmelreiches": Man kann „im *Weltlichen* die *Analogie* des *Göttlichen* anerkennen und sich ihrer freuen."[139] Jüngel hebt zu Recht hervor: „[D]ie Dialektik implizierte bereits damals die Analogie"[140] – die „Entsprechung im Gegensatz".[141] Das heißt wiederum, wie Barth im nächsten Abschnitt ausführt: „Von der Analogie führt freilich keine Kontinuität hinüber in die göttliche Wirklichkeit. [...] Nur in *Gott* ist die Synthesis, nur in Gott ist sie für uns zu finden. Finden

---

136 Link, Bleibende Einsichten (Anm. 5), 341.
137 Vgl. Barth, Der Christ in der Gesellschaft (Anm. 5), 591: „Wir müssen ganz hinein in die Erschütterung und Umkehrung, in das Gericht und in die Gnade, die die Gegenwart Gottes für die jetzige und jede uns vorstellbare Welt bedeutet, wenn anders wir nicht zurückbleibend *heraus* wollen aus der Wahrheit Christi, aus der Kraft seiner Auferstehung."
138 Barth, Der Christ in der Gesellschaft (Anm. 5), 577.
139 A.a.O., 582.
140 Eberhard Jüngel, Art. Barth, Karl, in: TRE 5 (1980), 251–268, 258.
141 Eberhard Jüngel, Von der Dialektik zur Analogie. Die Schule Kierkegaards und der Einspruch Petersons, in: ders., *Barth-Studien* (ÖTh 9), Zürich 1982, 127–179, 150.

wir sie in Gott nicht, so finden wir sie gar nicht."[142] D.h., dass die Gleichnisse keineswegs Rückschlüsse (im Sinne einer *analogia entis*) auf Gott zulassen. Gleichnisse sind auch nicht einfach herstellbar, keine menschlich produzierbare Synthesenbildung. Jene Synthesen verdanken sich vielmehr Gott: „Sie [die Synthese; M.H.] findet sich in Gott allein und ist nicht einmal im metaphysischen Sinn transzendent, sondern überschreitet alle Vorstellungen von Immanenz und Transzendenz. Und doch wirkt die Synthese in die Welt hinein. Weil sie das Bestehende sprengt, wirkt sie als Unruhe und Antithese, die sich vor allem in der sozialistischen Sehnsucht nach einer veränderten Welt äußert."[143]

Weil aber nur in *Gott* die Synthese ist, partizipieren diejenigen, die in Gott sind, an dieser Synthese. Sie lassen Gott handeln; sie lassen Gottes Handeln in ihrem Handeln gelten: „Was kann der Christ in der Gesellschaft anderes tun, als dem Tun *Gottes* aufmerksam zu folgen?"[144] Mit dieser hochgradig suggestiven Frage schließt Barth seinen Vortrag und gibt damit abschließend der Zuhörerschaft einen wegweisenden nachfolgeethischen Impuls: Aufmerksamkeit, ja Achtsamkeit der Nachfolgenden ist gefragt! Von einem Desinteresse an weltlich-politischen Zusammenhängen oder gar einem Quietismus kann hier keine Rede sein, sondern eher von den ringenden und gewundenen Eingaben eines politisch wachen, gesellschaftskritischen Geistes, der „einen starken Sinn für *Sachlichkeit*"[145] besitzt und darin der Realistik von Jesu Gleichnissen entspricht: „Was folgt aus dem allem? Offenbar der Hinweis darauf, dass schlichte *Sachlichkeit* unseres Denkens, Redens und Tuns auch innerhalb der jeweiligen bestehenden Verhältnisse und im Bewusstsein der Gefangenschaft, in der wir uns hier befinden, eine *Verheißung* hat".[146] Es geht um ein neues, illusionsloses, nüchternes „Bewusstsein der solidarischen Verantwortlichkeit"[147] mit den wirklichen Nöten der Welt. Barth warnt explizit davor, „bei der Askese und bei dem Protest gegenüber den Ordnungen auch dieses Äons […] stehen zu bleiben."[148]

---

142 Barth, Der Christ in der Gesellschaft (Anm. 5), 594. Vgl. a.a.O., 587: „[U]nser Handeln in diesem Äon [steht] wohl in Analogie, aber nicht in Kontinuität mit dem göttlichen Handeln".
143 Frey, *Die Ethik des Protestantismus* (Anm. 15), 179.
144 Barth, Der Christ in der Gesellschaft (Anm. 5), 598.
145 A.a.O., 583.
146 A.a.O, 584.
147 Ebd.
148 A.a.O., 580.

Tatenloses Zuwarten und Abseitsstehen scheiden nach Barth aus. Der distante Zuschauer wird geradezu abgeschafft.[149] So heißt es bei Barth: „Diese Erschütterung und Umkehrung [die die Gegenwart Gottes für die Welt bedeuten; M.H.] *können* wir nicht *betrachten* als fromme oder witzige Zuschauer, noch sie *umgehen* mit dem Begehren, breite, lichte, volle Straßen zu wandern mit den Romantikern und Humanisten".[150] Im letzten Abschnitt des Tambacher Vortrages spricht sich Barth explizit gegen eine „Diskreditierung des Diesseits und unserer Tätigkeit im Diesseits"[151] aus.

Es ist bezeichnend, dass Barth retrospektiv im Fakultätsalbum der Universität Münster in seiner autobiographischen Skizze festhält: „Daß ich Dinge gedacht und ausgesprochen hatte, die ich vor einer größeren Öffentlichkeit zu verantworten haben werde, das begann mir erst klar zu werden, als ich im September 1919 zu einem Vortrag an der religiös-sozialen Tagung in Tambach (Thür.) aufgefordert, zum ersten Mal der ganz veränderten Lage im Deutschland der Nachkriegszeit ansichtig wurde."[152] Wiederum tritt hier Barths dezidiert gesellschaftsbezogenes Lagebewusstsein als theologisches Verantwortungsbewusstsein in Erscheinung, genauer gesagt: In Barths theologischem Verantwortungsbewusstsein sedimentiert sich ein implizit politisch ausgerichtetes Lagebewusstsein.[153]

Barth kann dieses Verantwortungs- und Lagebewusstsein – *nota bene* – sogar parteipolitisch zuspitzen: „Dass wir diese Wendung im ganzen dann aber auch erwahren und bewähren müssen in einer großen kritischen Offenheit im Einzelnen, in mutigen Entschlüssen und Schritten, in rücksichtslosen Kampfansagen und geduldiger Reformarbeit, heute wohl ganz besonders in einer weitherzigen, umsichtigen und charaktervollen Haltung gegenüber, nein, nicht als unverantwortliche Zuschauer und Kritiker *gegenüber*, sondern als mithoffende und mitschuldige Genossen *innerhalb* der *Sozialdemokratie*, in der *unserer* Zeit nun einmal das Problem der Opposition gegen das Bestehende gestellt, das Gleichnis des Gottesreiches gegeben ist und an der

---

149 Vgl. Pfleiderer, *Karl Barths praktische Theologie* (Anm. 5), 452.
150 Barth, Der Christ in der Gesellschaft (Anm. 5), 591.
151 A.a.O., 597.
152 Karl Barth, Autobiographische Skizze Karl Barths aus den Fakultätsalben der Ev.-Theol. Fakultät in Münster (1927) und der Ev.-Theol. Fakultät in Bonn (1935 und 1946), in: *Karl Barth – Rudolf Bultmann, Briefwechsel 1922–1966* (GA V), hg. von Bernd Jaspert, Zürich ²1994, 290–300, 297.
153 Vgl. Karl Barth, *Theologische Existenz heute!* (1933) (TEH 219), neu hg. und eingel. von Hinrich Stoevesandt, München 1984, 3f.

Der „Alleszermalmer"? 43

es sich erweisen muss, ob *wir* dieses Problem in seiner absoluten und relativen Bedeutung verstanden haben."[154] Die Würdigung der Sozialdemokratie durch den „Weimarer Barth" bereits 1919 (und nicht erst seinen Eintritt in die SPD 1931) sollte man nicht übersehen, wenn man seinen linken Liberalismus und seine Haltung zur repräsentativen parlamentarischen Demokratie von Weimar infrage stellt.[155]

Barth arbeitet jedenfalls *in rebus politicis* auch in Tambach nicht nur mit schroffen Antithesen und der Emphase des *totaliter aliter*. Dieter Schellong hat gar darauf hingewiesen, dass Barth im Tambacher Vortrag weiter ging als in der sog. „Lichterlehre" (KD IV/3).[156] Während Barth im Tambacher Vortrag wenigstens die Sozialdemokratie nennt, nennt er in der „Lichterlehre" nicht nur keine bestimmten Ereignisse, Bewegungen und Auffassungen beim Namen, sondern bezieht das Wahrnehmen von Geschichtsereignissen als „Gleichnisse des Himmelreiches" streng und eng auf das Lernen der christlichen Kirche.[157]

---

154 Barth, Der Christ in der Gesellschaft (Anm. 5), 592.
155 Vgl. Friedrich Wilhelm Graf, Der Weimarer Barth – ein linker Liberaler?, in: ders., *Der heilige Zeitgeist* (Anm. 41), 447–459. Dazu: Arne Rasmusson, Historiography and Theology. Theology in the Weimarer Republic and the Beginning of the Third Reich, in: *KZG* 20 (2007), 155–180; Dieter Schellong, „Ein gefährlicher Augenblick". Zur Lage der evangelischen Theologie am Ausgang der Weimarer Zeit, in: Hubert Cancik (Hg.), *Religions- und Geistesgeschichte der Weimarer Republik*, Düsseldorf 1982, 104–135; Günther van Norden, *Die Weltverantwortung der Christen neu begreifen. Karl Barth als homo politicus*, Gütersloh 1997, 19–55.
156 Christian Link (Bleibende Einsichten [Anm. 5], 346) merkt an, dass man „die Ausführungen zu den ‚Gleichnissen des Himmelreiches' aus dem letzten Band der Versöhnungslehre daher als einen späten dogmatischen Kommentar zum Tambacher Vortrag lesen" darf.
157 Dieter Schellong, Barth lesen, in: Friedrich Wilhelm Marquardt u.a. (Hg.), *Karl Barth: Der Störenfried?* (Einwürfe 3), München 1986, 5–92, 50. Zur sog. „Lichterlehre" vgl. Marco Hofheinz, Das gewisse Extra! Oder: Christologie als „Dosenöffner"? Das Extra-Calvinisticum und die „Lichterlehre" Karl Barths als Zugänge zu einer Theologie der Religionen, in: ders. / Kai-Ole Eberhardt (Hg.), *Christologie – offen für Neues? Denkformen und Brennpunkte der Christologie angesichts neuer Herausforderungen, Dogmatik in der Moderne*, Tübingen 2019, im Erscheinen.

5. Fazit: Ja *und* Nein. Die Formation der Theologie des frühen Barth

War der frühe Barth des Tambacher Vortrags ein „Alleszermalmer"? So hatten wir eingangs gefragt. Wer so fragt, darf nicht vergessen, dass der vermeintliche Zermalmungsvorgang bei Barth einem Akt der „Selbstkannibalisierung" gleichkam: „Er, der doch den Religiös-Sozialen zugezählt und nur darum nach Tambach geladen war, vollzog gegen sein eigenes Fleisch einen Abschied von einer von ihm selbst zuvor mit Eifer verfolgten Konzeption. Vielmehr hatte er diesen Abschied soeben in seiner ersten Auslegung des Römerbriefs von 1919 vollzogen".[158] Diese selbstkritische Wendung gehört m.E. zu den Pointen des Tambacher Vortrags. Mit John Webster gesprochen: „Barth's style is such that the argument keeps turning against itself, subverting its own affirmations".[159] Die Barthsche Polemik ist nicht zuletzt im Tambacher Vortrag als selbstinklusive Polemik zu verstehen.

Neben diesem ersten Antwortversuch legt sich ein zweiter, das Bild vom „Alleszermalmer" gleichsam relativierender Hinweis nahe, der auf das theologie- und werkgeschichtliche Intermezzo des Tambacher Vortrages verweist: Barth selbst befindet sich in der Bewegung. Er ist selbst gewissermaßen ein „Vogel im Flug", um die wohl berühmteste Metapher des Tambacher Vortrags aufzugreifen. Dieser Vortrag stellt mithin „nur eine Station auf dem Wege Barths dar"[160], sozusagen eine Passage zwischen den beiden Römerbriefen. Wolfgang Lienemann hat von „einer Art Präludium für viele spätere Stellungnahmen und Argumentationen Barths"[161] gesprochen, die im Tambacher Vortrag zum Vorschein kämen.

So wichtig und richtig diese Hinweise auch sind, so muss die Reaktion auf das verzerrende Bild vom „Alleszermalmer" m.E. noch massiver und robuster ausfallen. Sie kann nicht darin bestehen, einfach nur ein Gegenbild zu zeichnen, sondern sie muss gleichsam das vorhandene Bild vom „Alleszermaler" dekonstruieren. Geschieht dies, so folgt dieses Vorgehen gewissermaßen Barths eigener Bewegung. Im Dekonstruktionsversuch wird sichtbar, dass Barth nicht einfach nur kategorisch und apodiktisch „Nein" sagt und Ethik damit gleichsam apriori verunmöglicht. Dem Bestehenden wie den

---

158 Busch, *Antworten* (Anm. 5), 3.
159 Webster, *Barth's Moral Theology* (Anm. 5), 20.
160 Busch, *Antworten* (Anm. 5), 2.
161 Wolfgang Lienemann, *Das Geschenk der Freiheit. Die Ethik Karl Barths* (unveröffentlichtes Manuskript), § 3. So auch Beintker, *Dialektik* (Anm. 117), 116.

Revolutionen gegenüber formuliert Tambach „ein radikal Neues, und zwar so, dass es zu beidem ein Nein sagt – ein Nein freilich, in dem je das eine begrenzt wird durch die relative Bejahung des anderen. Zum Reich Gottes gehört darum einerseits sehr wohl der Protest gegen das Bestehende. Andererseits rechnet Barth mit den ‚Gleichnissen' des Himmelreiches".[162]

Treffend hat Michael Beintker die „kleine *Position*" Barths angesichts der „großen *Negation*" Barths auf den Punkt gebracht: „So ist unser Platz in der Gesellschaft (wenn das Wort ‚Platz' angesichts der Beweglichkeit unserer Haltung überhaupt berechtigt ist!) nur benennbar als gleichnishafte Entsprechung zum österlichen Ja des Lebens (Mitarbeit) und *zugleich* als gleichnishafte Entsprechung zum eschatologischen Nein des Gerichts (radikale Opposition gegen die Grundlagen der Gesellschaft). Absolutsetzungen in der einen oder anderen Richtung sind uns versagt: weil bei Gott Nein und Ja, Ja und Nein zugleich gesprochen werden, können wir weder die Lebensbejahung noch die Lebensverneinung, weder die Forderung nach Mitarbeit noch die Forderung nach Opposition ideologisieren."[163]

Barths Theologie erweist sich in dieser positionellen Ausprägung durchaus als eine lagebewusste Theologie – auch *in rebus politicis*.[164] Es ist die Konstruktion einer solchen Theologie, die Barth theologisch sachgemäß und insofern (auch politisch) lagebewusst mit der berühmten Metapher vom „Vogel im Flug"[165] zu pointieren versucht. Ihn zu beschreiben sei die Aufgabe der Theologie, die darin mit ihrem eigentlichen Konstitutionsproblem konfrontiert sei. Es bleibe hier allerdings beim unzulänglichen Versuch.

Die Metapher vom „Vogel im Flug" bringt die Dialektik Barths auf den Punkt. Dies bringt es zugleich mit sich, dass sie komplexer ausfällt, als es zunächst scheint. Ihr Gebrauch ist eingespannt in die „methodologische[...] Bemühung, sich dem Problem der spezifischen Differenz zu nähern zwischen [1.] der theoretischen Theorie einerseits, die qua Theorie theologische Sachverhalte fixiert und objektiviert, [2.]der Existentialität des Theologen

---

162 Busch, *Karl Barths Lebenslauf* (Anm. 13), 123.
163 Beintker, *Dialektik* (Anm. 117), 118.
164 Vgl. zu Barths Bestimmung des Verhältnisses von „Sache" und „Lage" vgl. Ulrich Dannemann, *Theologie und Politik im Denken Karl Barths* (GT.S 22), München / Mainz 1977, 122–129.
165 Barth, Der Christ in der Gesellschaft (Anm. 5), 564–566. Barth kann diese Metapher bereits im Ersten Römerbrief 1919 ([Anm. 59], 384. 391) und dann auch im Zweiten Römerbrief 1922 ([Anm. 44], 254. 274) gebrauchen.

andererseits und [3.] ihres Gegenstandes."[166] Barth weiß freilich darum, dass „[m]ethodische Erörterungen [...] immer etwas Missliches, Unmögliches und Gefährliches"[167] haben: „Fast unvermeidlich verfallen sie in das Lächerliche des Versuchs, den Vogel im Fluge *doch* zeichnen zu wollen. Fast unvermeidlich verfallen sie dem Fluch des Ergebnisses, dass die Bewegung *an sich*, losgelöst vom Bewegtsein, zu einem Thema, zu einer Sache wird."[168]

Es geht Barth beim Gebrauch der Metapher vom „Vogel im Flug" um mehrere Aspekte, nämlich 1. den der Bewegung der Gottesgeschichte, 2. den daraus (nämlich aus der Bewegung der Gottesgeschichte) resultierenden Aspekt der Bewegtheit des Menschen als Element der Gottesgeschichte und 3. die Subjektivität Gottes. Für alle drei Aspekte steht die Metapher vom „Vogel im Flug". Insgesamt kann der durchaus komplexe Gebrauch dieser Metapher als Versuch verstanden werden, dem Bilderverbot (Ex 20,4–6; Dtn 5,8–10) zu entsprechen. Es geht dabei theologisch um die Wahrnehmung eines differenzierten Zusammenhangs, der zwischen Gott (in seiner Subjektivität), der als „Vogel im Flug" in seinem Sein nicht fixiert werden kann (3. Aspekt), wie die bewegte Gottesgeschichte zeigt (1. Aspekt), und der dieser Bewegung folgenden menschlichen Standortbestimmung bzw. -gewinnung („in der Luft") besteht (2. Aspekt), die von Barth als nachfolgende (nicht nur Denk-) Bewegung konzipiert wird. Barth fasst alle drei Aspekte *in nuce* zusammen, wenn er betont: „Um Gott handelt es sich [3. Aspekt], um die Bewegung von Gott her [1. Aspekt], um unser Bewegstein durch ihn [2. Aspekt], nicht um Religion".[169]

In seiner akademischen Abschiedsvorlesung betont Barth: „Sie [die Theologie; M.H.] würde ihren Gegenstand verlieren und sich selbst preisgeben, wenn sie irgendeinen Moment des göttlichen Vorgangs statisch für sich, statt in einem dynamischen Zusammenhang – dem Vogel im Fluge, nicht einem Vogel auf der Stange vergleichbar – sehen, verstehen, zur Sprache bringen, wenn sie vom Erzählen der ‚grossen Taten Gottes' zum Fest-

---

166 Kirsch, Zum Problem der Ethik in der kritischen Theologie Karl Barths (Anm. 5), 125.
167 Barth, Der Christ in der Gesellschaft (Anm. 5), 565.
168 Ebd. Treffend kommentiert Hildegard Kirsch (Zum Problem der Ethik in der kritischen Theologie Karl Barths [Anm. 5], 125f.) diese Passage.
169 Barth, Der Christ in der Gesellschaft (Anm. 5), 566. Unter Religion, „die wir an uns selbst und an Anderen *allein* kennen", versteht Barth (Der Römerbrief [Zweite Fassung] 1922 [Anm. 44], 254f.) die „menschliche Möglichkeit des höchst problematischen Versuchs, den Vogel im Flug abzubilden."

stellen und zur Proklamation eines dinglichen Gottes und göttlicher Dinge übergehen wollte."[170]

6. Nachtrag: „Gott ist heute weniger als je wohlfeil zu haben". Zur Relevanz des Tambacher Vortrages nach 100 Jahren

100 Jahre Tambacher Vortrag – solch ein Jubiläum evoziert bei aller Feierlichkeit auch kritische Rückfragen an die Erinnerungskultur: Warum sollte man diesen Vortrag noch lesen, warum ihn nicht zu den Akten legen oder besser gleich in der Mottenkiste theologiegeschichtlicher Relikte verstauen? Eine theologiegeschichtliche Rekonstruktion, wie ich sie vorgeführt habe, birgt immer die Gefahr der Historisierung in sich. Denn „Historisierung" bedeutet nun einmal, wie Hans-Georg Gadamer betont, sich den Wahrheitsanspruch vom Leibe zu halten: „Der Text, der historisch verstanden wird, wird aus dem Anspruch, Wahres zu sagen, förmlich herausgedrängt."[171] Es sei denn, dass es gelingt, eine tragfähige problemgeschichtliche Brücke zur Gegenwart zu bilden oder behutsamer formuliert, zu entdecken, dass man sich plötzlich in einer analogen Situation in der Gegenwart befindet.[172] Der Tambacher Vortrag und Barth mit ihm könnte so das „Image" eines verstaubten Kirchenvaters verlieren und ggf. gar als ein theologischer Wegweiser im 21. Jahrhundert erscheinen.[173]

Ohne Gegenwartsdiagnostik wird ein solcher Brückenschlag freilich nicht auskommen können und auch nicht ohne die Verkürzungen, die mit ihrem idealtypischen Gebrauch einhergehen.[174] Dennoch stellt sich unab-

---

170 Barth, *Einführung in die evangelische Theologie* (Anm. 135), 16.
171 Hans-Georg Gadamer, *Wahrheit und Methode. Grundzüge einer philosophischen Hermeneutik*, Tübingen ⁴1975, 287.
172 So wichtig und richtig bei allen Historisierungstheorien die Einsicht in die eigene Standortgebundenheit ist, so wichtig und richtig ist auch das Moment der Selbstrelativierung der Historisierung. Denn das Problem der Historisierung besteht darin, dass diese Historisierung selbst auch immer ihre eigene Historisierung erlebt.
173 Vgl. Hinrich Stoevesandt, Karl Barth – verstaubter Kirchenvater oder theologischer Wegweiser im 21. Jahrhundert, in: *ThZ* 56 (2000), 342–358.
174 Vgl. die Typologien von Heinrich Bedford-Strohm (Theological Ethics and the Church. Reconsidering the Boundaries between Practical Theology and Theological Ethics in Light of the Debate on Liberalism and Communitarianism, in: Michael Welker / Friedrich Schweitzer [Hg.], *Reconsidering the Boundaries Between Theological Disciplines. Zur Neubestimmung der Grenzen zwischen den theologischen Disziplinen*, Münster 2005, 175–186) und Dirk Evers (Neuere Tendenzen in der deutschsprachigen Evangelischen Dogmatik, in: *ThLZ* 140 [1–2/2015], 3–22). Fernerhin: Traugott Jähnichen,

weislich die Frage: Gleicht die Situation Barths nicht der unsrigen? Fragen wir nach „unsere[r] Stellung zur Lage"[175] angesichts des „Ernstes der Lage"?[176] Machen wir hinsichtlich der Eigengesetzlichkeiten des gesellschaftlichen Lebens die Erfahrung, dass „hart im Raum sich die Sachen stoßen"?[177] Und sehen wir die Gesellschaft als „ein wenn auch innerlich brüchiges, so doch nach außen in sich geschlossenes Ganzes für sich – ohne Fenster gegen das Himmelreich"?[178] Auch uns legen sich in dieser Lage die Versuchungen von Säkularisierung und Re-Klerikalisierung der Gesellschaft strategisch nahe. Und auch wir sehen in „unserer Zeit die Kirche in Frage gestellt".[179] Wir können gewiss Analoges entdecken und zu einem dichten Netz wechselseitiger Verweisungszusammenhänge ausspannen. Sie würden sowohl die Krisensymptome als auch die Programme versprochener Fern-Heilung betreffen.

Typologisch verkürzt, sehe ich gegenwärtig drei programmatische Versuche, um die Marginalisierung und den Relevanzverlust von Kirche abzuwenden und Theologie zu treiben. Zu ihnen wird im Raum des westlichen Christentums – mehr oder weniger verzweifelt – Zuflucht genommen. Da wäre zum einen der kulturhermeneutische Weg eines „aufgeklärten" Christentums, das seine Relevanz nachdrücklich unter Beweis stellen möchte, indem es die kulturelle Welt in Deutungsakten auf sie selbst und ihre implizite Religiosität hin durchsichtig machen möchte. Man bedient sich einer Theorie des religiösen Symbols und einer erfahrungsbezogen-expressiven Hermeneutik, um den Symbolgehalt des Glaubens transparent zu machen. Freilich wird man das schale Gefühl nicht los, dass hier Religiosität orakelnd andemonstriert werden soll, um den eigenen Relevanzverlust zu kompensieren und zu minimieren, d.h. sich selbst zu beschwichtigen – nach dem Motto: Auch wenn die säkularen Zeitgenossen religiös nicht in Erscheinung treten, religiös sind sie doch!

Da wäre zum anderen der Weg einer öffentlichen Theologie zu nennen, die auf ihre Weise ebenso versucht, in der Zivilgesellschaft angesichts emp-

---

Der Protestantismus zwischen „Selbstsäkularisierung" und Rückzug aus der „Welt". Theologische Deutungen zur Rolle der evangelischen Kirche in der Gesellschaft, in: Wilhelm Damberg u.a. (Hg.), *Gottes Wort in der Geschichte – Reformation und Reform in der Kirche*, Freiburg/Br. 2015, 226–250.

175 Barth, Der Christ in der Gesellschaft (Anm. 5), 564.
176 A.a.O., 592.
177 A.a.O., 561. Es handelt sich um ein Zitat Friedrich Schillers (*Wallenstein*, 3. Akt, Wallensteins Tod).
178 Ebd.
179 A.a.O., 573.

fundener Verdrängung ihren Platz zu behaupten. Es geht ihr um eine Rechristianisierung der Gesellschaft, aber zugleich um mehr: Das Reden von Theologie und Öffentlichkeit soll in der Gesellschaft verstanden werden, so dass Übersetzungsstrategien des Glaubens in säkulare Begrifflichkeit aufgeboten werden, um am gesellschaftlichen Diskurs beteiligt zu sein. Doch auch hier stellen sich unabweislich kritische Fragen: Ist das Phänomen Öffentlichkeit als vermeintlicher Adressat nicht ebenso heterogen wie ambivalent?[180] Wäre nicht das unreflektierte Zutrauen zum Ergebnis öffentlicher Kommunikation kritisch zu befragen? Lässt sich religiöse Sprache tatsächlich ohne Substanzverlust in ein säkulares Idiom übertragen?[181] Ist der Glaube „communicable wie eine Ware"?[182]

Tappen nicht beide, die kulturhermeneutische wie die öffentlich-theologische „Lösungsstrategie", in die Positivismusfalle eines instrumentellen Theologieverständnisses, das den „Mehrwert" der Rede von Gott „positiv" demonstrieren zu können meint? Vermeintlich plausible Antworten auf die Frage nach dem „Mehrwert" lauten dann etwa – salopp formuliert: Die Rede von Gott bildet den Kitt der Gesellschaft, hilft bei der Kontingenzbewältigung betreffs multipler Krisenphänomene und stärkt die Handlungsfähigkeit in diffizilen Problemkonstellationen der Lebensführung.

Theodor W. Adorno stellte einmal fest: Der Positivismus ist „eine Gestalt der Ideologie heute [...] und eine besonders gefährliche darum, weil die positivistische Gesinnung sich als die ideologiefeindliche, nüchterne, sachliche schlechthin deklariert, weil sie aber eben dadurch, daß sie überhaupt nichts zuläßt als das, was Tatsache ist, durch diese Exklusivität des Tatsächlichen der Tatsächlichkeit eine Aura verleiht, die sie im allgemeinen von eben jener

---

180 Jürgen Habermas (*Faktizität und Geltung. Beiträge zur Diskurstheorie des Rechts und des demokratischen Rechtsstaats*, Frankfurt a.M ⁵1997, 451) identifiziert sie etwa als „eine intermediäre Struktur, die zwischen dem politischen System einerseits, den privaten Sektoren der Lebenswelt und funktional spezifizierten Handlungssystemen andererseits vermittelt. Sie stellt ein hochkomplexes Netzwerk dar, das sich räumlich in eine Vielzahl von überlappenden internationalen, nationalen, regionalen, kommunalen, subkulturellen Arenen verzweigt".
181 Vgl. Martin Honecker, *Auf der Suche nach Orientierung im Labyrinth der Ethik*, Stuttgart 2017, 130.
182 Johann Georg Hamann, Brief an Friedrich Heinrich Jacobi vom 30.4.1787, in: ders., Briefwechsel Bd. VII, hg. von Arthur Henkel, Frankfurt a.M. 1979, 176, 6–8. Dazu: Oswald Bayer, *Autorität und Kritik. Zur Hermeneutik und Wissenschaftstheorie*, Tübingen 1991, 108–116.

Metaphysik bezieht, die von dem herrschenden Positivismus mit einem so krassen Tabu bedacht wird."[183]

Naheliegend wäre an sich das Gegenprogramm einer „Kontrastgesellschaft", die zu all dem in eine auf Dauer gestellte Opposition tritt.[184] Doch so verlockend diese Option auch sein mag, so produziert sie doch gerade in der Abgrenzung nur „mehr desselben Falschen" (Paul Watzlawick), sie reproduziert nämlich – mit anderen Worten – nur das, wogegen sie sich wehrt. Damit aber partizipiert sie gerade als Antithese an der These, geht also in die Negativismusfalle, die als solche nur die Kehrseite der Positivismusfalle bildet. Die Dinge verhalten sich auch hier – wie wir sehen – dialektisch.

Barth hält hingegen jeglicher Spielart von Positivismus entgegen: „Gott ist heute weniger als je wohlfeil zu haben".[185] In Tambach hebt er geradezu antifunktionalistisch hervor: „Das Göttliche ist etwas Ganzes, in sich Geschlossenes, etwas der Art nach Neues, Verschiedenes gegenüber der Welt. Es lässt sich nicht auftragen, aufkleben und anpassen. Es lässt sich nicht teilen und austeilen, gerade weil es mehr als Religion ist. Es lässt sich nicht anwenden".[186] Deshalb kann es auch nicht angehen, gleichsam eine Mixtur aus allen drei Programmen herzustellen. Theologie ist kein Mischpult, wo man sich mal ein bisschen von diesem hereinholen und mal etwas von jenem herausdrehen kann, entsprechend dem Geschmack auf dem Dancefloor. Nein, anders als der Positivismus in seinen Spielarten behauptet, müssen wir uns – Barth zufolge – gerade nicht behaupten, nicht für Besitzstandswahrung und nicht für eigene Besitzverhältnisse eintreten. Diese wären starr und zeitlos. Sie hätten mehr oder weniger musealen Charakter. Barth hingegen möchte beweglich bleiben in der Theologie und keine Weltbildzementierung betreiben. Der Tambacher Vortrag tritt vehement für eine Verflüssigung der Denkbewegung und eine Entsicherung der Begriffsarbeit ein. Er ermahnt nachdrücklich: Theologie muss keine Synthesen bilden.

---

183 Theodor W. Adorno, *Philosophische Elemente einer Theorie der Gesellschaft. Vorlesung (1964)*, Frankfurt a.M. 2008, 118.
184 Dieser Typus gleicht etwa einer simplifizierenden Lesart des Ansatzes von Stanley Hauerwas. Vgl. dazu: Marco Hofheinz, Kirche als „Society of Friends". Überraschende freundschaftsekklesiologische Koinzidenzen bei Jürgen Moltmann und Stanley Hauerwas, in: ders. u.a. (Hg.), *Freundschaft. Zur Aktualität eines traditionsreichen Begriffs*, Zürich 2014, 153–205.
185 Barth, Der Christ in der Gesellschaft (Anm. 5), 560.
186 Ebd.

Warum nicht? Die Antwort Barths lautet in Tambach: Weil die Synthese bereits in Gott, im Ursprung gegeben ist.[187] Diese Vereindeutigung ist nicht unsere Aufgabe! Barth hebt auf die grundlegende Passivität ab, die mit dem Einbruch des Anderen und Neuen des Handelns Gottes gegeben ist. Barth geht vom Handeln Gottes und seinem Primat aus.[188] Menschliches Handeln hat demgegenüber sekundären Status: Es geht darum, sich „im Ernst auf Gott einzulassen"[189], ganz neu zu lernen, „auf Gott zu warten"[190]. Denn „[e]s gibt nur *eine* Lösung, und die ist in Gott selbst. Unsere Sache kann nur das aufrichtige, nach allen Seiten eindringende, ich möchte den Ausdruck wagen: das priesterliche *Bewegen* dieser Hoffnung und Not sein, durch das der Lösung, die in Gott ist, der Weg zu uns freier gemacht wird."[191] Bonhoeffer hat später von der Ethik als „Wegbereitung"[192] gesprochen. Dieses Motiv ist anschlussfähig an den Tambacher Vortrag, auch und gerade in der eschatologischen Ausrichtung, die Barth ebenfalls als „Bewegung *von Gott her*"[193] bzw. als „Bewegung durch Gott"[194] bestimmt. Das unbedingt Neue kommt von oben – senkrecht von oben.[195]

Unter Berufung auf die Bemerkung „Ethik liest Gott der Herr allein!"[196] hat Enno Rudolph von der „Aufhebung der Ethik bei Karl Barth"[197] gesprochen. Damit ist insofern etwas Richtiges und Wichtiges erkannt, als dass der junge Barth auf Gott als Subjekt der Bewegung fokussiert und das menschliche Handeln in seiner passiven Konstituierung fasst, etwa das menschliche Bewegen als Bewegtsein bzw. Bewegtwerden von Gott, als Anteilhaben an der Auferstehung Christi versteht und nicht etwa vom Tun des Menschen,

---

187 Vgl. a.a.O., 577. 593ff.
188 Vgl. Hans G. Ulrich, Karl Barths Darstellung theologischer Ethik. Forum für die gegenwärtige Verständigung über Ethik im englischsprachigen Kontext, in: *ThLZ* 138 (2013), 279–294, 281.
189 Barth, Der Christ in der Gesellschaft (Anm. 5), 560.
190 A.a.O., 563.
191 A.a.O., 563f.
192 Dietrich Bonhoeffer, *Ethik* (DBW 6), hg. von Ilse Tödt u.a., München 1992, 153–160.
193 Barth, Der Christ in der Gesellschaft (Anm. 5), 566.
194 A.a.O., 597.
195 Vgl. a.a.O., 567.
196 Karl Barth, *Ethik I. Vorlesung Münster Sommersemester 1928*, wiederholt in Bonn, Sommersemester 1930 (GA II), hg. von Dietrich Braun, Zürich 1973, 72.
197 Enno Rudolph, „Ethik liest Gott der Herr allein!" Die Aufhebung der Ethik bei Karl Barth, in: ders., *Theologie – diesseits des Dogmas. Studien zur Systematischen Theologie, Religionsphilosophie und Ethik*, Tübingen 1994, 143–156.

sondern vom „Tun Gottes im Menschen"[198], vom „Durchbruch des Göttlichen ins Menschliche hinein"[199] spricht. Barth betont: Zurückgeworfen auf den Anfang und Ursprung in Gott, wird sich auch die schöpferische Tat einstellen müssen.[200] Nur wer bereit ist, sich alles zermalmen zu lassen, wird jene Haltung gewinnen, die notwendig ist, um sich von Gott jenes Haus bauen zu lassen, von dem es heißt: „Wenn der Herr nicht das Haus baut, arbeiten umsonst, die daran bauen" (Ps 127,1).

Barth geht es also „um Gott und Gott allein".[201] Ist die Synthesis in ihm gegeben, so kann gemäß dieser radikalen Theozentrik keine Positivität als Telos menschlichen Handelns an deren Stelle treten. Dieses Pathos dürfte Kern und Stern der Barthschen Dialektik in ihrer ethischen Pointierung sein. Die konzeptionelle Anlage dieser in der Synthesis wurzelnden Dialektik legt Barth im Abschnitt 3 und anbahnend in den beiden vorausgehenden Abschnitten des Tambacher Vortrags recht umfassend dar. Es ergibt sich die Frage: Was würde fehlen, wenn der Tambacher Vortrag bereits mit Abschnitt 3 enden würde? Oder besser gefragt, was wäre passiert, wenn Barth nach Abschnitt 3 abgebrochen hätte?

Die Antwort kann nach allem bislang Ausgeführten nur lauten, dass er dann in die Positivismusfalle getappt wäre. Er hätte die Bewegung des Vogels im Flug nicht textuell inszeniert. Nur die These wäre ausgesprochen und mit dem *regnum naturae* lediglich auf die Schöpfung und die Bejahung der Welt rekurriert worden. Die Antithese aber, die Verneinung, hätte man übergangen, der Weg „von der Naivität zur Kritik der Gesellschaft"[202] wäre nie beschritten, das *regnum gratiae* und die Erlösung nivelliert worden.[203]

Wo aber, wie hier, die Position nicht wie in einem Vexierbild in die Negation kippt, da schnappt die Positivismusfalle erbarmungslos zu. Anders gesagt: Ohne den Abschnitt 4 des Tambacher Vortrages wäre der Barthsche Vogel nicht geflogen. Er wäre flügellahm am Boden geblieben. Ohne den Ab-

---

198 Vgl. Barth, Der Christ in der Gesellschaft (Anm. 5), 568. Vgl. a.a.O., 575.
199 A.a.O., 569.
200 A.a.O., 574.
201 A.a.O., 597.
202 A.a.O., 590.
203 Vgl. a.a.O., 587: „*Wir* können den *Schöpfer* der ursprünglichen Welt nicht anders ehren, als indem wir schreien nach dem *Erlöser* der jetzigen Welt. Unser Ja gegenüber dem Leben trug ja von vornherein das göttliche Nein in sich, nun bricht es hervor in der Antithesis, gegenüber der vorläufigen Thesis hinweisend auf die ursprünglich-endliche Synthesis, selber noch nicht das Letzte und Höchste, aber der Ruf aus der Heimat, der auf unsere Frage nach Gott in der Welt antwortet."

schnitt 5 hingegen wäre er abgestürzt. Er hätte sich zwar auf den mächtigen Schwingen von These und Antithese hinaufgeschraubt, wäre aber jäh abgestürzt, ohne die Synthesis und die eschatologische Weite des *regnum gloriae* erblickt,[204] ja ohne die „spes futurae vitae"[205] als Vorgeschmack der Vollendung erfahren zu haben.[206] Es braucht also die keineswegs überflüssigen Abschnitte 4 und 5, um die textuelle Performanz der Bewegung des Vogels im Flug Ereignis werden zu lassen. In der Textualität dieser Ausführungen gewinnt die Dialektik und mit ihr der fliegende Vogel Anschaulichkeit.

Um das Bild abschließend einmal mehr zu strapazieren: Dank des Tambacher Vortrages und der in ihm inszenierten Dialektik kann der Vogel Barthscher Theologie fliegen. Er kann aufsteigen und gleichsam wie ein Adler mächtig und erhaben über dem Kleinklein der Irrungen und Wirrungen des theologischen Tagesgeschäftes kreisen und zwar in solch atemberaubenden Höhen, dass er manchem Beobachter als vollkommen lebensfern und (neo)orthodox erscheint – eben wie aus einem anderen Jahrhundert stammend! Der Vogel der Barthschen Theologie kann sich aber auch einem Sperber gleich hinabstürzen in die Konflikte und Auseinandersetzungen und dort so ungehemmt religionskritisch wüten, dass dieses „Federvieh" anderen Beobachtern als hochaggressive Kampfdrohne, verpackt in ein Stahlgehäuse aus Schachtelsätzen erscheint. Wie dem auch sei. Der Vogel fliegt. Sehen wir zu, dass wir ihn in unserem Jahrhundert nicht aus den Augen verlieren.[207]

---

204 Der Blick auf die Vollendung ist nach Barth (a.a.O., 597) schlichtweg indispensabel: „Der Blick von der Schöpfung und Erlösung hinüber auf die Vollendung, der Blick auf das ‚ganz andere' des regnum gloriae bedeutet offenbar praktisch, dass unsere naive wie unsere kritische Stellung zur Gesellschaft, unser Ja wie unser Nein *in Gott ins rechte Verhältnis gesetzt wird*".
205 A.a.O., 597 in Anlehnung an Calvin (CO 49,89).
206 Das Eschaton meint für Barth „die Synthesis, *nicht* die Fortsetzung, die Folge, die Konsequenz, die nächste Stufe des Vorletzten etwa, *sondern* im Gegenteil der radikale Abbruch von allem Vorletzten, aber eben darum auch seine ursprüngliche Bedeutung, seine bewegende Kraft." A.a.O., 596.
207 Es dürfte selbstredend sein, dass es bei dieser Übertragung der Metapher vom Vogel im Flug selbstverständlich nicht um eine Apotheose Barths und seiner Theologie, sondern um ein Ausloten des dreifach aspektuierten, differenzierten theologischen Sachzusammenhangs geht, der skizziert wurde. Er erlaubt es, dass einzelne Aspekte bisweilen schärfer ins Auge gefasst werden als andere, die dabei zurücktreten oder verschwimmen. Das ist m.E. durchaus legitim, solange nicht ein Aspekt prinzipiell unterbelichtet oder gar vergessen wird.

Rinse Reeling Brouwer

„Man wird von diesen Gesichtspunkten immer auch noch anders reden können"

Wie Karl Barth tatsächlich anders geredet hat und wie auch wir noch wieder anders reden können

1. Die Gesichtspunkte

„Unsere Sache kann nur das aufrichtige, nach allen Seiten eindringende, ich möchte den Ausdruck wagen: das priesterliche *Bewegen* dieser Hoffnung und Not sein, durch das der Lösung, die in Gott ist, der Weg zu uns freier gemacht wird. Und es ist selbstverständlich, dass das, was ich heute bieten kann, nur die Aufstellung der *Gesichtspunkte* ist, unter denen dieses Bewegen stattfinden muss, das heute das Eine Notwendige ist. Man wird von diesen Gesichtspunkten immer auch noch anders reden können; aber darin bin ich allerdings meiner Sache sicher, dass die Gesichtspunkte, von denen ich reden möchte, die notwendigen sind und das es neben ihnen keine andern gibt."[1]

Am Schluss des ersten Abschnitts seiner Tambacher Rede kündigt Barth an, das „priesterliche Bewegen" „unsere[r] Not und unsere[r] Hoffnung in Christus und in der Gesellschaft" „durch die Aufstellung von *Gesichtspunkten*" zur Sprache zu bringen. Im zweiten Abschnitt kommt er auf diese Gesichtspunkte nicht zurück, bis er dann kurz vor Schluss bemerkt: „das letzte Wort (zur Sache, das schon gesprochen ist) heißt *Reich Gottes*, Schöpfung, Erlösung, Vollendung der Welt durch Gott und in Gott".[2] Die Sache selbst, das Reich Gottes als solches, ist offenbar nicht zu repräsentieren. Es kann nur darauf hingewiesen, nur von verschiedenen Gesichtspunkten her angesprochen werden. Das wird Barth dann in den Abschnitten drei bis fünf (nacheinander Schöpfung, Erlösung und Vollendung) tun, während Abschnitt zwei

---

1 Karl Barth, Der Christ in der Gesellschaft, in: ders., *Vorträge und kleinere Arbeiten 1914–1921* (GA III), hg. von Hans-Anton Drewes / Friedrich-Wilhelm Marquardt, Zürich 2012, (546). 556–598, 563f.
2 A.a.O., 576.

nur die methodische Frage nach der Gottesgeschichte, die auch zur Gotteserkenntnis führt, stellen kann³ – und damit die Armut jeder Methodologie zugibt.

1926 hält Barth in Amsterdam einen Vortrag über „Die Kirche und die Kultur". Das ihm aufgetragene Thema erinnert an das der Tambacher Tagung. Es ist deshalb auch kein Zufall, dass Barth in einer Fußnote bei der gedruckten Fassung eben zu diesem Text bemerkt: „Leser meiner früheren Schriften werden sich bei These 4–6 an die Abschnitte meines Tambacher Vortrags [...] erinnert fühlen." (Und dann folgt der oben zitierte Satz über die Gesichtspunkte, über die noch anders geredet werden kann, neben denen es aber keine anderen gibt.) „Heute nach 7 Jahren rede ich in der Tat etwas anders von diesen Gesichtspunkten. Sie durch andere zu ersetzen, bin ich seither nicht veranlasst worden".⁴ Die Gesichtspunkte werden dann als: Schöpfung, Versöhnung und Erlösung bezeichnet, womit Barth in der Tat von ihnen anders redet. Bei dieser Bezeichnung wird er bis zur *Kirchlichen Dogmatik* bleiben,⁵ wenn es auch im Vergleich mit dem Text von 1926 zu bedeutenden Änderungen in der Auffassung der mit diesen Bezeichnungen gemeinten Perspektiven kommen wird.

1978 schrieb ich denn auch voller Begeisterung: „Aus dieser Verbindung [zwischen Tambacher und KD] erklärt sich sowohl die Bedeutung der Tambacher Rede als auch die Einheit des Barthschen Lebenswerkes: das Thema ‚Der Christ in der Gesellschaft' und die dogmatische Reflexion legen einander aus".⁶

Diese Begeisterung habe ich noch immer: Die Vorgehensweise, die Barth in Tambach wagt, setzt uns auf eine Spur, auf der auch die Dogmatik gehen kann und die uns daran hindert, Barths dogmatische Texte abstrahierend von ihrer gesellschaftlichen Dimension zu studieren.

> Ob man auch so weit gehen kann, die Struktur von „Der Christ in der Gesellschaft" und der *Kirchlichen Dogmatik* praktisch nahtlos zu parallelisieren, ist für mich aber fraglich geworden.⁷ Abschnitt zwei, der nach dem besonderen

---

3 A.a.O., 568.
4 Karl Barth, Die Kirche und die Kultur, in: ders., *Vorträge und kleinere Arbeiten 1925–1930* (GA III), hg. von Hermann Schmidt, Zürich 1994, (6). 10–40, 20f.
5 KD I/2, 986–988.
6 Notiz Nr. 16 in: Karl Barth, *De christen in de maatschappij* (1919); Friedrich-Wilhelm Marquardt, *Tambach nu*, Zeist 1978, 50.
7 Dick Boer spricht von „eine[r] Proto-KD". Sie beginnt mit Christus (I) – in der KD die Prolegomena. Sie fährt dann fort mit Gott („Um *Gott* handelt es sich, um eine Bewegung

Erkenntnisweg der Bewegung von Gott her fragt, beziehungsweise nach dem Wort Gottes, das wir unmöglich sagen können, könnte man noch mit den Prolegomena vergleichen. Aber auch dann ist es so, dass es für Barth zwar eine Sache (nämlich das Reich Gottes[8]) gibt, auf die sich die drei näher zu besprechenden Gesichtspunkte beziehen, wobei aber die Sache selbst nicht, wie gesagt, direkt repräsentiert werden kann.[9] Eine „Lehre von Gott" jedoch (vergleichbar mit KD II) ist hier in Tambach noch weit weg. Stärker noch: Wir wissen, dass Barth das erste Mal, als er seine Dogmatik-Vorlesung (1927–1928 in Münster) an Hand der „drei Gesichtspunkte" aufbaut, die Loci der Gotteserkenntnis, der Wirklichkeit Gottes und der Erwählung unter dem ersten Gesichtspunkt, also in der Lehre von der Schöpfung, behandelt, die sich unmittelbar an die Prolegomena anschließt.[10] Erst 1930 erwägt er, die Dogmatik anhand von fünf Haupt-Loci aufzubauen, wobei Gott als das Subjekt seiner „Taten", der Schöpfung, der Versöhnung und der Erlösung, seinen eigenen Ort im zweiten Locus bekommt.[11]

Die Terminologie, mit der Barth – das erste Mal in seinem Vortrag „Christliches Leben" in Aarburg im Juni 1919 – die „drei Gesichtspunkte" auf den Begriff bringt, ist die von: *regnum naturae – regnum gratiae – regnum gloriae*.[12] Dieser Dreischritt Natur – Gnade – Herrlichkeit ist an sich tief

---

von Gott her", 566; II) – in der KD die Lehre von Gott usw.; Der Ort der Befreiungsbewegung in der *Kirchlichen Dogmatik* Karl Barths, in: ders., *Theopolitische Existenz – von Gestern für heute*, Berlin 2017, 235.

8   Im Lehrbuch von Heinrich Heppe, *Die Dogmatik der evangelisch-reformierten Kirche. Dargestellt und aus den Quellen belegt*, hg. von Ernst Bizer, Neukirchen ²1958, findet sich ein kurzes Kapitel „De fundamento doctrinae Scripturae Sacrae". Dort heißt es: „Die deutschreformierte Theologie bezeichnete diesen Grundbegriff der Offenbarung von Anfang an mit dem Ausdruck *foedus Dei* (auch *regnum Christi*, κοινωνια *cum Christo*)" (S. 34f.). Barth begann mit dem Reich, wendete sich in Göttingen dann zum Begriff Offenbarung selber (das Wort Gottes), um ungefähr 1940 den Bund zum Gebinde zu machen, das die verschiedenen Loci zusammenhält – mit zunehmendem Interesse für die Gemeinschaft mit Christus, wenn auch nicht an einer derartig zentralen Stelle.

9   Im Vortrag „Christliches Leben" in Aargau hieß die Sache, im Ton einer Konfession, einfach: „Jesus lebt!"; Karl Barth, Christliches Leben, in: ders., *Vorträge und kleinere Arbeiten 1914–1921* (GA III), hg. von Hans-Anton Drewes / Friedrich-Wilhelm Marquardt, Zürich 2012, 503–513, 505.

10 Amy A. Marga, Karl Barth's Second Dogmatic Cycle. Münster 1926–1928: A Progress Report, in: *ZDTh* 20 (1/2005), 126–138, insbes. 131. 138.

11 Der Herausgeber von Karl Barth, *Die christliche Dogmatik im Entwurf* (1927) (GA II), Zürich 1982, Gerhard Sauter, nennt in seinem zusammen mit Hinrich Stoevesandt geschriebenem „Vorwort zur Neuausgabe" (S. XVI) einen Brief von Barth an Karl Stoevesandt vom 12. Dezember 1930.

12 Barth, Christliches Leben (Anm. 9), 512; *regnum naturae* in der Tambacher Rede auch 578. 585. 588; *regnum gratiae* auch 588. 593; *regnum gloriae* auch 597.

in der westlich-augustinischen Tradition verwurzelt. F. H. Breukelman verweist auf Thomas von Aquin, bei welchem die Gnade als eine Mitte zwischen Natur und Herrlichkeit bezeichnet wird, und auf Franciscus Turrettini, der von einer dreifachen Schule spricht, die (mit einer von den Viktorinern bekannten Metapher) aus einem dreifachen Buch lesen lernt: (1) das Buch der Schöpfung in der Welt *natürlich*, durch das Licht des Verstandes, (2) das Buch der Schrift in der Kirche *übernatürlich*, durch das Licht des Glaubens, und (3) das Buch des Lebens der Glückseligen im Himmel seligmachend, durch das Licht der Herrlichkeit.[13] Breukelman weist aber auch darauf hin, dass Barth mit diesem überlieferten Material auf eine ganz neue Weise umgeht. Er nennt dabei eine Reihe von Vorteilen,[14] von denen ich die ersten zwei wiedergebe.

Der erste Vorteil ist die gesellschaftliche Kontextualisierung. So funktionierte bei Thomas von Aquin der Dreischritt im Rahmen eines feudal geordneten Bauwerks, worin drei Schichten als hierarchisch übereinander gesetzt gesehen wurden (das wirkt auch bei Turrettini noch nach, dann im Bild einer aufsteigenden Unterrichtskarriere: von der Grundschule in der Natur über die Mittelschule in der Schrift zur höheren Schule im ewigen Leben). So spiegelt sich in der Entwicklung der protestantischen Lehre, in der der Trost des überwölbenden himmlischen Baldachins abnimmt und vielmehr die *historica series*, die Erzählung der Heilsgeschichte auf der horizontalen Ebene vom Paradies bis zur Vollendung, den Zusammenhang stützen soll, das Modell einer bürgerlichen Gesellschaft wider. Ja, so Breukelmans rhetorische Frage: Was werden dann bei Barth in seiner neuen Begrifflichkeit der „Gesichtspunkte" in diesem „Revolutionszeitalter"[15] die gesellschaftlichen Implikationen sein? Die Verbindung mit dem Sozialismus könnte eine Antwort auf diese Frage sein und war vielleicht damals auch wohl die von uns erwünschte Antwort, obwohl wir uns gerade in den 1970er Jahren intensiv mit Denkern

---

13 Frans H. Breukelman, Doctoraalcollege over de verzoening, in: *Bijbelse Theologie IV/2. Theologische opstellen*, Kok 1999, 262–298, 282; Hinweis auf Thomas von Aquin, *Summa Theologiae* I q. 62 a. 3 obj. 3; Franciscus Turrettinus, *Institutio Theologiae Elenchticae*, Genève 1688, L. I q. 2: an sit Theologia, & quotuplex? § x.
14 Breukelman, Doctoraalcollege over de verzoening (Anm. 13), 296f. Weiter weise ich noch auf den Vortrag, den Breukelman auf der NCSV-Konferenz 1978 hielt, hin: Hier wurde die Niederländische Übersetzung der Tambacher Rede präsentiert. Eine Skizze befindet sich im „Historische Documentatiecentrum voor het Nederlandse Protestantisme (1800–heden)", Archivnummer 674, Karton i085 (auch in: Gerard van Zanden, *Bij het begin beginnen. Het Bijbels-theologisch project van Frans Breukelman*, Zoetermeer 2019, 176–181).
15 Barth, *Vorträge 1914–1921* (Anm. 1), 561.

innerhalb der marxistischen Tradition beschäftigten (wie Walter Benjamin und Louis Althusser), die mit dem Hegelschen Erbe einer immanenten, mit der Geschichte gegebenen Teleologie zu brechen versuchten.[16] Der Bruch mit der von Breukelman bürgerlich genannten linear-historischen Anschauung war hier also ambivalent. Später gab es dann die Postmoderne, und ihre Vertreter hatten nicht unrecht, in ihrer kulturellen Diagnose eine Verwandtschaft mit Barth festzustellen. Wer von „Gesichtspunkten" spricht, kennt ja eine Pluralität von Anschauungen, aber keine tragende Fundierung (sei es eine vertikale, sei es eine horizontale), die die Einheit der gemeinten Sache garantiert. Dagegen spricht wiederum, dass Barths Sprechen von „Gesichtspunkten" keine Vielfalt von Sprachspielen meint, die einander nie treffen und sich auch nicht ineinander übersetzen lassen. Die *Kirchliche Dogmatik* ist in meiner Perzeption zwar nicht ohne weiteres eine „Große Erzählung" und lässt sich auch nicht als Erzählung auf einen einheitlichen Nenner bringen. Sie bildet aber wohl eine Reihe von immer wieder neu unternommenen Annäherungsversuchen an die von Gott initiierte Geschichte, die sich unserem Zugriff entzieht, aber uns doch wahrhaftig und auf immer andere Weise als immer wieder das Eine Einmalige anredet.

Der zweite Vorteil, dass Barth von Gesichtspunkten spricht, ist nach Breukelman das Verbannen eines Denkens in der Theologie, das nur zwei Gesichtspunkte kennt. Thomas von Aquin sprach von einer zweifachen Modalität der Wahrheit, zwar nicht von Gottes Seite, aber durchaus von der Seite des menschlichen Beobachters.[17] Calvin sprach von einer zweifachen Gotteserkenntnis, einer von Gott dem Schöpfer und einer von Gott dem Erlöser – von der die erste nach dem Sündenfall zwar nicht mehr auf eigenen Beinen stehen konnte, aber das musste dann erst pädagogisch entdeckt werden, bevor es benannt werden konnte. Auf derselben Linie lag auch die zweifache Funktion der Schrift – als Hilfe beim Lesen des Buches der Natur und als Hilfe für das Verstehen des Heils.[18] So gibt es in der Tradition eine in immer neuen Variationen auftretende Zweifaltigkeit von Metaphysik und Glaubenslehre, gleichsam ein Konkordat der geltenden Weltanschauung und der Predigt des Heils, parallel zum Konkordat von Staat und Kirche. All dieses wird, meint Breukelman, aufgebrochen, wenn der dritte Gesichtspunkt vorgebracht wird: die Eschatologie, nicht als Verlängerung dessen, was schon

---

16 Rinse Reeling Brouwer, *Is het marxisme een messianisme? Theologie in gesprek met Louis Althusser en Walter Benjamin*, Zeist 1981.
17 Thomas von Aquin, *Summa contra Gentiles* I c. 3 und c. 9.
18 Calvin, *Inst.* (1559) I,2,1. I,6,1. und II,6,1.

gegeben ist, sondern als eine ganz neue und selbständige Dimension, die auch die Pole der altbewährten Dualitäten unter Druck setzt. Was Neutestamentler am Anfang des 20. Jahrhunderts als die radikal-eschatologische Erwartung der frühen Christenheit entdeckten, wurde also, könnte man sagen, systematisch-theologisch fruchtbar gemacht. Mir scheint aber, dass Breukelman doch vor allem an die spätere Ausarbeitung der drei Gesichtspunkte von Tambach denkt, wie Barth diese vom Barmer Bekenntnis der einfachen Gotteserkenntnis her in der Erkenntnislehre von KD II/1 zum Ausgangspunkt nehmen wird: Der eine Gott lässt sich in der Dreiheit seiner Taten erkennen. Solcherart trinitarisch formuliert hören wir es 1919 noch nicht und vermutlich hat Barth es damals auch so (noch) nicht im Kopf gehabt.

Wir sind aber, als wir von den „drei Reichen" sprachen, noch nicht genau genug gewesen. Die Herausgeber der Tambacher Rede in der Gesamtausgabe (Hans-Anton Drewes in Zusammenarbeit mit Friedrich-Wilhelm Marquardt) weisen nämlich auf einen Unterschied in der nachreformatorischen lutherischen Theologie hin: In der Lehre der drei Ämter Christi (Prophet, Priester und König) wurden seit Johann Gerhard die drei Reiche innerhalb seines Königtums lokalisiert. In *diesem* Zusammenhang ist dann von der Dreizahl *regnum naturae, regnum gratiae* und *regnum gloriae* die Rede. Sie (die Herausgeber) fanden diese Unterscheidung im Handbuch der altlutherischen Dogmatik von Heinrich Schmidt (1858), über welche Barth aber erst 1924 in Göttingen verfügen konnte.[19] Maarten den Dulk hat aber herausgefunden, dass Barth diese „Drei-Reiche-Lehre" in den Vorlesungen von Julius Kaftan in Berlin in 1906/1907 kennengelernt haben könnte. Denn in seiner *Dogmatik* (1897) schreibt Kaftan: „im *regnum naturae*, auch *regnum potentiae* genannt, sind ihm [Christum] alle Kreaturen unterthan. Im *regnum gratiae* regiert er seine streitende Kirche auf Erden […]. Im *regnum gloriae* endlich sind ihm die seligen Geister unterthan. In dieses Reich mündet das Reich der Gnade ein, es ist dessen Vollendung."[20] In der reformierten Scholastik schien diese Unterscheidung zu fehlen, aber am 28. März 2019 verteidigte Jonathan Beeke in Groningen seine Dissertation, in der er behauptet, sie bei Benedict Pictet und Wilhelmus à Brakel, also am Ende des

---

19 Barth, *Vorträge 1914–1921* (Anm. 1), 578; Heinrich Schmid, *Die Dogmatik der evangelisch-lutherischen Kirche, dargestellt und aus den Quellen belegt*, neu herausgegeben und durchgesehen von Horst Georg Pöhlmann, Gütersloh 1990, 240–243.

20 ulius Kaftan, *Dogmatik*, ¹1897, 522; Maarten den Dulk, *… Als twee die spreken. Een manier om de heiligingsleer van Karl Barth te lezen*, 's Gravenhage, 183 (mit Hinweis auf 210).

reformierten Altprotestantismus, gefunden zu haben.[21] Dort aber handelt es sich vor allem um den dualen Unterschied zwischen dem essenziellen Königtum des Sohnes als zweiter Person der Trinität, das allgemein ontologisch ist, und dem des gottmenschlichen Mittlers Jesus Christus, das auf das Heil für seine Kirche gerichtet ist. Einerseits stellt sich hier heraus, dass die „Zweireichelehre" der Orthodoxie des 17. Jahrhunderts nicht zunächst auf der politischen Ebene des Verhältnisses von Staat und Kirche gesucht werden sollte, sondern (so man will: als *politicum*) im Herzen der Christologie. Andererseits zeigt sich hier, dass das Denken in zwei Gesichtspunkten, gegen das Breukelman so ein tiefes Misstrauen hegte, wirklich bis in alle Poren der reformierten Lehre durchgedrungen war.

Inzwischen sollte klar geworden sein, dass Barth bei seinem Sprechen von den „drei Reichen" nicht bei dem, wie er es in Tambach tat, stehen blieb. So tritt an Stelle des Begriffs „Reich" allmählich das „Wort" und dann der „Bund".[22] Der Begriff „Natur" verschwindet nach und nach aus seinem Vokabular (wenn auch nie ganz), wie auch der Begriff „Schöpfungsordnung". Und anstatt des Dreischritts Schöpfung – Erlösung – Vollendung spricht Barth vom Dreischritt Schöpfung – Versöhnung – Erlösung. Dies ruft eine Reihe von Fragen hervor:

- Ist Barth bei seiner Ansicht über die Schöpfung geblieben, auch wenn er später meinte, die Verbindung mit dem Naturbegriff aufgeben zu müssen?
- Was passiert mit dem Reich der Gnade, als dem Bereich der streitenden Kirche, wenn Versöhnung dafür der bestimmende Begriff wird?
- Und wird Barth das Übergewicht des Reiches der Herrlichkeit, als die Synthese, die sowohl die These der Schöpfung als auch die Antithese der Gnade zugleich hervorruft und unter Druck setzt, noch beibehalten?

Wie im Titel meines Referats angegeben, will ich es nicht bei einer Rekonstruktion, wie Barth das in Tambach Angefangene weitergedacht hat, belassen. Ich will es auch von der Gegenwart her evaluieren und dabei die Möglichkeit in Betracht ziehen, dass wir auch beim „späten" Barth nicht ste-

---

21 Jonathon D. Beeke, *Duplex Regnum Christi: Christ's Twofold Kingdom in Reformed Theology*, manuscript 122–127.
22 Siehe oben, Fußnote 8. Auch Rinse H. Reeling Brouwer, *Karl Barth and Post-Reformation Orthodoxy*, Farnham 2015, 117.

hen bleiben können, aber zu einer Wiederaufnahme früherer Gewichtungen innerhalb der drei Gesichtspunkte oder gar zu neuen Akzentsetzungen kommen müssen. Zuerst aber lasse ich meine Erörterung von einer Gegenstimme unterbrechen.

2. Eine Falsifizierung (A. van de Beek)

Die meisten Leser der Tambacher Rede werden folgenden Eindruck gewonnen haben: Der Redner steht zwar mitten in der Vielzahl der Bewegungen, die sich nach dem Ersten Weltkrieg nach einer Erneuerung im demokratischen und sozialistischen Sinn sehnen, aber er will doch vor allem betonen, dass die Bewegung, die sich in Christus vollzieht, das absolute Primat hat, und dass wir unsere Teilnahme am Zeitgeschehen also in Christus begreifen müssen und nicht umgekehrt.

Der Dogmatiker A. (Bram) van de Beek ist aber der Meinung, dass bei Barth selber doch eigentlich das Umgekehrte der Fall ist. Seine eigene Theologie konzentriert sich ebenfalls auf „Christus, und dieser gekreuzigt", aber das bedeutet keineswegs, dass er sich in Barths Theologie wiedererkennt. Im Gegenteil, im sechsten und letzten Band seiner Reihe „Sprechen über Gott" ist an zwei Stellen von Barth die Rede, im Zusammenhang mit der Gottesfrage und mit der Drei-Einheit. Sein Eindruck ist: „Hinter der augenscheinlich offenbarungsorientierten Theologie steckt im Grunde ein spekulatives Denken, womit Barth seine Alternative bietet zur Theologie des 19. Jahrhunderts, die auf der bestehenden Ordnung der bürgerlichen Gesellschaft basierte". Diese Alternative kam an, „weil sie am richtigen Moment wieder eine Perspektive zu bieten wusste, nicht auf ein himmlisches Königreich, sondern auf ein geordnetes, verantwortliches Zusammenleben". „Er zeigt ein alternativ ideologisch-theologisches System als Begründung eines alternativen Zusammenlebens". Eigentlich ist Barth ein Denker des Geistes, und dieser Geist ist voll der Ideale der Modernität – und, wenn es darauf ankommt, nicht des Werkes Christi und Unseres Mit-Ihm-Sterben.[23]

Eine Reaktion auf Van de Beeks Perzeption von Barths Christologie, Trinitätslehre, Ekklesiologie und Freiheitskonzept lasse ich im Moment auf sich beruhen.[24] Es geht jetzt nur darum, dass es offenbar möglich ist, Barth so

---

23 A. van de Beek, *Mijn Vader, uw Vader. Het spreken over God de Vader*, Utrecht 2017, 157–175. 235–248. Zitate auf 158. 161. 160.

24 Über die Christologie Van de Beeks im Verhältnis zu Barth siehe: Rinse Reeling Brouwer,

zu lesen, als ginge es ihm letztendlich nicht um die Bewegung von Gott in Christus, sondern um etwas anderes, wofür Christus dann bloß das Vehikel wäre. Frans Breukelman war der Meinung, dass diese Gefahr zwar in der Theologiegeschichte immer auf der Lauer lag, aber dass Barths Plädoyer für eine einfache Gotteserkenntnis diese Gefahr verbannen könnte.²⁵ Dass es möglich ist Barth zu lesen, wie Van der Beek das tut, zeigt, dass es so einfach nun doch nicht ist.

> Mein Lehrbuch *Grondvormen van theologische systematiek*, das zum erheblichen Teil auf den theologiegeschichtlichen Studien Breukelmans basiert, endet mit einer Aufgabe für die Studierenden. Sie lautet: „Bei Origenes können wir die Frage stellen: Christus mag bei ihm zwar im Zentrum stehen, aber ist er mehr als nur ein Beispiel, eine Präfiguration der platonischen Denkfigur des Weges jeder Seele zurück in die Ewigkeit?" So auch bei Thomas von Aquin: „Ist der dritte Teil seiner theologischen Summa (über Inkarnation und Sakrament) nur ein Anhang oder doch die Klimax und Grundlage der doppelten Bewegung, von Gott auszugehen und zu Gott zurückzukehren, die die beiden ersten Teile kennzeichnet?" Und bei Schleiermacher: Fallen die Entscheidungen im ersten Teil der Glaubenslehre und ist der zweite Teil über den Gegensatz von Sünde und Gnade als ein Anhang zu betrachten oder ist es die Absicht des Autors, dass „der Vater zuerst in Christus geschaut wäre"? Schließlich bei Marquardt: „Christus mag dann ‚der Magister sein von allen und in jeder Hinsicht', der den Christen zum Juden bringt und dann mit dem Juden erst die rechte Sicht auf sich selbst verschafft, aber kann und darf Er auch der Herr und Meister sein, der den Lernprozess beim halachischen und andersartigen Judentum letztendlich selber wieder normiert?"²⁶ Diesen Fragen hätte ich also noch eine ähnliche Frage über Barth hinzufügen können.

Es ist, bei aller Schärfe der theologischen Debatte, eine unzulässige Grenzüberschreitung, die Christlichkeit des Gesprächspartners in Zweifel zu ziehen.²⁷ Van de Beek aber bewegt sich mindestens auf der Grenze. Gleichwohl wirkt seine Diagnose der Barthschen Theologie auf mich als ein Signal, dass jeder theologische Entwurf der Entwurf eines *impius* ist und dass wir immer im Lichte der *iustificatio impii* zuerst die Frage stellen müssen, wo

---

Een „vrolijke ruil", maar geen vrolijk weten?, in: H.M. Kuitert / A. van de Beek e.a., *Jezus: bij hoog en bij laag*, Kok 1999, 122–133.
25 Z.B. Frans H. Breukelman, *De structuur van de heilige leer in de theologie van Calvijn. Bijbelse Theologie IV/1*, verzorgd door Rinse Reeling Brouwer, Kampen 2003, 12–15. 492–94.
26 Rinse Reeling Brouwer, *Grondvormen van theologische systematiek*, Vught 2009, 395 (oefenopgave 11.5 met modelbeantwoording).
27 Vgl. Karl Barth, *Die protestantische Theologie im 19. Jahrhundert*, Zürich 1947, 13f.

wir selbst theologisch sündigen. „Methodische Erörterungen haben immer etwas Missliches, Unmögliches und Gefährliches"[28], und wir verfügen nicht über die Mittel, dem entkommen zu können.

3. Schöpfung: Das Regiment Christi im Reich der Natur

Der Utrechter Dogmatiker Hans Hasselaar schrieb 1978 in der Zeitschrift *In de Waagschaal* einen schönen Artikel über die Tambacher Rede. Der Anlass wird das Erscheinen unserer niederländischen Übersetzung gewesen sein, obwohl diese weder von ihm noch von der Redaktion erwähnt wird, vielleicht, weil er uns im Verdacht hatte, nur am „jungen" Barth interessiert zu sein. Einige seiner Sätze haben mich die Jahre hindurch beschäftigt:

> „Natürlich sind in der Tambacher Rede die Eierschalen einer früheren theologischen Epoche noch nicht ganz abgeworfen. Es fällt zum Beispiel auf, wie Sokrates und Platon plötzlich als Kronzeugen auftreten dürfen und auch die wiederholte Verwendung hegelscher Terminologie ist unübersehbar. Auf manche Begriffe (Schöpfungslehre!) wird Barth später nicht mehr zurückkommen oder er wird sie in einer ganz anderen Weise thematisieren. Dazu kommt dann noch mindestens seine spätere Ethik. Gleichwohl: es gibt in dieser jungen Nachkriegsarbeit für uns genug zu lernen über die Freiheit eines Christenmenschen und demnach über die uns damit aufgetragene Verantwortlichkeit."[29]

Das Erste, was an diesen Sätzen auffällt, ist, dass Hasselaar das unbekümmerte Nebeneinander-Auftreten von Theologen und Philosophen als Eierschalen[30] aus einer früheren Periode sieht. Vorausgesetzt ist dabei, dass dies beim späteren Barth nicht mehr der Fall sei. Ich gebe zu, dass Barth sich in der Tat in dieser Frage in der *Kirchlichen Dogmatik* „behutsamer" äußert, aber auch dann steht für ihn „Behutsamkeit" neben „Aufgeschlossenheit".[31] Theologie ist ja Nach-denken, und man kann nun mal nur scharf oder unscharf, realistisch oder idealistisch denken – ein „christliches" Denken gibt es nicht und der Theologe wird also immer dann wieder das Eine, dann wieder das Andere tun. Wie hätte Barth zum Beispiel die Lehre der Schrift neu

---

[28] Barth, *Vorträge 1914–1921* (Anm. 1), 565.
[29] Johannes M. Hasselaar, Zekerheid en kwetsbaarheid, in: *In de Waagschaal* 7(1/1978), 11 maart 1978, 8–12, 9.
[30] Für das Bild der „Eierschalen" siehe Karl Barth, How my mind has changed 1928–1938, in: ders., „*Der Götze wackelt*". Zeitkritische Aufsätze, Reden und Briefe von 1930 bis 1960, hg. von Karl Kupisch, Berlin 1961, 181–190, 186.
[31] KD I/2, (815–) 825; auch 865–867.

durchdenken können, ohne eine erhebliche Portion Kantianischen Kritizismus, und die leibliche Auferstehung ohne Feuerbach und Marx? Die ganze Fragestellung des „Verhältnisses von Theologie und Philosophie" hielt auch der spätere Barth für abstrakt und leicht mythologisierend.[32] Es sind *Menschen, die philosophisch, und welche, die theologisch denken*. Auch wenn der Ausgangspunkt unterschiedlich ist, begegnen sie einander dennoch, berühren einander, lernen voneinander und können einander unter Umständen auch finden, immer an einem ganz konkreten Punkt gemeinsamer Sorge.

Was nun konkret Tambach betrifft, bin ich geneigt, die Hegel-Bezüge nicht allzu gewichtig zu nehmen. In meiner Wahrnehmung war es mit Barths Hegel-Studium in der Zeit noch nicht so weit her und es hätte ihm, wäre er danach gefragt worden, auch nicht viel ausgemacht, ob sein Spiel mit dem Dreischritt von These, Antithese, Synthese und der Synthese dann als Wurzel und tragendem Grund und keineswegs als „Fortsetzung, Konsequenz und nächste Stufe" der beiden Ersten, als Hegel-Auslegung zulässig war.[33] Anders ist es mit der Berufung auf Plato. Denn diese greift zurück auf den Vortrag seines Bruders Heinrich Barth auf der Aarauer Studentenkonferenz Anfang April 1919, den Barth, als er seinen Vortrag schrieb, auf seinem Schreibtisch liegen hatte.[34] Dass die Idee des Ursprungs keine metaphysische Dinglichkeit betrifft, sondern gerade die transzendental-kritische Revolution vor allen Revolutionen, stammt von der Kantianischen Relektüre Platos. Auch die Erinnerung an die Lebenskunst Sokrates' als ein kritisches Wissen um die Idee[35] schließt daran an. Für mich hat dieses zwar nur vorläufige, aber

---

32 Karl Barth, Philosophie und Theologie, in: Gerhard Huber (Hg.), *Philosophische und christliche Existenz. Festschrift für Heinrich Barth*, Basel / Stuttgart 1960, 93 (–106).
33 Barth, *Vorträge 1914–1921* (Anm. 1), 577. 582. 586f. 593. 596.
34 Dieser Vortrag, „Gotteserkenntnis", ist neu erschienen in Jürgen Moltmann (Hg.), *Anfänge der dialektischen Theologie Teil I*, München 1962, 220–255; siehe auch Friedrich-Wilhelm Marquardt, *Theologie und Sozialismus. Das Beispiel Karl Barths*, München 1972, 207–219. Marquardts Wunsch, die philosophisch-theologische Arbeitsgemeinschaft zwischen den beiden Brüdern sollte mal genauer untersucht werden (a.a.O., 211), ist meines Wissens immer noch nicht erfüllt worden.
35 A.a.O., 587. Plato sollte auch helfen, die romantische Idee der Unmittelbarkeit, die Barth im ersten Römerbrief (unter dem Einfluss H. Kutters) hegte, zwar noch nicht ganz zum Verschwinden zu bringen (a.a.O., 567. 570), aber doch zurückzudrängen. Zwar kann man, wie Eberhard Busch das mit Recht tut, die Figur des „Erwachens der Seele" (a.a.O., 570) als einen noch nicht überwundenen Rest dieses Unmittelbarkeitsdenkens auffassen, aber vielleicht war dessen spätere Überwindung auch mit Plato noch möglich. Siehe Eberhard

in aller Vorläufigkeit auch gelungene Zusammengehen von Theologie und Philosophie als eine Perspektive funktioniert, die mir bei meinen Versuchen einer Begegnung mit (wenn auch mit einiger Mühe) Spinoza oder (schon wesentlich verheißungsvoller) Agamben bleibend vor Augen stand.[36]

Die andere Frage, vor die die zitierten Sätze von Hasselaar uns stellen, ist die, wie das Sprechen über die Schöpfung in Tambach sich zu Barths späterer Ausführung dieses locus verhält. Mir scheint, dass genau diese Tatsache, dass die Schöpfung nicht als selbständiger Anfang, sondern als erster Gesichtspunkt vom Denken des Ursprungs her zur Sprache gebracht wird, beachtenswert dem (in der Tat: „ganz anderen") Ansatz vorgreift, den er in den frühen Vierzigerjahren finden wird. Da bildet die ewige Erwählung (als „Gottes Urentscheidung") in Jesus Christus, supralapsarisch, den ewigen Hintergrund des göttlichen Schöpfungshandelns (KD II/2–KD III/1), während – aber das ist neu – auf der horizontalen Ebene die Schöpfung den Bund mit Israel als *causa interna* hat (KD III/1, § 41.3). Aber vor diesem Hintergrund im Ursprung ruht dann die „These" der „naiven" Lebenserfahrung mehr in sich selber als es später der Fall zu sein scheint – obwohl einiges für die These spricht, dass die Schöpfung auch in der Kirchlichen Dogmatik nicht bloß kritisch funktioniert, sondern auch affirmativ: Der Mensch darf bei aller Ambivalenz, die dem Leben eigen ist, wirklich vernehmen und erfahren, Boden unter den Füssen zu haben.[37]

Stark im Tambacher Ansatz scheint mir zu sein, dass das Leben, wie es in sich selbst gelebt wird, auch im elementarsten Sinn wie Essen, Schlafen, Älterwerden zur Sprache kommt, ohne gleich in eine „höhere" Teleologie verkapselt zu werden.[38] Diese Stärke hat aber auch ihre Schwäche. Schön zu lesen und immer wieder zu lesen ist Barths Wiedergabe der Gleichnisse Jesu als Beschreibung des Alltags und dennoch voller Eschatologie.[39] Trotzdem lese ich mit größerer Zustimmung, was Barth später, 1959, schreiben wird: „Jesus spricht, schafft ja diese Gleichnisse [...]; aus dem ‚alltäglichen Leben' gegriffene und erzählte Vorgänge [...] sind diese Gleichnisse genau genom-

---

Busch, *Antworten, die zu neuen Fragen wurden. Die Bedeutung des Tambacher Vortrags für K. Barths eigenen Weg* (1984), http://wwwuser.gwdg.de/~ebusch/tambach.htm, 7.
36 Rinse Reeling Brouwer, *De God van Spinoza. Een theologische studie*, Kampen 1998; Ders. *Eeuwig leven. Agamben & de theologie*, Amsterdam 2016.
37 Ids J. Smedema, *Grond onder de voeten. Barths scheppingsleer in KD III/1 opnieuw gelezen*, Zoetermeer 2009 (Dissertation; der Promotor war letztlich Kees van der Kooi).
38 Barth, *Vorträge 1914–1921* (Anm. 1), 570.
39 A.a.O., 581.

men höchstens im Blick auf ihre Materialien zu nennen. […] In den meisten Fällen sind die erzählten Ereignisse doch sehr außergewöhnliche, kuriose, teilweise ziemlich unwahrscheinlich sich abspielende, jedenfalls nur als höchst einmalig verständlich zu machende Ereignisse".[40] Das ist auch meine Erfahrung beim Lesen und bei der Predigtvorbereitung. Es geht wirklich um die Geheimnisse des Himmelreiches, die einen immer wieder auf dem falschen Fuß erwischen. Das war in Tambach so nicht zu hören.

Wie könnte man das Sprechen von der Schöpfung in 1919 nun dogmatisch kennzeichnen? Vielleicht kann hier ein Blick auf den schon genannten Amsterdamer Vortrag aus 1926 behilflich sein. Dieser spielt sich zwar in einem anderen Sprachfeld ab – Barth befindet sich gerade in einer „Pause" zwischen seinen Göttinger und seinen Münsteraner Vorlesungen über die Dogmatik. Im vierten Teil, über diesen Gesichtspunkt der Schöpfung, ist vom „Regiment Christi im *regnum naturae*" als „das Reich des Logos oberhalb des Gegensatzes von Sündenfall und Versöhnung" die Rede. An sich können Sünder darüber nichts sagen, aber aufgrund der Inkarnation und der Versöhnung ist es doch möglich, dass diese Voraussetzung „auflebt". „In der theologia revelata ist die theologia naturalis (sic!), in der Wirklichkeit der göttlichen Gnade ist die Wahrheit der göttlichen Schöpfung mit enthalten und ans Licht gebracht". So leuchtet der Rechtsanspruch Gottes an seinem Geschöpf auf und wird die geschaffene Wirklichkeit zur Verheißung.[41]

> Das ist noch ganz Thomas – das damals ihm zugeschriebene „Die Gnade hebt die Natur nicht auf, sondern vervollkommnet sie" wird von Barth zitiert – oder Calvin – die Erkenntnis des *Deus Redemptor* inkludiert die des *Deus Creator* – oder auch Schleiermacher – im durch den Gegensatz (von Sünde und Gnade) bestimmten frommen Selbstbewusstsein ist das fromme Selbstbewusstsein als solches „immer schon vorausgesetzt, aber auch immer mit enthalten". Der Logos bleibt hier außerhalb des Fleisches, denn es ist der ewige Sohn, nicht der fleischgewordene Jesus, der die Schöpfung trägt, ganz dem orthodox reformierten Muster entsprechend.

Bis weit in die Zwanzigerjahre hinein wird Barth in dieser Weise den Gesichtspunkt der Schöpfung (unbekümmert mit dem Begriff „Natur" verbunden) einen Ort geben, der sich gewissermaßen neben den Gesichtspunkten von Versöhnung und Erlösung befindet. Die Dreiheit der Gesichtspunkte bleibt eine 1+2=3, wie 1926, und die Zeit, in der er die Schöpfungstat von

---

40 KD IV/3, 125.
41 Barth, *Vorträge und kleinere Arbeiten 1925–1930* (Anm. 4), 20–25, 22.

der Lehre der Trinität und der Erwählung her konzipieren wird, liegt noch vor ihm.[42] Obwohl also das Sprechen über die Schöpfung in Tambach einen Überschuss kennt (namentlich in seiner Aufmerksamkeit für die alltägliche „Banalität"), zeigt mir die dogmatische Auslegung in den Zwanzigerjahren auch, dass sie nicht ausreicht. In dieser Hinsicht kann ich den zitierten Worten von Hasselaar nur zustimmen.

4. Von „Erlösung und Vollendung" zu „Versöhnung und Erlösung". Das Regiment Christi in den Reichen der Gnade und der Herrlichkeit.

Die Erkenntnisse, die Barth bei der Arbeit an seinem Vortrag gewann, sind im zweiten Römerbrief deutlich zu spüren, aber gerade nicht bezüglich der drei Gesichtspunkte. Fortwährend ist dort vom klassischen Paar „Schöpfung und Erlösung" die Rede, und zwar un-dualistisch, weil die Erlösung eine Wiederherstellung und Erneuerung der gefallenen Schöpfung beinhaltet. Anfang und Ende *zusammen* (ohne eine „Mitte") setzen eine Welt unter Spannung, die auf keine Weise vermag, ihr eigens Heil zu bewirken. Die Introduktion des Wortes Versöhnung ist eher unauffällig. Wo es bei Paulus vorkommt, kann Barth gut damit arbeiten – in Röm 3,25 *hilastèrion*, Deckel der Versöhnung, und in Röm 5,10 *katallagein* („wenn wir als Feinde mit Gott versöhnt wurden durch den Tod seines Sohnes, so werden wir umso gewisser als Versöhnte gerettet werden durch sein Leben"), aber das ist für die Struktur nicht entscheidend.[43]

Das wird anders in den Göttinger Dogmatikvorlesungen des Sommersemesters 1925. Dann wird „die Lehre der Versöhnung" zum Oberbegriff des ganzen Komplexes von Gnadenbund, Christologie, Soteriologie, den Sakramenten und der Kirche, wie er das im Lehrbuch von Heppe vorgefunden hat. Heppe selbst gibt zu diesem Oberbegriff keinen Anlass, denn bei

---

42 Offenbar ist Barth in dieser Zeit der altreformierten Distinktion zwischen einer immanenten Trinität der Ewigkeit und eine ökonomischen Trinität der Inkarnation noch in hohem Maße verpflichtet. Siehe auch die Erörterungen zum dreifachen *munus regium* in der Göttinger Dogmatik: Karl Barth, *„Unterricht in der christlichen Religion". Dritter Band: Die Lehre von der Versöhnung / die Lehre von der Erlösung 1925/26* (GA II), Zürich 2003, 164–175.
43 Karl Barth, *Der Römerbrief (Zweite Fassung) 1922* (GA II), hg. von Cornelis van der Kooi und Katja Tolstaja, Zürich 2010, 146ff. 223f. Im Sommer 1920 predigte Barth außerdem über 2 Korinther 5.

ihm hat der Begriff „Versöhnung" nur eine ganz beschränkte Bedeutung.[44] Ist es vielleicht doch Paulus, der ihn dazu gebracht hat? „Versöhnung heißt Friedensschluß, Herstellung der Möglichkeit eines Zusammenseins in Liebe. Dieser Friedensschluß zwischen Gott und Mensch ist geschehen. Es gibt ein Zusammensein von Gott und Mensch jenseits dessen, was wir kennen als Verdammnis, Feindschaft, Fremdheit. Von Gott aus, schlechterdings nur von Gott aus."[45] Alle Kritik an Gesellschaft und Kirche war in Tambach auf den Nenner „Reich der Gnade" gebracht worden, aber von der Gnade selbst war im vierten Teil eigentlich kaum explizit die Rede. Jetzt kann die Geschichte Christi als eine Geschichte der Versöhnung zum Zusammenhang werden, in welchem alle Kritik ihren Platz bekommt. Jesus herrscht *in medio inimicorum*, heißt es denn auch im fünften Teil des Amsterdamer Vortrags und dort ist auch der Ort, wo wir zu hören bekommen, was wir als geheiligte Sünder tun müssen.[46]

Weil das Wort „Versöhnung" fortan als Bezeichnung des mittleren der drei Gesichtspunkte funktioniert, kann der Begriff „Erlösung" für die Eschatologie als die Grenze reserviert werden, die unserem Leben von der Ewigkeit her gesetzt ist, über Schöpfung und Versöhnung hinaus. In Amsterdam betont Barth, dass es der Dienst der Kirche ist, der Gesellschaft diesen Gesichtspunkt zu bezeugen. Gerade das Andeuten der Störung, die mit dem eschatologischen Vorbehalt dem Lauf der Dinge in allen gesellschaftlichen Sektoren gegenüber gegeben ist, darf die Gesellschaft von ihr erwarten. Und Barth fügt dem, äußerst kontextuell, hinzu, dass dies in der damaligen kulturellen Situation höchst aktuell ist. Von der guten Schöpfung wusste in ihrer Weise auch die Aufklärung, mit Sünde und Gnade, Evangelium und Gesetz haben Pietismus und Erweckungsbewegung die Gesellschaft ebenfalls zu durchdringen versucht, aber das Wissen um den ganz Anderen des Reiches der Herrlichkeit ist aufs Dürftigste verkümmert. Hätten die Kirchen dieses Wissen noch gehabt, dann hätten sie die Kriegspropaganda ihrer eigenen Nation in 1914 nicht unterstützt und hätten auch auf der kürzlich stattgefundenen Stockholmer Konferenz für Life and Work kräftigere Worte gefunden.[47]

Nach 1926 bleibt der Dreischritt Schöpfung – Versöhnung – Erlösung fester Bestandteil der dogmatischen und ethischen Schriften Barths. Auf

---

44 Reeling Brouwer, *Post-Reformation Orthodoxy* (Anm. 22), 220f.
45 Barth, *Die Lehre von der Versöhnung / die Lehre von der Erlösung* (Anm. 42), 8.
46 Barth, *Vorträge und kleinere Arbeiten 1925–1930* (Anm. 4), 25–29, 26. 28.
47 A.a.O., 29–33. 37–40.

die Notwendigkeit einer einseitig-kontextuellen Betonung des dritten Gesichtspunkts kommt er aber meines Wissens nicht mehr zurück. Als er 1938 wegen seines politischen Widerstandes gegen das Dritte Reich angegriffen wurde, als hätte er nie einen eschatologischen Vorbehalt gelehrt, bemerkt er, dass „der eschatologische Charakter der ganzen christlichen Botschaft [...] nach wie vor den Mittelpunkt meiner theologischen Lehre bildet", dass aber „eine abstrakt eschatologische[.] Erwartung ohne Gegenwartsbedeutung" nicht in seinem Kopf, sondern vermutlich vor allem in den Köpfen vieler seiner Leser steckte.[48]

Aber mit dem Stärkerwerden der „christologischen Konzentration"[49] verlagert sich der Schwerpunkt immer mehr vom dritten zum zweiten Gesichtspunkt. In der Gotteslehre, der Schöpfungslehre und insbesondere in der Versöhnungslehre der fünfziger Jahre beherrscht Jesus Christus als der lebendige Herr die breite „Mitte" seiner theologischen Überlegungen, während er dem Gesichtspunkt der kommenden Herrlichkeit relativ wenig spezifische Aufmerksamkeit widmet. Eginhard Meijering bietet im fünften und letzten Band seiner Reihe mit Stücken aus der *Kirchlichen Dogmatik* eine kommentierte Paraphrase und Übersetzung einiger Fragmente aus der Anthropologie, der Vorsehungslehre und der Schöpfungsethik, in denen das ewige Leben zur Sprache kommt, ergänzt mit dem letzten Paragraphen aus dem dritten Band der Versöhnungslehre über den Heiligen Geist und die christliche Hoffnung.[50] Das Ergebnis der Lektüre ist nicht eindeutig. Barth ist überzeugt, dass der Teil des Credos, der von einem ewigen Leben-für-Gott spricht, Gültigkeit hat. Zugleich verwirft er die frühkirchliche Lehre der unsterblichen Seele und akzeptiert die Sterblichkeit des Menschen als solche (abgesehen von allem Sterben als Folge der Sünde und des Übels) als Bestandteil der guten Schöpfung – eine Wendung, die er sicherlich in den Zwanzigerjahren noch nicht gemacht und die auch mit der Verarbeitung eines von Denkern wie Heidegger geprägten Geistesklimas zu tun hatte. Barth betont stark, dass die Hoffnung auf die ewige Herrlichkeit nicht auf Kosten der Akzeptanz dieses Lebens auf der Erde unter dem Himmel gehen darf. Aber ob das ewige Leben vorstellbar ist, besonders als Bewusstseinszustand von Menschen und anderen Kreaturen, bleibt unklar.

---

48 Barth, How my mind has changed 1928–1938 (Anm. 30), 189.
49 A.a.O., 186.
50 Eginhard Meijering, *Karl Barth: Geloven in de levende God. Deel V: Eeuwig leven*, 2017.

Barth ist zum fünften und abschließenden Hauptlocus der KD nicht mehr gekommen. Meijering vermutet, dass uns da wenig Überraschungen erwartet hätten. Eine gelungene Kompilation der eschatologischen Bemerkungen, besonders in der Versöhnungslehre, hätte ausgereicht.[51] Meine Vermutung geht in eine andere Richtung. In seinem Brief an Jürgen Moltmann als Reaktion auf dessen berühmte *Theologie der Hoffnung* ist Barths wichtigste Kritik, dass dieser zu einseitig auf die Eschatologie setzt und zu wenig ein trinitarisches Gleichgewicht bewahrt, sodass „dem *regnum naturae* und dem *regnum gratiae* die *gleiche* Ehre zu erweisen wäre" wie den *eschata* – plötzlich kehrt die Begrifflichkeit von Tambach zurück, möglicherweise veranlasst durch die Herausgabe dieses Textes durch Moltmann! Aber Barth macht noch eine andere Bemerkung, wenn das auch nicht sein Hauptpunkt ist, nämlich, dass man sich in der Theologie der Hoffnung, die offenbar Prolegomena zu einer Eschatologie bieten will, „vergeblich nach einer *konkreten* Eschatologie, d.h. nach einer Erhellung von Begriffen wie Wiederkunft, Totenauferstehung, ewiges Leben etc., umsieht" (das letzte Gericht fehlt hier!).[52] Barth selber hatte offenbar anderes im Sinn: Hätte er die KD V noch geschrieben, er wäre nicht beim Kantianischen Begriff der Eschatologie als „Grenze" stehen geblieben, sondern hätte den Mut aufgebracht, von den Schriften her etwas über das Jenseits dieser Grenze zu sagen, auch wenn wir davon nichts wissen. Vieles bei dem Barth der Sechzigerjahre erinnert (trotz Hasselaar) an den „jungen" Barth. Wer weiß, ob er nicht auch auf seine frühe Eschatologie zurückgegriffen hätte? Ich selbst meine jedenfalls, dass es für uns gute Gründe gibt, das zu tun.

5. Auswertung: Eine Relektüre der Barthschen Eschatologie von 1919 und „die politische[n] Frage [n] von heute"

Breukelman hat, wie vorher schon Miskotte, darauf hingewiesen, dass Barths „Trennen" von Versöhnung und Erlösung es der Ekklesia leichter machte, vor die Synagoge zu treten, deren Frage ja ist, wie man behaupten könne,

---

51 Für den Versuch einer solchen Kompilation, siehe: Gotthard Oblau, *Gotteszeit und Menschenzeit. Eschatologie in der Kirchlichen Dogmatik von Karl Barth*, Neukirchen-Vluyn 1988.

52 Karl Barth, Brief 17. November 1964 an Prof. Dr. Jürgen Moltmann, in: ders., *Briefe 1961–1968* (GA V), hg. von Jürgen Fangmeier und Hinrich Stoevesandt, Zürich 1975, 274–277, 276.

der Messias sei gekommen, wenn die Welt noch so unerlöst aussieht.[53] Ich weiß mich (wie schmerzlich das auch ist) gesegnet, in meiner theologischen Existenz das Erscheinen (1988–1997) der Dogmatik von Friedrich-Wilhelm Marquardt erlebt zu haben, die von der einen Frage beherrscht wird: Wann wird die Ekklesia diese Frage der Synagoge endlich an sich heranlassen? Es ist kein Zufall, dass drei der sieben Bände dieser Dogmatik der Eschatologie (noch um einen Band über Utopie erweitert) gewidmet sind, dominiert von der doppelten Frage: Dürfen wir hoffen? Und wenn ja: Was gibt es noch zu hoffen? Und es zeugt von Mut, dass Marquardt im dritten Band auf die Fragen eingeht, die Barth bei Moltmann vermisste: Wiederkunft, Auferstehung des Fleisches, letztes Gericht (er schon!) und ewiges Leben.[54] Zugleich aber geht es in der Behandlung des – unter großem Vorbehalt – Erhofften um mehr als einen „dritten" Gesichtspunkt der Herrlichkeit „neben" dem zweiten der Versöhnung. Die Frage des Judentums führt bei Marquardt dazu, dass jedes Sprechen von einem „Perfektum der Erfüllung" in Jesus Christus („es *ist* vollbracht") ihm zutiefst verdächtig geworden ist. Und das geht weiter als dass dieses Perfektum, das noch zu erwartende Kommen von ihm, dessen wir gedenken, nicht genügend berücksichtigt wird. Er will radikal brechen mit diesem Erbe Luthers und ebenfalls mit dem des späteren Barth, insofern dieser Luther in dessen Nachdruck auf das Perfektum folgt.

An diesem Punkt habe ich es nie fertig gebracht, Marquardt zu folgen. Ich erinnere mich an ein Gespräch mit ihm über Miskottes Bezeichnung des Namens als „Grundlos – in der Mitte".[55] Marquardt konnte der Grundlosigkeit, also der Unmöglichkeit einer metaphysischen Rede von Gott, gut folgen. Aber dass der Name noch „in unserer Mitte" sein könnte: Nein, das konnte er nach so viel jüdischer Erfahrung der Gottesfinsternis nicht mehr glauben. Ich will von dieser Erfahrung absolut nichts abtun – sie ist m.E. zum Beispiel auch als der tiefste Grund der „Abfälligkeit" eines ketzerischen Juden wie Spinoza zu sehen[56] – und ich bin mir bewusst, dass sie auch am Rande des Kanons (Koheleth; Hiob[57]) bereits präsent ist. Aber ich bin (und bleibe, im-

---

53 Breukelman, Doctoraalcollege over de Verzoening (Anm. 13), 295f. (Punkt 5); Kornelis H. Miskotte, *Wenn die Götter schweigen*, München 1966, 313.
54 Friedrich-Wilhelm Marquardt, *Was dürfen wir hoffen wenn wir hoffen dürften? Eine Eschatologie, Band 3*, Gütersloh 1996.
55 Miskotte, *Götter* (Anm. 52), 186ff. Siehe auch Friedrich-Wilhelm Marquardt, *Eia, wärn wir da – eine theologische Utopie*, Gütersloh 1997, 349–351.
56 Reeling Brouwer, *De God van Spinoza* (Anm. 36), 272–276.
57 Dick Boer, *Wenn nichts mehr stimmt... Hiob rettet den „Namen"*, 2019.

mer noch) zu sehr ein auf die zentrale biblische Botschaft orientierter Theologe, um auf die Anwesenheit des Namens *bekirbenu* und des verborgenen Umgangs mit dem Namen verzichten zu können.

Trotzdem ist es meines Erachtens wichtig zu bedenken, dass der „dritte" Gesichtspunkt eine Perspektive einbringt, die im „zweiten" (in Zusammenspiel mit dem „ersten") für sich genommen so nicht zu finden ist. Ich will das erläutern anhand von Barths Notizen für seinen Pfingstvortrag „Christliches Leben" in Aarburg im Juni 1919, der, wie gesagt, weitgehend als Grundlage der Tambacher Rede diente.[58]

„Wir warten nicht nur bessrer, reformierter, revolutionierter Verhältnisse, sondern *eines n(euen) H(immels) u. einer n(euen) Erde* [2 Petr. 3,13]. Das neue Jerus[alem] hat nicht das Geringste zu tun mit der neuen Schweiz und mit d. internat[ionalen] Zukunftsstaat[,] sondern es kommt, *von Gott zuvor bereitet*[,] auf die Erde [vgl. Apk. 21,2], wenn s. Stunde da ist. Die Schöpfungsordnung[,] die X wiederbringt, wird zugleich völlig *umgeordnet*. [Bleistifteinfügung zwischen den Zeilen: weder finden sich im neuen Jerusalem natürliche Lichter wie Sonne und Mond noch ein Tempel; Apk. 21, 21–27]. Es stehen der Vervollkommnung der jetz[igen] Verhältnisse *Schranken* entgegen, die nur Gott selbst brechen kann. Gott aber wird sie brechen. Der Tod wird nicht mehr sein [Apk. 21,4]. Die Sexualität auch nicht. Der Kampf ums Dasein auch nicht. Gott wird *Alles in Allen* sein [1. Kor. 15,28], wie er es innerhalb der Entwicklung[,] in der wir jetzt stehen, nicht sein kann. Das ist der Fortgang der Wahrheit in X."

Den historischen Kontext will ich hier nicht kommentieren, sondern nur einige Bemerkungen machen im Hinblick auf die Frage nach der „Kirche und die politische(n) Frage von *heute*", wie Religionskritik, Gewalt, Identitätspolitik, Klimakrise und die Machtkonzentration bei großen Unternehmen und Vermögen.[59]

„Und ich sah keinen Tempel darin"

Diese Perspektive rührt an den ersten Abschnitt der Tambacher Rede. „Ein abgesondertes Heiligtum ist kein Heiligtum", „es kann kein Drinnen geben, solange es ein Draußen gibt", aber „jene Absonderung des religiösen Gebie-

---

58 Barth, *Vorträge 1914–1921* (Anm. 9), 510–511.
59 Als Barth 1938 einen Vortrag mit diesem Titel hielt, beschäftigte ihn das Problem des Nationalsozialismus; siehe Karl Barth, *Eine Schweizer Stimme 1938–1945*, Zürich 1945, 69–107.

tes hat" doch „einen Grund".⁶⁰ Die Wenigen, die das „Den Namen in der Mitte" bekennen, stehen neben dem Hauptstrom des gesellschaftlichen Lebens, sie suchen Schutz beim Kreuz, wenn sie auch nicht glauben können, sie würden für immer in der Absonderung existieren müssen. Wie sehr sie auch wissen, dass die Aufhebung der Gegensätze innerhalb / außerhalb des Kreuzes mit dem Kreuz selbst gegeben ist, sie können es mit keinem kirchlichen Erneuerungsplan (oder einem *Strategic Plan* im theologischen Wissenschaftsbetrieb) mehr als nur vorübergehend sichtbar machen. Das kann man nur aushalten im Wissen, dass das Lamm im Neuen Jerusalem gegenwärtig sein wird – und von dort her schon jetzt, hier und da, aber vollauf, wirklich – für Israel und für alle Völker. Sogar die besonderen Gezeiten und liturgischen Feiern, angezeigt von Sonne und Mond, sind dann überholt. Denn sie sind durch die Nacht hindurch in eine Sphäre von Licht aus Licht *und* Finsternis geführt worden (Da Costa).

„Und der Tod wird nicht mehr sein"

Der Tod ist nicht der *erste* Feind. Denn damit würden wir der Religion in ihrer übelsten Form Nahrung geben, in der die Neigung, sich gegen jede Todesgefahr zu rüsten, alle Mitmenschen zu potenziellen Feinden macht. Nein, wir haben vielmehr den Tod zu akzeptieren, aber in der Weise, wie Barth das in seiner Schöpfungsethik tut. Wir sind geschaffen im Gleichnis der Saat, die in den dunklen Acker fällt, dazu bestimmt, um in der Erde zu bleiben, wo die Gräber sind. Uns berührt der Schmerz aller, die verschwunden, verfolgt, weggerückt sind, aber wir akzeptieren, dass, über alle Sünde und Gewalt hinaus, das Sterben zur guten Schöpfung gehört. Aber auch das können wir nur aushalten, wenn wir wissen, dass die Auferstehung dieses einen Menschen, des Messias, eine Mehrzahl impliziert: die Auferstehung der Tot*en*. Gerade im Wissen, dass der Tod als letzter Feind besiegt ist (1 Kor 15,26), wird es uns möglich, ihn mit Franziskus als „Schwester Tod" zu begrüßen und ihren Herrn ihretwegen zu loben. Wer um die Auferstehung weiß, ist auch gerüstet, sich in einem Weg nach unten zu verlieren.⁶¹

Und so ist es auch mit dem Tod dieser Erde unter dem Himmel. Im zweiten Petrusbrief handelt es sich, so meine ich jedenfalls, um ein Ostermotiv:

---

60 Barth, *Vorträge 1914–1921* (Anm. 1), 559.
61 Sehr schön beschrieben vom Philosophen Giorgio Agamben in seinem Aufsatz „Creazione e salvezza" (Schöpfung und Rettung), mit dem der Band *Nudità (Nacktheiten)*, Roma 2009, öffnet.

die *stoicheia*, die Machtstrukturen der alten Welt, vergehen, damit sich endlich Gerechtigkeit einstellt. Was die Astrophysik uns über die beschränkte Lebensdauer des Planeten Erde lehrt, bewegt sich auf einer anderen Ebene und in einer ganz anderen Sprache. Trotzdem ist sie brauchbar, weil sie uns auf ihre Weise die Sterblichkeit unserer Lebenswelt bewusst macht. So oder so, die Erde geht den Weg allen Fleisches, aber die Lebensdauer der sowieso schon verletzlichen Lebensgrundlage für Mensch und Tier unnötig zu verkürzen, wie es die Menschheit in hohem Tempo tut, ist jedoch ebenso unverantwortlich, wie jede unnötige Beschleunigung des Sterbens einer einzelnen Kreatur. Gerade wer sich wegen Ostern der Endlichkeit auch der Umwelt des Menschenkindes bewusst ist, wird jede Schludrigkeit im Umgang mit ihr vermeiden. Dafür braucht man aber Osterglauben.

„Die Sexualität auch nicht"

Die Wendung in der Theologie des zwanzigsten Jahrhunderts, weg von der Konzentration auf das Heil im Himmel zu der Geschichte der Befreiung auf Erden, brachte mit sich, dass man aufs Neue ein Gespür bekam für das Genießen der guten Schöpfungsgabe der Sexualität. Hier wären viele Geschichten des Aufatmens, der Erleichterung, Selbstfindung, Entdeckung der unendlich variierten „Einfälle der Schöpfers" zu erzählen. Zugleich gilt es die Warnung von Michel Foucault zu bedenken: Der Diskurs der sexuellen Befreiung ist ein Diskurs, der uns zwingt, Wahrheiten über unser „Selbst" zu definieren. Er setzt uns und andere fest in genau umschriebene Identitäten, die eine Identitätspolitik des einen gegen den anderen hervorruft.[62] Das Bild, das so entsteht, ist ambivalent und die „Affären" nehmen kein Ende.

Schon vor Jahrzehnten kamen wir in der „Schwulen Theologie" zur Schlussfolgerung, dass wir uns auf dem Kampfplatz des *regnum gratiae* unvermeidlich einen Namen, eine sexuelle Identität geben lassen mussten. Zugleich war das nur zu ertragen, solange wir um das *regnum gloriae* wussten, worin Christus jede Abgrenzung, die in seinem Namen gemacht werden konnte, aufheben wird.[63] Karl Barth hat in seiner Schöpfungsethik die Ehe von Mann und Frau als Gleichnis des Bundes von Gott mit Israel bezeich-

---

[62] Von der *Histoire de la sexualité* erschien kürzlich posthum ein vierter Band, der insbesondere die frühe Christenheit behandelt: Michel Foucault, *Les aveux de la chair*, Paris 2018.
[63] Rinse Reeling Brouwer / Franz-Joseph Hirs, *Die Erlösung unseres Leibes. Schwul-theologische Überlegungen wider natürliche Theologie*, Knesebeck 1995, insb. 94–103 („Vollendung").

net. Paulus' Andeutung in 1 Korinther 7, sich im Hinblick auf das baldige Kommen des Herrn solcher Verbindung zu entsagen, hat er aber als eine „Dezentrierung" dieser zentralen Bundesmetapher funktionieren lassen.[64] Das lese ich als eschatologischen Vorbehalt *in actu*. Zugleich aber ist es mir nie scharf genug gewesen. Vielmehr war ich fasziniert von der Betonung, die Erik Peterson (als junger Mann in der näheren Umgebung von Barth verkehrend) dem großen Interesse, das die frühe Kirche für die Engel im Himmel hegte, die „nicht freien noch sich freien lassen" (Markus 12,25), gewidmet hat.[65] In dieser Zeit zu sagen, dass unsere Kultur in irgendeiner Weise Menschen braucht, die etwas vom „Leben der Engel" sichtbar machen und damit die fundamentale Relativierung aller sexuellen Identitäten vom Eschaton her schon in dieser Welt abbilden, ist schwierig. Der offensichtliche Bankrott der totalen Pervertierung dieser Erkenntnis, insbesondere durch die männliche Machtausübung der Kirche der Romana (und nicht nur dieser Kirche) hat es nahezu unmöglich gemacht. Darauf verzichten will ich aber nicht.

„Der Kampf ums Dasein auch nicht"

Über die wissenschaftliche Bedeutung der Evolutionstheorie kann kein Zweifel bestehen. Wenn Barth in seinen Safenwiler Predigten immer wieder das Konzept eines Kampfes ums Dasein kritisiert, worin der Stärkste gewinnt, kehrt er sich wohl vor allem gegen einen Sozialdarwinismus, also gegen einen ideologischen Gebrauch dieser Theorie. Trotzdem ist es zu bequem, nur das zu sagen. Darwin hat sehr wohl auf den brutalen, amoralischen und gewalttätigen Charakter des *regnum naturae* hinweisen wollen – von dem er auch selber erschrocken war. Und wenn der dritte Abschnitt der Tambacher Rede von der „Schlechtigkeit, Entartung und Verwirrung" spricht, in die wir uns fügen, wenn wir die Herrschaft Christi über die Schöpfung mit dem So-Sein der Dinge in Verbindung bringen, handelt es sich auch hierum.[66]

Wenn Barth 1919 den Kampf für eine neue Schweiz oder ein neues Deutschland in die Perspektive der Erwartung des Neuen Jerusalems, das

---

64 KD III/4, 154–164.
65 Erik Peterson, *Das Buch von den Engeln*, Leipzig 1935. In KD III/4, 269 findet man diese eschatologische Verweisung leider nur als eine, die vorangehende schöpfungsethische Darlegung weiter nicht strukturierende, Schlussbemerkung. Dazu Rinse Reeling Brouwer, Barth over man en vrouw. Deze leer kan niet, in: *Opstand* 7 (2/1980), 18–24.
66 Barth, *Vorträge 1914–1921* (Anm. 1), 578; vgl. Willem Maarten Dekker, *Dit broze bestaan. Over het geloof in God de Schepper*, Utrecht 2017, 183–200.

aus dem Himmel herabfährt, stellt, dann haben wir heute auch allen Grund dasselbe zu tun mit dem Kampf gegen die Zerstörung der Biodiversität und die Erwärmung der Erde, so wie alles andere, was in der heutigen Klimadebatte (und darüber hinaus) diskutiert wird. Es geht nicht nur darum, die *adamah* und was auf ihr lebt zu behüten und zu bewahren, es geht auch darum, mit den Kräften zur Befreiung zu rechnen, die in der Erde selbst leben (Bloch) und über die viele Psalmen so mythologisch singen können. Wir können aber auch die Brutalität des „Kampfes ums Dasein" nicht verkennen. Die Verbindung einer Theorie eines sich selbst reproduzierenden Ökosystems mit der Göttin Gaia bedeutete die Wiedereinführung eines Heidentums, das uns nicht weiterhilft. Hier gilt die Erkenntnis von Barths zweitem Römerbrief, dass die Erlösung die Wiederherstellung der *ursprünglichen*, noch nicht gefallenen Schöpfung bedeutet. Ein schönes Beispiel gibt Barth in seiner Exegese von Genesis 1,29. 30, wenn er unterstreicht, dass am sechsten Tag „alles Grün des Krauts" „zum Essen" geschenkt wird – sowohl an Menschen als an die Tiere. Nicht nur der Mensch ist hier vegetarisch, die Tiere untereinander sind es auch! „Am Anfang" war es so: Der Wolf gastet beim Lamm und der Panther beim Böckchen (Jes 11,6f.).[67] Siehe da: „echte Eschatologie leuchtet auch nach rückwärts".[68] Kürzlich wurde in Göteborg eine Dissertation verteidigt, in der Barth zu den Denkern gerechnet wird, die während des Interbellums den Gedanken der Unsterblichkeit gegen die Schattenseiten der Darwin'schen Theorie eingebracht haben.[69] Das ist richtig. Wir haben den Unterschied zwischen dem regnum gloriae und dieser gefallenen Schöpfung im Auge zu behalten, gerade wenn wir uns einsetzen für die Erhaltung dieser Erde als bewohnbar für Mensch und Tier, darauf setzend, dass uns dafür noch genügend Zeit gegeben ist.

„Gott wird Alles in Allen sein"

Ausnahmsweise verfügen wir bei der berühmten Perikope 1 Korinther 15,24–28 über einen Exkurs des späten Barth, aus welchem wir beispielhaft ersehen können, wie er sich das Verhältnis zwischen zweitem und drittem Gesichtspunkt, der „Mitte" und dem Ende, vorgestellt hat. Was meint Paulus, wenn er sagt, dass Christus in seiner letzten Parusie die Königsherrschaft

---

67 KD III/1, 238f.
68 Barth, *Vorträge 1914–1921* (Anm. 1), 577.
69 Mårten Björk, *Life outside life. The Politics of Immortality, 1914–1945*, Göteborgs universitet 2018.

dem Vater übergeben wird, damit Gott alles in Allen sei?⁷⁰ Barth denkt: Wir müssen diese Stelle mit dem Lied in Phil 2,6ff. verbinden, das vom Gehorsam des Sohnes bis zum Ende handelt. Der ganze Weg des Herrn ist ein Weg der Unterwerfung und der Dienstbarkeit. Gerade in dieser Unterwerfung hat er ohne Vorbehalt göttlich gehandelt. Seine letzte Unterwerfung macht es also möglich, dass von diesem Gott nicht anders als so gesprochen werden kann: also von totaler Dienstbarkeit nach allen Seiten und an Alle. Damit, so füge ich hinzu, ist die Ostererzählung von Exodus wirklich zu Ende geführt: Andere in deinem Dienst für dich arbeiten zu lassen (das tat Pharao), wird jetzt wirklich komplett von einer völlig freiwilligen Verfügbarkeit zum Dienst abgelöst. Dann erst wird vollkommen wahr, was Luther in diesem Leben schon hier und da vor sich sah: dass der eine Mensch dem anderen zum Christus wird.

Noch einmal: Wie können wir es aushalten in dieser Zeit, in der Christus inmitten seiner Feinde herrscht, ohne das Wissen um dieses ganz andere „Ende", um diese *world without end*? Die schmutzige Arbeit wird auf eine „Unterklasse" abgeschoben, die sich mit immer weniger Einkommen begnügen muss. Welche Arbeit getan wird, wird in hohem Maße bestimmt von einigen wenigen Monopolisten, die an jeder Art von Konsumption, was ihr Sinn auch sein mag, verdienen wollen. Riesige Vermögen wachsen ins Unendliche, während die Steuereinnahmen nur sinken. Uneigennützige Dienstbarkeit, wer ist dazu noch fähig? Nein, keine „pessimistische Diskreditierung des Diesseits und unserer Tätigkeit im Diesseits"!⁷¹ Unser Tun kann noch immer begnadet sein. Es kann das aber nur, weil diese Begnadigung im Lichte des Größeren, der Vollendung des Werkes Christi steht: Gott, der Gott der Dienstbarkeit, Alles in Allen. Maranatha!

---

70 Karl Barth, *Das christliche Leben. Die Kirchliche Dogmatik IV/4, Vorlesungen 1959–1961* (GA II), Zürich 1976, 432–434. Siehe auch Rinse Reeling Brouwer, Und seines Königreiches wird kein Ende sein. Ein klassischer Widerspruch: Lukas 1:33 *oder* 1 Korinther 15:28?, in: *Unless some one guide me... Festschrift für Karel A. Deurloo* (ACEBT SS 2), Maastricht 2001, 293–301.
71 Barth, *Vorträge 1914–1921* (Anm. 1), 597.

Wessel H. ten Boom

Für eine Theologie des Absoluten

Der Christ in der Gesellschaft[1] ist der theologische Text, der sozusagen in der Mitte meines Lebens stand und eigentlich noch immer steht. Er hat mich 1978 zum theologischen Studium angeregt, und mich auch mehr oder weniger weiter begleitet. Dann denke ich vor allem an den knappen, letzten Satz, der vom einen redet, was wir tun und gerade *nicht* tun können, weil Er es tut, was wohl der Kern der ganzen Theologie Barths zu sein scheint.[2]

Aber nun denke ich auch an die berühmten sogenannten letzten Worte Luthers, in denen er sagt, dass man fünf Jahre Hirte oder Bauer gewesen sein soll, um Vergils Bucolica und Georgica zu verstehen, zwanzig Jahre im Staatswesen beschäftigt gewesen sein sollte, um die Briefe Ciceros zu verstehen, und dass keiner sich anmaßen sollte, die Heilige Schrift genügend „verschmeckt" zu haben, er habe denn, sagt Luther dann, „hundert Jahre lang mit den Propheten Gemeinden geleitet". Wer kann Gott überhaupt verstehen, muss man da fragen; und brennt diese Frage uns noch auf den Lippen? Aber Luther geht weiter, indem er sagt: „Darum ist es etwas Wunderbares um erstens Johannes den Täufer, zum anderen um Christus und drittens um die Apostel. Du lege nicht Hand an diese göttliche Äneis, sondern verehre gebeugt ihre Fußtapfen. Wir sind Bettler, das ist wahr."[3] So ist es auch immer etwas Wunderbares, sich mit Barth zu beschäftigen und in Ehrfurcht seinen Fußtapfen zu folgen, während man sich immer wie ein Anfänger fühlt; oder während die Fragen über seine Theologie mehr und mehr Schärfe bekommen – ich wüsste selber eigentlich nicht, wo ich keine Fragen hätte. Trotzdem ist das Schöne und Wunderbare, wovon Luther sprach, da.

Ich höre in den Worten bei Barth, die ich lese, gerade durch sie hindurch, eine Stimme, die mir lieb geworden ist. Denn Barth lesen ist das eine, und

---

1 Karl Barth, Der Christ in der Gesellschaft, in: ders., *Vorträge und kleinere Arbeiten 1914–1921* (GA III), hg. von Hans-Anton Drewes / Friedrich-Wilhelm Marquardt, Zürich 2012, 546–598.
2 Vgl. a.a.O., 598.
3 Martin Luther, *Tischreden*, München 1963, 262.

Für eine Theologie des Absoluten

dazu sollte man sagen: er war bestimmt nicht größer als Johannes der Täufer, der immerhin der Kleinste im Königreich Gottes ist. Barth *lesen* heißt also, auch Barth verwerfen und die dogmatischen Vorschläge, die er gemacht hat, ruhig überbieten oder liegen lassen, wer es kann und möchte. Barth *hören* aber ist etwas ganz Anderes. Genau wie wir in der Stimme des Täufers Jesus selbst hören und Ihm begegnen, hört man in der Stimme Barths etwas Wahres, Drängendes, Unvermeidliches. Bestimmt etwas Abstoßendes und Irritierendes; eine Besserwisserei oder manchmal Rechthaberei sogar; kurz, sehr viel *Absolutes* – aber, das ist das Wunderbare, wie bei Johannes, der eigentlich viel radikaler und offensiver auftritt als Jesus selbst, der sich immer zurückhält: Gerade in diesem Absoluten kommt Gott uns selber nah. Ich kann es nicht anders sagen und möchte es auch nicht anders sagen. Gott, der Heilige Israels, lässt sich nicht zu einer Botschaft drängeln und kultivieren, sondern spricht selber und ist nah. Und Barth hat etwas von diesem nahen Sprechen gehört und es uns, mangelhaft aber auch entscheidend, vermittelt. Hat er das? Ja, und es mag gerade verwundern, warum wir solche Sätze kaum noch über Barth oder sonst wen auch zu sagen wagen. Aber gerne möchte ich *diesen* Barth anstatt ganz viel Barthianismus zurückgewinnen. Die Wahrheit Barths steckt gerade in seinem Absoluten.

Leicht ist es inzwischen nicht, über Tambach zu referieren, diesen Text, der am Scheideweg meines Lebens stand. Ich war neunzehn Jahre alt, hatte genau wie Barth eine verlorene Liebe, und mein Herz war ganz unruhig bis auf Gott. Ich suchte, mehr unbewusst als bewusst, etwas Großes, etwas Imponierendes, etwas Verantwortetes, etwas Absolutes also, was meinem Leben eine Richtung geben könnte. Da las ich zum ersten Mal die gerade in Übersetzung erschienene Schrift *De christen in de maatschappij*, unter den Augen der roten Pfarrerin Bé Ruys in Berlin im Hendrik-Kraemer-Haus, wo ich hingezogen war, um mich im Leben und im Glauben zu orientieren.[4] Ich las es zum ersten Mal, zwei Stunden später zum zweiten Mal und mein Entschluss war klar: Da, wo so gesprochen und geglaubt wird, da will auch ich sein. Was hier gesagt wird, das muss wohl wahr sein. Dieser Entschluss war ein Sprung der Intuition. Die Intuition, dass für mich gerade hier, in der barthianischen Theologie, die Pforten des Paradieses sich eröffnen würden. Und so ist es geschehen. Ich habe den Sprung nie bereut.

Es war eine Intuition, die übrigens noch immer als Intuition gilt. Denn es wäre ziemlich einfach, den jungen Burschen von damals ein wenig zu über-

---

[4] Karl Barth, *De christen in de maatschappij*, Zeist 1978.

spitzen und wie einen suchenden, mit zu viel Träumen in seinem Kopf umher rasenden, fast an der Gesellschaft krank gewordenen jungen Erwachsenen hinzustellen, und zu sagen: Jetzt bin ich aber zum Glück nicht mehr so. Es ist wahr: Vieles, was sich im Nachhinein von Tambach in den Vordergrund geschoben hat, hat sich inzwischen erledigt, etwa mein Studium in Amsterdam, meine Wahl für den Sozialismus (das hieß damals Kommunismus); meine zu einfache, weil überhebliche Kritik an der Kirche und am Kirchenvolk. Die Parusieverzögerung hat sich auch in mein Leben hineingeflochten, sozusagen, wo ich doch früher nach jedem Gottesdienst fast meinte, dass der Tag der Wiederkunft angebrochen sei. Bibel und Liturgie sind wichtiger geworden als die Dogmatik, ganz zu schweigen vom Streitgespräch. Bei den Theologen Augustinus und O. Noordmans fühle ich mich mehr zu Hause als an der Bruderholzallee. Aber je älter ich werde, umso besser weiß ich auch: Ich bin noch immer dieser Bursche von damals, der sich Mühe geben muss, das Leben zu ertragen und der gerade in den Worten von Barth die Worte seinesgleichen hört, und zwar den Gesang eines Schlaflosen, der wie ein einsamer Vogel auf dem Dach singt (Ps 102,8).[5] Hinter all den schönen und heiteren Worten von Barth hört man diesen Vogel singen; jedenfalls habe ich Barth immer vor allem so gehört. Wer spürt, nicht nur in seinem Frühwerk, sondern auch in seinem „Schwanengesang", dieser wunderschönen *Einführung in die Theologie*, nicht Barths Wissen um den Abgrund, die Erfahrung der tiefen Trauer und des tiefen Schmerzes, das Wissen von eigener Sünde und Ohnmacht; also, das Wissen und Erleben des Menschseins als ein immer währender Notzustand – und die Erfahrung des lieben Jesus, als tatsächliche Notmaßnahme da schräg gegenüber, derer Gott sich nicht schämt? Ist die Theologie Barths nicht darum überzeugend, gerade weil seine Augen viel Böses gesehen haben? Der Mensch aus den Klageliedern (3,1): „Ich bin ein elender Mann, der die Rute seines Grimmes sehen muss", oder der elende Hiob auf seinem Haufen sind bei Barth in seinem Lobgesang nie weit weg. Im zweiten Römerbrief wird sogar der Gedanke an Suizid mehrmals eingebracht, wenn ich mich gut erinnere. Ob Barth das alles auch so tief persönlich miterlebt hat oder aus der Zeitung hergeholt hat, oder im Gefängnis und Anstalt mitbekommen, ist nicht so wichtig. Er weiß davon und nimmt es mit

---

5 Dieser Vogel fliegt ab und zu bei Barth vorbei; so in *Theol. Ex. heute*, Heft 1, das Barth folgendermaßen beendet: „In der ihm aufgetragenen *besonderen* Sorge muss der Theologe *wach* bleiben, ein einsamer Vogel auf dem Dach, auf der Erde also, aber unter dem offenen, weit und unbedingt offenen Himmel", in: *Theologische Existenz heute. Reprint der Hefte 1–77*, Band I, Heft 1, 40.

in seine theologischen Überlegungen. Er schämt sich nicht, das Leben *unmöglich* zu nennen, und man spürt: Diese Unmöglichkeit ist kein Ästhetizismus, kein Spiel der Moderne, sondern Realität. Sicher: in Gott durchstandene und besiegte Realität, aber immerhin Realität. Man muss also doch wohl ein Herz von Stein haben, um in Barths absoluten Aussagen eben nicht das Leiden am Leben zu hören, das hier vehement bekämpft, überwunden, aber damit auch gekannt und anerkannt wird. Wenn ich an Barth denke, muss ich also an erster Stelle daran denken. Hier ist einer, der die Welt, und daher auch mich vom Tiefen her kennt. Und von einer Person, die dich wahrhaft kennt, bist du bereit, viel anzunehmen.

Diese Intuition ist immer noch da. Ich unterlasse es darum, aus der damaligen Erfahrung heraus über diesen Text zu berichten, in der Suggestion, dass ich heute weiter bin. Nach vierzig Jahren, nach hundert Jahren, liegt dieser Text noch immer da, und sieht uns, um mit seiner Öffnungszeile zu reden „hoffnungsvoll und zugleich seltsam nachdenklich"[6] an. Was lesen wir, was hören wir?

Das priesterliche Bewegtsein

An erster Stelle muss ich als das, was mir direkt einleuchtet, mich damals tief berührte, aber auch heute berührt, das Priesterliche nennen, das in diesen Worten steckt. Ich hatte, bevor ich nach Berlin fuhr, *Der Idiot* von Dostojewski gelesen, und es ist dieses priesterliche Bewegtwerden aus den Romanen von Dostojewski, was mich hier direkt traf. Ich hätte, glaube ich, später nie Pfarrer werden können, wenn ich nicht gerade Gott von seiner priesterlichen Einsetzung und Erbarmung her verstanden hätte.

Mehr als die berühmte gerade Linie „senkrecht von oben" oder Gottes sogenannte Revolution im Himmel, traf mich der Satz „*Wir* stehen tiefer im Nein als im Ja, tiefer in der Kritik und im Protest als in der Naivität, tiefer in der Sehnsucht nach dem Zukünftigen als in der Beteiligung an der Gegenwart."[7] Tiefer im Nein. Es ist ein langer Weg, das prophetische Amt Christi wie ein im Grunde priesterliches Amt zu verstehen, weil Gott Menschen nicht verdammen, sondern retten möchte. Prophetie ist nicht nur Warnung, wie die beliebige Auslegung so gerne möchte, sondern auch ein königliches, indikatives Sprechen, das von der tatsächlichen Verdammung

---

6 Karl Barth, Der Christ in der Gesellschaft (Anm. 1), 556.
7 A.a.O., 587.

weiß. Aber diese Verdammung befindet sich nahe oder sogar innerhalb der Rettung des Menschen; sie ist fast Liebe, sie ist das Bewegtsein Gottes in seinem Inneren, damit dem Menschen Recht geschieht. Damals habe ich das natürlich alles nicht so genau verstanden mit den drei unterschiedenen Reichen, von denen Barth in Tambach sprach. Also ich weiß wohl, dass Barth dieses „tiefer im Nein" gerade vom regnum gratiae her betrachtet, und das braucht wohl einiges Umdenken. Dass das Nein! das erste Wort von Christus wäre, ist nun nicht, was wir gerne hören. Aber wenn wir Ihn als das Lamm Gottes ernst nehmen, das uns nicht angeboten wird, sondern tatsächlich vor, an und von uns selbst vollzogen wird; wenn wir ernst nehmen, dass die Antwort auf die Geburt Jesu auch Herodes' Kindermord war – muss man dann nicht gerade behaupten, dass das Reich der Gnade nur in die Welt einmarschieren konnte, indem nicht das große Ja, sondern das harte Nein Gottes der Ort ist, wo es hingehört, um uns selig zu machen? Gnade ist keine Gnade, wenn sie sich dem Urteil von vornherein entzieht. Damals appellierte diese Aussage Barths bei mir mehr als jetzt an ein direktes Lebensgefühl. Aber als theologischer Satz ist er unentbehrlich vom Priesteramt her. Wenn Barth sagt, dass sich das Reich Gottes „zum *Angriff* auf die Gesellschaft" wendet[8], dann ist dieser Angriff das Messer des Opfertodes, in dem Gott sein absolutes Nein über uns spricht. Wenn sogar Mose von Gott angegriffen wird, um zu sterben, mitten in der Nacht (Ex 4,24), wer könnte meinen, von diesem Nein Gottes ausgeschlossen zu sein? „Selig sind die da Leid tragen, denn sie sollen getröstet werden" (Mt 5,4).

Der Satz im gleichen Kapitel, dass wir Gottes Wendung zur Welt nicht als, ich zitiere: „unverantwortliche Zuschauer und Kritiker *gegen*über, sondern als mithoffende und mitschuldige Genossen *innerhalb* der *Sozialdemokratie*" zu bewähren haben, weil in unserer Zeit gerade da „nun einmal das Problem der Opposition gegen das Bestehende gestellt, das Gleichnis des Gottesreiches gegeben ist"[9], liegt auf dieser Linie. Er macht m.E. direkt klar, wie sehr Barth sich damals von den versammelten Religiös-Sozialen unterschied. Es war ihm ernst mit der Behauptung gleich am Anfang, der Christ in der Gesellschaft, das sind nicht „wir", sondern es sei der Christus, der Christ allein.[10] Ich habe, wenn ich Barth lese, immer die Vermutung, dass er politisch radikaler war als seine Kirchen-Genossen, die er wahrscheinlich noch des

---

8 A.a.O., 588.
9 A.a.O., 592.
10 Vgl. a.a.O., 556.

zu vielen Pfaffentums verdächtigte. Aber das ist hier nicht der eigentliche Punkt. Dieser Christus in der Gesellschaft erwartet nun auch von uns, ohne Vermittlung der Kirche, dass wir in die Gesellschaft hineingehen, um als mithoffende und mitschuldige Genossen unseren Platz innerhalb dieses Neins Gottes zu dieser Welt einzunehmen. Das ist keine spätere kommunistische oder sozialdemokratische Parteilyrik und -disziplin. Es ist die Demonstration, vor Gott schuldig zu sein, und deshalb, ohne sich selbst von dieser Schuld entlasten zu können, sich eher tiefer in Solidarität mit den andern hinein zu begeben, als an der immerhin schon verdammten Seite stehen und stecken zu bleiben. „Wer hindert uns, die Auferstehung selbst zu sehen, Gotteserkenntnis zu gewinnen, Gottesgeschichte zu erleben? Und wer könnte die Auferstehung sehen, ohne selber an ihr *teilzunehmen*, selber ein *Lebendiger* zu werden und in den *Sieg* des Lebens einzutreten?"[11] Und so heißt es auch, dass unsere Seele „erwacht ist zum Bewusstsein ihrer Unmittelbarkeit zu Gott, d.h. aber einer verloren gegangenen und wieder zu gewinnenden Unmittelbarkeit aller Dinge".[12] Und das bedeutet nun wieder: „indem sich die *Seele* ihres Ursprungs in Gott wieder erinnert, setzt sie eben dahin auch den Ursprung der *Gesellschaft*."[13] Denn beide stecken im Nein, und für beide ist das eine Sache der Not und Hoffnung.

So zeigt sich das Priesterliche unseres „Bewegtsein[s] durch Ihn"[14]: unsere Seele, so sagt Barth, „stellt sich unter das Gericht, in dem die Welt ist, und sie nimmt die Welt als Last auf sich. Es gibt kein Erwachen der Seele, das etwas anderes sein könnte als ein ‚mitleidend Tragen der Beschwerden der ganzen Zeitgenossenschaft'"[15], wie Barth hier ein damals bekanntes Lied zitiert. Gott holt uns nicht aus dieser Welt, sondern zieht uns tiefer in sie hinein. Gerade im Gleichnis, in der Spiegelung, in der Verborgenheit, will er, dass wir ihm nachfolgen.

Wie das Wasser zum tiefsten Punkt fließt, so soll auch der Christ zu den Erniedrigten und Gebeugten fliehen, denn gerade da lässt sich etwas von dem Auferstandenen vermuten. Hier ist wohl etwas Romantik zu erkennen, denn der Tiefpunkt ist unendlich, so lernt man allmählich. Aber mehr als Romantik ist es die Abwendung von jeder christlichen Demonstration des sogenannten „sauberen Mantels". Barth entscheidet sich hier dezidiert für

---

11 A.a.O., 574.
12 A.a.O., 570.
13 Ebd.
14 A.a.O., 566.
15 A.a.O., 570.

Dostojewski und gegen Tolstoi. Es ist besser, mit dem sündigen Haufen in Erwartung des Gottesreiches zu sterben, als mit den „Feinen" sein Recht zu bekommen. Das ist die Romantik des Expressionismus, wo der Tod nie weit weg ist; aber sagte Barth nicht auch: „Wir können es uns leisten, romantischer zu sein als die Romantiker und humanistischer als die Humanisten?"[16] Es ist vielleicht wohl dieser Satz gewesen, der mich damals überzeugt hat. Wobei wir unter Humanisten, vermute ich, nicht an Erasmus von Rotterdam zu denken haben, der an Säuerlichkeit kaum zu überbieten ist, sondern einfach an „die Griechen", sozusagen. Wir können es uns leisten, mehr als Goethe und Schleiermacher, Hegel und Schlegel und bestimmt auch Feuerbach zu sein! Warum? Weil Christus aus der Ferne ruft. Nochmal Barth: „Wir müssen *ganz hinein* in die Erschütterung und Umkehrung, in das Gericht und in die Gnade, die die Gegenwart Gottes für die jetzige und jede uns vorstellbare Welt bedeutet, wenn anders wir nicht zurückbleibend *heraus* wollen aus der Wahrheit Christi [vgl. 2 Kor 11,10], aus der Kraft seiner Auferstehung [vgl. Phil 3,10]."[17]

Das Letzte ist der springende Punkt. Hier zeigt sich Schleiermachers „schlechthinnige Abhängigkeit" im neuen Gewand. Denn es heißt: „Der Kern durchbricht die harte Schale. Das Hören der Botschaft, der Mut, es mit Gott zu wagen, die Aufmerksamkeit auf das, was sein ‚Herniederfahren' für uns bedeutet, gewinnt es bei aller Scheu über die *bloße Scheu*. Das ist kein Tun des Menschen, sondern das Tun Gottes im Menschen."[18] Das Geniale von Barth besteht m.E. darin, dass er ein Kind seiner Zeit war und darin mitgelitten und mitgeholfen hat, aber zugleich völlig unmodern war, weil er dieser Zeit immer von der Auferstehung Christi her begegnete. Er war Existenzialist, Marxist, Soldat, Demokrat – aber er war es auch alles nicht, weil er immer ein wacher Vogel auf dem Dach war. Das gerade gab ihm den Mut, wie er sagte, *ganz hinein* zu gehen. Aber Vorsicht, gib Acht! Hier spricht ein verletzlicher Mensch, der mit Seele und Leib von Gott bewogen, objektiv von Gott abhängig ist.

So weit der erste, priesterliche Durchgang. Wir kommen jetzt zum eher königlichen Amt des Christen in der Gesellschaft.

---

16 A.a.O., 580.
17 A.a.O., 591.
18 A.a.O., 568.

Der königliche Indikativ

Welch eine Frechheit Barths, da tief im Thüringer Wald, einfach zu behaupten, dass die Kinder Gottes die tiefsten und besten Intentionen der Weltkinder mit und in sich tragen, indem sie *ganz* in die Welt *hinein* gehen, um ja noch romantischer, noch humanistischer als sie zu sein. Welch eine Frechheit also zu behaupten, dass es bei Gott Wahrheiten und Herrlichkeiten gibt, die es sonst nirgendwo gibt; nicht in der Philosophie, nicht in der Literatur, nicht in der Musik und anderen Künsten; auch nicht in unserer bloßen, vielgerühmten „Menschlichkeit" – und dass gerade diese Glaubensinhalte nun mal die schönsten und *eigentlichen* Sachen der Welt sind – auch wenn man ein ganzes Leben braucht, sie zu verstehen, mit Luther gesagt. Frech oder nicht, ich wüsste nicht, was die Kirche anderes lehren könnte als dieses, dass das Heil der Kirche und das Heil der Welt bei Gott ein und dieselbe Sache ist, ob man nun mit Thomas von Aquino, mit Schleiermacher oder mit Barth argumentiert. Die Kirche sollte darin gerade absolut sein. Meine tiefste Enttäuschung über sie und vor allem über meine Pfarrkollegen ist, wenn sie sich dieser Absolutheit entziehen.

Was mir bei Barth immer wieder auffällt und mich tröstet, ist der schlichte *Indikativ*, dieser grammatikalische Ausdruck unseres objektiven Heils, der allen Imperativen vorangeht. Er ist *da*, der Christ in der Gesellschaft, als ein „Faktor voll *Verheißung*", fängt Barth seine Ansprache schlicht und ohne weiteres an.[19] Ich weiß noch, wie dieser Satz mich damals beruhigte und sich da überhaupt eine Welt der Objektivität eröffnete, worin der Bann der Gefühlssubjektivität gebrochen wurde. „Christ der Retter ist *da*"[20], heißt es genau so etwas später, mit blumhardtischer Gewissheit und Freude.

Auch hier müssen wir also tatsächlich vom Absoluten sprechen: Gott ist Gott. Dieser Indikativ ist der Satz und Grund aller Sätze. Genau wie: Jesus ist der Herr. Warum haben wir Mühe mit solchen Indikativen? Ist es, weil wir Gott so nicht sehen, Ihn nicht *erfahren*? Das könnten wir uns selber einreden, aber so einfach ist es, glaube ich, doch nicht. Denn warum sollten wir es erfahren, damit es wahr sein könnte? Ich glaube viel eher, im Sinne wie der französisch-amerikanische Kulturphilosoph George Steiner spricht, dass wir Modernen heimlich von dem Gedanken erregt worden sind, dass Gott vielleicht auch Nicht-Gott sein könnte. Steckt darin nicht etwas Abgründig-

---

19 A.a.O., 556.
20 A.a.O., 557.

Herrliches? Gott ist Gott oder Nicht-Gott... So könnten wir uns vormachen, dass es im Grunde, aber das heißt nach unserer modernen Erfahrung: im Ab-Grunde, überhaupt keinen Indikativ mehr gibt. Nur Imperative höchstens, um das Recht auf die Leugnung der Indikative zu schützen. Wie herrlich naiv hört sich dann die Stimme des Psalmisten an: *Du bist mein Vater, mein Gott und Hort, der mir hilft* (Ps 89,27). Kann die Kirche ohne diese absolute Überzeugung glauben? Im Glauben und in der Liturgie soll der Gedanke, dass Gott vielleicht auch Nicht-Gott ist, m.E. völlig verboten sein; auch im stilisierten Spiel. In der Kirche will Gott nur Gott sein. Grund und Abgrund sind nicht dasselbe. Es war diese freudige Entdeckung der Objektivität des Heils, der ich zum Beispiel bei W.I. Lenin in seinen philosophischen Schriften begegnete, die mir den Mut gab, auch parteiisch in der Welt zu stehen und gehen.

In der ganzen Arbeit von Karl Barth spielt die Objektivität Gottes und des Heils natürlich eine gewaltige Rolle. Es ist vielleicht wohl das triumphierende und ärgerliche Zeichen der barthianischen Theologie überhaupt. Hier liegen aber, denke ich, auch die größten Anfragen an ihn, komischerweise eher von der protestantischen als von der römisch-katholischen Seite, wie Hans Urs von Balthasar in seinem Buch *Karl Barth. Darstellung und Deutung seiner Theologie* wohl angedeutet hat. „Wie schwer ist es, reinen Herzens und in Ehrfurcht vor dem Heiligen auch nur den kleinsten Schritt zu tun mit Christus in der Gesellschaft! Wie spröde verhält sich das Göttliche, wenn es das Göttliche ist, dem Menschen gegenüber, dem wir es heute so gern amalgieren möchten! [...] Wohin werden wir geführt, wenn wir die Absonderung des religiösen Gebietes aufgeben und uns *im Ernst* auf Gott einlassen, und wohin, wenn wir uns *nicht im Ernst* auf ihn einlassen?" betont Barth ernsthaft.[21] Viel mehr als vorher eröffnet sich hier das moderne Problem als eine reale theologische Gefahr, dass Gott auch Nicht-Gott sein könnte. Diese Gefahr liegt darin, Gott zu *säkularisieren*, das heißt Ihm seine Heiligkeit zu entnehmen zugunsten unserer eigenen religiös-menschlichen Auffassungen, wie Er sein sollte oder einfach ist.

Es ist deutlich, dass die Rettung vor dieser Gefahr, wofür auch Tambach stand, von Barth in einer doppelten Bewegung *nach vorne* unternommen wird. Das heißt, die Lösung des Problems wird nicht gut calvinistisch auf der Seite des Menschen im neuen und wahren Hören auf Gottes Wort gesucht. Gott unternimmt bei Barth selber diese Bewegung der Bewahrung

---

21 A.a.O., 560.

und Rettung seiner Objektivität, indem er als Retter, als ein Faktor voller *Verheißung*, einfach da ist *in der Gesellschaft*; also außerhalb der Kirche, ja, außerhalb unseres Glaubens. Nein, heißt es nun etwas zauberhaft: Er ist in der Gesellschaft. Was möchte das wohl heißen? Es geht um Gott in seiner *Wirklichkeit*, sagt Barth nachher ziemlich vereinfacht und vergröbert in der Gotteslehre in KD II/1. Nun wird das Dasein Gottes als *die real verändernde Tatsache, dass Gott ist*[22], zum Gottesmerkmal überhaupt definiert. Von einer *Seele*, wie noch in Tambach, hören wir dann aber nichts mehr. Die Sache des Glaubens als ein Akt *zwischen* Gott und Mensch bei dem jungen Barth ist in der *Kirchlichen Dogmatik* zu einer Sache des „Actus purus" Gottes, einer Sache von „Gott überhaupt" und „Gott in sich" geworden. Aber sagen wir doch, genau so frech wie Barth selbst redet: Es hört sich an, als ob Barth es dem Menschen eigentlich nicht zutraut, wirklich im Raum der Kirche zu glauben, im Raum der Seele, sondern dass Gott selbst hineinbrechen musste in diese Welt, um überhaupt Gott, der wahre Gott sein zu können. Daher diese doch etwas komplizierte Doppelbewegung, die wir in Tambach hören: „Gerade das ganz Andere an Gott, das sich gegen alle Säkularisierungen, gegen alle bloßen Anwendungen und Bindestriche sträubt, treibt uns mit zwingender Kraft, unsererseits auszuschauen nach einem wurzelhaften, prinzipiellen, ursprünglichen Zusammenhang unseres Lebens mit jenem ganz anderen Leben. Wir wollen leben und nicht sterben."[23] Hören wir, was Barth sagt? Der sich gegen uns sträubende Gott *zwingt* uns zugleich, nach dem ursprünglichen Zusammenhang mit Ihm Ausschau zu halten. Ein Zusammenhang, der dann wohl hinter dem heutigen, aktuellen Verhältnis zwischen Gott und Mensch zurückliegt, wie etwa Goethes Rom der Antike. Befindet auch Gott selbst sich vielleicht im Nein, nach Versailles und Verdun, um sich im Rumoren der Berliner Straßen wiederentdecken zu lassen?

Calvin konnte sagen, dass der „unermessliche Abstand" zwischen Gott und Mensch uns davor warnen soll, „dass wir nicht Gottes Gnadenwirkung zu wenig und dem menschlichen Prediger zu viel zutrauen und damit dem Menschen geben, was Gott gehört."[24] Aber das heißt nicht, dass Calvin die *praedicatio Verbi Dei* abbricht, um Christus nun sozusagen der Welt freizugeben und den Zusammenhang mit Ihm in der sogenannten „Wirklichkeit" zu suchen. Ich glaube auch nicht, dass es einen barthianischen Dogmatiker

---

22 Vgl. KD II/1, 289.
23 Karl Barth, Der Christ in der Gesellschaft (Anm. 1), 569.
24 Johannes Calvin, *Auslegung des Römerbriefes und der beiden Korintherbriefe*, Neukirchen-Vluyn 1960, 334.

in den Niederlanden gibt, der diese Linie Barths von der Wirklichkeit Gottes in der Gesellschaft wirklich festgehalten hat. Eher sollte man da an die Sakramentstheologie von jemandem wie dem Religionshistoriker Gerardus van der Leeuw (1890–1950) denken; an die Theologie vom sogenannten „anonymen Christentum"; an die ziemlich starke Wirkung von Friedrich-Wilhelm Marquardt in den Niederlanden zunächst mit seinem Sozialismus-Buch, und dann noch mehr mit seiner „Israel-Theologie"; und natürlich auch an die linke, neo-thomistische Richtung von Edward Schillebeeckx und die feministische Theologin Elisabeth Schüssler Fiorenza. Es würde mich nicht wundern, wenn der Schüler Schillebeeckxs, Erik Borgman[25], morgen gerade hier Möglichkeiten sähe, so wie etwa Barth in seiner Versöhnungslehre, wie der wirkliche, lebendige Christus in unserer Mitte immer uns und unserem Glauben vorausgeht, wie Gott uns immer zuvor ist; und wie wir Ihn kennen, nur insofern Er sich immer seinen Jüngern zu erkennen gibt. In diesem Sinne hat Barth, glaube ich, seine letzten Berichte über Jesu „Weg in die Fremde" geschrieben, und es lässt sich fast lesen wie ein Krimi, wie Er da ist und dann auch wieder verschwunden ist. Und das alles, um gerade die andauernde Objektivität des Heils für die ganze Welt zu gewährleisten! Das alles macht, nebenbei gesagt, Eindruck, aber ruft auch Fragen hervor. Es hört sich ein wenig an wie bei Heidegger, wie das Sein sich zu erkennen gibt, indem es sich verbirgt. Ich muss gestehen, dass ich die Klarheit eines Calvins hier bei Barth vermisse. Barths Neigung zum Materialismus und Aktualismus in seiner Theologie – er war und blieb natürlich Sozialist –; die Neigung also, dogmatisch gesagt: dass Gott *da* sein muss, um überhaupt Gott sein zu können, hat m.E. auch ihn – ungewollt aber immerhin – in die Richtung eines Gottes gezwungen, der auch Nicht-Gott sein muss, um es bleiben zu können. Hier scheint mir Hegel mit seinem spekulativen Karfreitag nicht mehr weit weg.[26]

Ja – oder irre ich nur herum mit allzu menschlichen und metaphysischen Bedenken? Die kühnsten Gedanken von Barth hängen zusammen mit dem Problem dieser sich selbst setzenden, aber dann auch brutal sich selbst durchsetzenden und verwirklichenden Objektivität Gottes. Sollten sie aber auch nicht kühn sein, um uns zu helfen, wie ein Johannes der Täufer die

---

25 Prof. Dr. Erik Borgman hat am nächsten Tag gesprochen. Vgl. seinen Beitrag in diesem Heft.
26 Der Begriff des „spekulativen Karfreitags" entstammt: *Glauben und Wissen oder die Reflexionsphilosophie der Subjectivität, in der Vollständigkeit ihrer Formen, als Kantische, Jacobische, und Fichtesche Philosophie*, in: Georg W. F. Hegel, *Jenaer Kritische Schriften*, hg. von Hartmut Buchner u. Otto Pöggeler, Hamburg 1968. Siehe S. 414.

Wahrheit zu verstehen, dass das fleischgewordene Wort Gottes von dem Seinigen nicht *angenommen* ist? [vgl. Joh 1,11] Dieser Fakt ist doch die größte Störung jeder Religion überhaupt, worüber wir heutzutage völlig um des Friedens willen hinweg reden: Gott kann sich unserer Projektionen entziehen und Nein zu uns, Nein zu seinem Eigentum sagen. Sind Barths kühne Gedanken deswegen nicht dann auch notwendig als das größte Wunder der Religion zu verstehen: Gottes Gott-sein, dieses „wahrer Gott" sein von Gott-ist-Gott, ist überhaupt nicht zu trennen von, oder man möchte fast flüstern: ist einfach schlicht begründet, vom Anbeginn Gottes an, in gerade diesem zur sündigen Welt Gekommensein von Jesus Christus, um da auch gekreuzigt und auferstanden zu sein. „Und *ist* kein andrer Gott", wie Luther immer wieder sagt.[27] Gott war, ist und wird immer nur derjenige sein, wie er sich in Christus offenbart und für die Welt geschenkt hat. Da, in der Welt, ist er dann auch als anwesend zu betrachten und zu suchen, ohne dass wir von vornherein neu die Welt in Kirche *und* Welt, in Judentum, Christentum *und* andere Religionen aufzuteilen hätten.

Man, jedenfalls der moderne Christ, möchte darauf gerne Ja! sagen. Die entscheidende Frage ist jedoch: Kann man Gott finden, ohne an ihn zu glauben? Kann Christus überhaupt für andere da sein, wenn der Geist die Augen nicht öffnet und das Herz nicht berührt? Hat Gott genauso von Anbeginn an nicht immer mit seinem Geist Glauben an Christus geschenkt und diese Menschen zu seinem Volk und Tempel, zur Synagoge, zur Gemeinde und Kirche berufen, statt nur „vom Berg herabzudonnern"? Ich höre Barth, und meine ihn zu verstehen als den einsamen Adler[28], der auf Gottes objektives Dasein insistiert. Der Retter *ist* da. Absolut. Der Christ in der *Gesellschaft* ohnehin. Und er tut gerade das Einzige, das wir tun können. Trotzdem scheint in dieser Objektivität etwas von Gewalt zu wohnen, als ob nicht Glaube, Zuversicht und Zumutung, sondern das *Machtwort* ohnehin Gottes liebste Seinsweise wäre. Stimmt das? Wir gehen hinüber zum prophetischen Amt.

---

27 Martin Luther, *Ein feste Burg ist unser Gott*, Vs. 2.
28 Vgl. hierzu den schönen Titel der Biografie Nietzsches von Werner Ross, *Der ängstliche Adler*, München 1984.

Die spröde Prophetie

Wie wir gesehen haben, seufzte Barth, wie „spröde" sich das Göttliche zum Menschlichen verhält.[29] Nun bedeutet spröde nicht nur roh, schroff, unwillig, sondern auch etwas, das wir im Niederländischen „broos" nennen, also zerbrechlich oder sogar zart. Das Verhältnis zwischen Gott und Mensch ist nicht nur schroff, unwillig, sondern hat auch etwas Zerbrechliches oder sogar Zartes an sich. Hier sehen wir nun gerade den modernen Barth von einer anderen Seite, auch wenn er diese Seite theologisch kaum aufarbeitet, in seinem andauernden Begehren, auf gesichertem Boden zu stehen. Aber er ist immerhin der Theologe gewesen, der es gewagt hat, in seinem zweiten Römerkommentar Gott eine *Frage* zu nennen und, darüber hinaus, gerade die Frage als den eigentlichen Sinn der Antwort zu verstehen.[30] Er hat es wie kaum oder sogar kein Anderer gewagt, nach Nietzsche und Freud vom Abgrund unserer Seele zu reden, und dann nicht im schön-mystischen Sinne. Wer also hört in seiner Betonung des Absoluten nicht den Aufschrei eines verwundeten Herzens – und braucht stattdessen vielleicht ein Machtwort?

Der Dichter Rainer Maria Rilke hat *Die Sonette an Orpheus* (1923) im Februar 1922 wie in einem Flow geschrieben, um die Zeit also, als Barth überhitzt am 2. Römerbrief arbeitete. Ich meine, George Steiner hätte diesen Gedichtband genauso gut zu den bekannten Büchern zählen können, wie z.B. Barths Römerbrief, *Der Stern der Erlösung* von Franz Rosenzweig, *Der Geist der Utopie* von Ernst Bloch, Spenglers *Der Untergang des Abendlandes* und *Sein und Zeit* von Martin Heidegger, die die grundlegenden hermeneutischen Versuche bilden, nach dem Ersten Weltkrieg zu einer neuen Sprache zu finden. Auch Rilke hat eine neue Sprache gefunden. Waren seine *Neuen Gedichte* (1907/8) und *Die Aufzeichnungen des Malte Laurids Brigge* (1910) etwa noch im Stil der Auflösung und Desintegration der Seele in der modernen Metropole geschrieben, findet er 1922 eine Sprache vom unbekannten Gott wieder, der uns eine neue Welt mit einem direkten Gott-Mensch-Bezug schenkt. Rilke bricht hier also nicht nur mit dem Christentum, wie schon vorher, sondern auch mit der bürgerlichen Dekadenz seiner Pariser Periode und wird eher ein Vorläufer der heutigen „religiös Alternativen". Dabei formuliert er viele Gedanken, denen man später bei Heidegger begegnet. Auch das macht ihn verletzlich.

---

29 Karl Barth, Der Christ in der Gesellschaft (Anm. 1), 560.
30 Karl Barth, *De brief aan de Romeinen*, Amsterdam 2008, 232.

Hören wir mal das folgende Gedicht aus *Die Sonette an Orpheus*:

Rühmt euch, ihr Richtenden, nicht der entbehrlichen Folter
und daß das Eisen nicht länger an Hälsen sperrt.
Keins ist gesteigert, kein Herz –, weil ein gewollter
Krampf der Milde euch zarter verzerrt.

Was es durch Zeiten bekam, das schenkt das Schafott
wieder zurück, wie Kinder ihr Spielzeug vom vorig
alten Geburtstag. Ins reine, ins hohe, ins thorig
offene Herz träte er anders, der Gott

wirklicher Milde. Er käme gewaltig und griffe
strahlender um sich, wie Göttliche sind.
Mehr als ein Wind für die großen gesicherten Schiffe.

Weniger nicht, als die heimliche leise Gewahrung,
die uns im Innern schweigend gewinnt
wie ein still spielendes Kind aus unendlicher Paarung.

Rainer Maria Rilke, Die Sonette an Orpheus II,9[31]

Dieses Gedicht macht verletzlich, denn es fällt direkt unter den Verdacht der Versuchung des Totalitarismus. Gegen die bürgerliche, humanistisch geprägte Justiz, die in ihrer Ausübung Milde begehrt und sich weit erhoben über die Folter im Mittelalter versteht, spricht Rilke hier von der wahren Milde, die nicht bei diesen Richtern zu suchen ist.

Wirkliche Milde schenkt der Gott, der gewaltig kommt durch das weit offene Herztor und strahlend um sich her greift. Die unwiderstehliche Epiphanie des Gottes, Orpheus oder sonst wem, ist ein zurückkehrender Gedanke bei Rilke, und genau wie bei Barth gibt Er selber das Kriterium der Wahrheit. Richter also, prüfe dein Herz, weißt du noch, was wirkliche Milde ist? Sie ist *mehr* als ein Wind für die großen gesicherten Schiffe. Sie ist ein Sturm, vom Paradies her, der alle berührt. Denn ja, ab und zu überfällt uns

---

[31] Für Belegstelle und Übersetzung weise ich hin auf: Rainer Maria Rilke, *De sonnetten aan Orpheus. Vertaald en van commentaar voorzien door Wessel ten Boom*, Utrecht 2019, 90f.

wohl das Gewissen, dass unsere Rechtsurteile so gerecht nicht sind, denn jeder weiß von der illegalen Fracht dieser mächtig gesicherten Schiffe, die unsere Götter sind; jeder Erwachsene weiß, dass das Recht seinen Lauf gerade nicht in dieser Welt nimmt. Wessen Herz wird da nicht verkrampft und sucht durch sogenannte Milde das Defizit an zu kompensieren. Bis dann die Gestalt des Henkers uns plötzlich daran erinnert, dass das Unrecht nicht unbestraft bleiben kann. Wie ein Geburtstaggeschenk des vorigen Jahres, das vom Kind nicht angenommen wurde, kehrt er wieder. Denn hat das Recht nicht das Recht, ja, die Pflicht so zu strafen, dass auch das Opfer völlig sein Recht bekommt? Wirkliche Milde würde in die Freiheit stellen, ohne dass das Recht damit vergewaltigt würde. „Die Richtenden" in Rilkes Sonett aber bleiben immer so ein bisschen dazwischen, als ob Recht je ein Kompromiss sein könnte. So werden sie „zarter verzerrt". Denn in Wirklichkeit haben sie das Recht der Strafe und damit so auch die Möglichkeit wirklicher Buße abgeschafft, zugunsten eines vor allem für die anderen Leute *soziologisch* motivierten Freiheitsraubes.

Der Gott der Milde aber ist wie ein spielendes Kind „aus unendlicher Paarung", der uns leise im Innern für sich gewinnt. Er kommt mit Gewalt, wie das Göttliche nun einmal ist, aber diese Gewalt erobert und unterwirft uns im Stillen. Genau wie Barth, so sollte man doch sagen, spricht auch Rilke von einer sich durchsetzenden Objektivität, die uns voll in Beschlag nimmt. Nicht über die Ratio, nicht über das „sic et non", nicht über ein gutes, erbauliches Gespräch zwischen Gott und Mensch fängt hier der Glaube an, sondern über die Gewalt einer leisen Überzeugung des inneren Menschen, der sich nun, wie Luther in seinem *De servo arbitrio* beschreibt, willig fügt.

Kann es in der Prophetie, im Sprechen der Kirche anders sein? Alle großen Theologen reden doch, wie die (klassischen) Dichter, von einer Gewalt, der sie sich nicht entziehen konnten. Eine Gewalt, die durch ihre Worte hinein kommt und deren Worte man auch in den Mund stecken kann. Wie leicht und einfach ist es, Barth wegen seines „Absoluten" zu kritisieren, wo wir doch alle dieses Absolute, dieses Unwiderstehliche Gottes, oder bloß nur sein eigenes „Gesetzt-sein" anerkennen, einfach wenn wir zu Ihm beten und von Ihm singen und reden. Oder ist Liturgie letztendlich antropologisches Puppenspiel? Machen wir uns nichts vor: Wie auch wir uns nach diesem Gott der Milde sehnen, so vermute ich doch, vielleicht wohl sogar mit einer strahlenden Gewalt, für eine Welt die im Kummer liegt und im Koma dazu. Wie könnten wir von Gott reden, von seiner in der Heiligen Schrift bezeugten überlaufenden Güte, die uns vor allem gerade in seinem solidarischen

Nein bezeugt wird, wenn wir sogar Ihm das Absolute absprechen? Und genau so, wenn wir unser inneres Leben ernstnehmen, unsere Seele also, und dann jedes Denken und Fühlen im Absoluten verweigern: ist gerade dieses Leben im nur noch Relativen kein langsamer, vor uns ausgeschobener Suizid oder Tod?

Barth war ein absoluter Geist. Aber er war noch ein Kind der „unendlichen Paarung", um mit Rilke zu reden; das heißt, er wusste in seiner Theologie von dem harten Aufeinanderknallen von Gott und Mensch, von Himmel und Erde, von Gnade und Recht, von Urteil und Freispruch, von Sünde und Freiheit; von Mann und Frau, nicht zu vergessen. Er wusste von Gottes ewigem Nein und zugleich seiner unendlichen Liebe, die alles und alle gewinnt. Kann, wer das absolute Denken von sich wirft, es in diesen Gegensätzen noch aushalten? Ich glaube, der wird allmählich „zarter verzerrt". Mag es uns dann wundern, dass im alternativen religiösen Bereich wieder viel ungezwungener vom Absoluten gesprochen wird? Und heutzutage sogar wieder in der Politik? „Tot wäre Gott selbst, wenn er nur von außen stieße, wenn er ein ‚Ding an sich' wäre und nicht das Eine im Allen [...]".[32] Er muss also kommen, dieser Gott der Milde. Aber wie kann er kommen in wahrer Milde ohne absolut zu sein?

Wir fragen

Ich schließe ab. Meine Frage z.Z. an Barth wäre, ob Gott und Mensch sich in seiner Theologie wirklich versöhnen, aufeinander zugehen; also, ob Gott sich selbst in Jesus auch wirklich vermittelt. Oder bleiben Gott und Mensch zwei geschlossene Kreise, die nur aufeinander prallen und sich am besten analogisieren lassen? Barths „offenes Ende" seiner Theologie hat mit dieser Frage zu tun, ebenso auch sein Hang zum Absoluten: Denn Gott ist Gott und Mensch ist Mensch – und so soll es vor allem auch bleiben, scheint er manchmal zu sagen. Aber die Fülle der kirchlichen Lehre ist das nicht.

Aber Nota Bene: Als ich diesmal den Tambacher Vortrag las, waren es nicht die absoluten Aussagen, die mich anregten, sondern es war mir, als ob die Klimax gerade da erreicht wurde, wo Barth im 4. Kapitel einfach sagt, dass wir uns nicht verschließen können vor den Fragen, die auf uns zukommen – wie die Fragen von Kierkegaard, von Tolstoi und Ibsen, von Dostojewski, von Nietzsche und dem Sozialismus ebenso wie die von der Refor-

---
32 Karl Barth, Der Christ in der Gesellschaft (Anm. 1), 571.

mation, der Bergpredigt und dem Buch Prediger. Barth redet hier von Gott nicht nur laut und sicher, sondern auch zerbrechlich und zart, weil in Fragen. Und er beendet dieses Fragen dann so: „Wie kommt es, dass wir das alles verstehen, ohne es zu verstehen, bejahen, ohne es zu bejahen, dass wir bei dem ganzen Angriff, der sich da aus einer letzten Tiefe gegen die Grundlagen der Gesellschaft richtet, mitgehen müssen, ohne es zu wollen?"[33]

Ich glaube, das gerade ist die am tiefsten verletzliche Frage, die der Christ in der Gesellschaft uns auch heute stellt: Ob wir denn nicht wissen und vermuten, dass wir nur an Gott glauben können, wenn sein Nein! uns bis auf die Grundlagen der Gesellschaft allen gilt; also nicht nur einem Trump und einem Putin, oder einem Rutte und einer Merkel. Dieser Christ befragt uns, ob wir denn wahrhaft glauben, dass die Welt, auf die wir hoffen, je anders als nur durch das Feuer hindurch (1 Kor 3,15) gerettet werden könnte? Eine Frage die, mehr noch als von dem Gesetz und Propheten, gerade von *Jesus* zu uns kommt. Das ist Karl Barth.

Damals vermutete ich im Nein Gottes zu dieser Welt mehr Trost und Ermutigung zu finden, als die Welt mir je geben würde. Ich kann nur sagen: Das ist noch immer so. Ich weiß selber nicht genau, warum. Aber ich habe immer die Intuition gehabt, dass Theologie nur hier, in dieser Hilflosigkeit, und sonst nirgendwo, anfangen kann. Es war und ist eine große Freude, das auch anhand der Theologie Barths getan zu haben und noch immer zu tun. Wir können es uns erlauben, weniger zu wissen als Gott.

---

33 A.a.O., 590.

Erik Borgman

The Revolution Prior to All Revolutions
Karl Barth's Tambach Lecture as an Invitation to a New Catholicity

1.

As it always is with great texts, one is tempted to quote at length from Barth's lecture "The Christian in Society."[1] Take, for instance, Barth's description of a certain tendency in the Protestant church of his day:

> "Let us build a new church with democratic airs [...]! Let us build parish houses, look after the welfare of young people, host evening discussions and musical services! Let us get off our high horses and allow the laity to take our place in the pulpit!" (562–563)

It is easy to recognize a certain understanding of church renewal here that has become rather dominant in contemporary Dutch church circles, and especially among senior scholars of Dutch theology faculties. Barth speaks of this approach as going "the old way with new enthusiasm", the way of adapting to culture and thus in fact attempting to clericalize it (562). He calls it "the siren songs of modern ecclesiasticism" and interprets it as a refusal "to learn once again to wait upon God", setting out "with renewed zeal to build up our churches and chapels", thus deceiving "society about that which we really intend, namely God's help" (563). I could not agree more with Barth, but I am not certain that God's help *is* the intention. The problem of much contemporary debates on how to be the church and how to do theology is

---

1 Numbers in parantheses refer to page numbers of the German text: Karl Barth, Der Christ in der Gesellschaft, in: Karl Barth, *Vorträge und kleinere Arbeiten 1914–1921* (GA III), ed. Hans-Anton Drewes / Friedrich-Wilhelm Marquardt, Zürich 2012, 546–598. The English translation is from Karl Barth, *The Word of God and Theology*, transl. by Amy Marga, London / New York 2011 (Kindle edition).

that many Christians do *not* seem to believe any longer that we need and are receiving God's help. This, in my view, is why Barth's Tambach Lecture is so important at this moment in history. His lecture militantly states that despite all our despair about our inability to speak and act in ways that enables us to notice and therefore proclaim God's presence, God is still among and even in us.

We must be clear that Barth is by no means naïve about our present situation. Any program to restore everything in Christ.[2] Barth is clear that anyone pursuing such a program stands "before the naturally developed and steadfast realities of society as those who bit down on granite" (563). It seems that Barth is often considered no longer relevant for theology today, because his theological program is not realistic. But Barth was always aware that his program was *never* realistic. As a cultural program or ecclesiological project what he was trying to say did not make much sense. This was exactly Barth's point: the church is not a project and theology is not a program. Barth knew that "the more bravely we resist, the more powerfully the giants we are preparing to conquer stand before us." What makes the Tambach lecture important is not the fact that it is programmatic, but that it is intentionally *not programmatic at all*. This lecture is an attempt to know where we are, not historically, sociologically or psychologically, but theologically. The fact that it is unapologetically theological through and through makes this lecture revolutionary. This lecture was revolutionary not only in 1919 but continues to be so in 2019.

The way in which Barth explains why being unapologetically theological is possible and necessary, and how he explains these ideas are what makes Barth's lecture surprising even to those who think they know Barth's theology. To me, at least, they should be surprised. In my reading, the Tambach lecture suggests a new way of being ecumenical. This essay will explore this ecumenical way of being that Barth presents. I will not discuss the history of Barth's "Christ in the Society" lecture partly due to my limited reading of Barth and also because I think we can only do justice to Barth's lecture by engaging with what it tries to do and attempts to say.

In his lecture, Barth presents the human subject's *Standort* [ET "Standpoint"] as participating in the movement of the history of God through the holy Spirit and the resurrection of Christ and coming *sozusagen senkrecht*

---

2   *Instaurare omnia in Christo* was the motto of the pontificate of Pope Pius X who had died five years before Barth's lecture at Tambach.

von oben her. The real standpoint cuts vertically from above through all of the historical, cultural, and ecclesial movements through what Barth calls "their hidden, transcendent meaning and engine" (564; cf. 596). Now I am form the Roman-Catholic tradition, but I consider the reading, by many Barthian and some Roman-Catholic theologians, of first of all the theology of Thomas Aquinas as based on an *analogia entis* fundamentally mistaken.[3] For Aquinas, the very understanding of being itself is theological to the core. Being is considered the ultimate gift from God. I would argue that this idea is not so far removed from Barth's statement in his Tambach lecture that if God were not the Creator of this world, He could not also be its Redeemer. Only because the world *is* God's possession could it actually *become* his possession (577). This idea has major consequences for Barth. To quote him more extensively:

> "To find ourselves in God means to affirm him in the world as it is, and not in some transcendental dream world. The genuine and radical denial that we intend in our protest movements can grow only out of this affirmation." (577)

This assertion entails true theological dialectics: what will be, what has to be, and what is intended to be is present in what is, what is strived for, and what is developing. It is not, however, present as that what is strived for and is developing, but as that what is ultimately at stake in our strivings. We do not know who we are, we do not know what the world is, and we do not know where history is taking us except in the light of the kingdom of God. And the kingdom of God, according to Barth, "does not begin with our protest movements", but is "a revolution that precedes every other, just as it precedes everything that exists" (577).

The kingdom of God is a revolution that precedes everything that exists, is present in everything that exists, and captures everything that exists. This seems to imply a rather specific relation of being to God, one which we normally do not associate with Barth.

---

3 For recent debates on the *analogia entis*, Barth, and Aquinas, see Amy Marga, *Karl Barth's Dialogue with Catholicism in Göttingen and Münster: Its Significance for His Doctrine of God*, Tübingen 2010; Keith L. Johnson, *Karl Barth and the Analogia Entis*, London 2011. Cf. also Tyler R. Wittman, *God and Creation in the Theology of Thomas Aquinas and Karl Barth*, Cambridge 2011.

2.

The title of his lecture *Der Christ in der Gesellschaft* [ET: "The Christian in society"] contains a high degree of dialectical tension for Barth. In his view, the phrase implies that "[s]ociety is not left completely to itself":

> "Marriage and family life, the economy and culture, art and science, the State, political parties, and international relations [...] do not simply run their own courses according to laws that have their own logic and drive without being at least conditioned by another factor that is full of promise." (556)

This statement was not only very counter-cultural in 1919, but remains so in the present. Barth's ideas here are fully against what Charles Taylor in *A Secular Age* names "the immanent frame", which is the typical modern idea of a self-enclosed world functioning according to a mechanical logic, and a world that is not influenced by forces that cannot be mechanistically understood and technologically manipulated.[4] In his Tambach lecture, Barth speaks of modern society as relating "to everything outside of itself as a self-contained whole – without windows to the kingdom of heaven" (561). Thus, Barth knows his understanding of the slogan "The Christian in Society", which he takes to mean the presence of Christ in secular society, is not self-evident. Furthermore, Barth finds it important that his understanding of this slogan is not self-evident. His understanding come as an answer to a question born from the First World War and its aftermath, which Barth calls "the catastrophe that we have experienced and in which we still stand" (556) and the painful awareness "that despite all of the changes and all of the revolutions, everything remains as it was before".

Interpreting "The Christian in Society" as an equivalent to the Pauline "Christ in us" (cf. Rom 8,10; 2 Cor 13,5; Col 1,27) and seeing the search for Christ as a sign of us already being inhabited by Christ, via the Augustinian adage "You would not seek me if you had not already found me!", Barth presents the title of his lecture as a promise:

> "It brings a new element in the midst of the old, a new truth in the midst of errors and lies, a new righteousness in a sea of unrighteousness, a spiritual presence among coarse, material tendencies, a formative power of life in all of the weak, unstable spiritual movements, a unity in the complete disintegration of society, even in our own times." (557)

---

4   Charles Taylor, *A Secular Age*, Cambridge 2007.

Barth would not be Barth, not even the early Barth, if he would not have added that we should understand "Christ in us" not as "a psychic condition, a being grasped or overpowered, or some such thing". "In us", Barth says, means "above us", "behind us", and "beyond us". He also warns against building a dividing wall between "so-called Christians and so-called non-Christians", which would distinguish between those who are captured by Christ from those who are not. Barth states, "The community of Christ is a house that is open on all sides, for Christ has always also died for the others, for those who are outside" (557, English slightly changed).

Here Barth seems to refer to the letter to the Hebrews where it states that Jesus suffered "outside the gate". The author of Hebrews instructs readers to "go forth to him outside the camp, and bear the abuse he endured" and the editor of Barth's Tambach lecture has rightly added the Hebrews reference (Heb 13,12–13) to this passage. However, the suggestion in Hebrews is not so much that the Christian community is also present outside the border dividing it from the rest of humanity, but that *Christ himself* is to be found there. Christians are exhorted to go outside the border as well to find him being abused and suffering, and to become like him who was abused and suffered. I read this reference to Hebrews as in indication that Barth points here beyond Barth. In 1965, at the Second Vatican Council, the Roman Catholic Church declared that God's grace works in an unseen way for all people of good will, and that, "since Christ died for all human beings" and "since the ultimate human vocation is in fact one, and divine, we ought to believe that the Holy Spirit in a manner known only to God offers to every human being the possibility of being associated with this Paschal mystery".[5] From this statement, the Council draws the following conclusion:

> "The People of God motivated by its faith in which it believes that it is led by the Lord's Spirit who fills the earth, labors to decipher in the happenings, needs and desires in which it participates along with the other people of our age, authentic signs of God's presence and purpose. For faith throws a new light on everything, and manifests God's design for the integral human vocation."[6]

This of course is not a statement Barth could ever endorse. Or is it? Let us explore this question in more depth.

---

5 *Pastoral Constitution on the Church in the Modern World: Gaudium et Spes* (7 Dec. 1965), no. 22.

6 Ibid., no. 11.

3.

In his Tambach lecture, Barth stands against any inclination to think of Christ in us in terms of

> "a holy realm set apart unto itself, irrespective of whether we explain this separation in a more metaphysical way or in a more psychological way. Christians appear to us as special people next to other people, Christianity as a special concern next to other concerns, Christ as a special phenomenon next to other phenomena." (558)

Barth considers it to be the task of the theologian to be committed "to the honest, thorough, and [...] priestly awakening of others to (the) hope and need, for it is through an awareness of both that God's way to us is made more smooth" (564). At Tambach, Barth is telling his audience time and again that what we need is ultimately not religion or theology, but a "movement that proceeds from God", us "being moved by him" (566). This is true enough, but it becomes less self-evident when Barth starts explaining that for him this implies that "Christ is the unconditionally *new* thing from above; the way, the truth, and the life of God in the midst of men; the Son of Man in whom humanity becomes aware of its immediacy to God" (567). At the same, time he stresses that "[t]he Immediate, the Origin, will never be experienced as such. All 'experiencing' is but a gesture toward the Origin, toward God" (566). God's immediacy is not an experience, and the experience of immediacy does not necessarily mean genuine immediacy. However, to move from this point to saying that this immediacy is not present in any experience, not even in the experience of immediacy or in the experience of mediacy, and to suggest that God is not present to us in the mediacy of our contact with God as the revolution that is at the origin of our being and of the being of the world, is something different.

This move begs the following question: is the kingdom of God really a revolution that precedes every other, just as it precedes everything that exists, as Barth has asserted? If so, this would seem to imply that it is always present. Or is the kingdom of God a revolution that never really occurs, as Barth suggests in this excerpt we just examined, a revolution that is always still to come? As Eberhard Jüngel says, *Gottes Sein ist im Kommen*. This may be so, a form of being that breaks down the alternative of absence and presence, *ein die alternative von Anwesenheit und Abwesenheit sprengendes Sein*, ultimately is a form of God's presence to the world which in one way or another changes the world.[7] I think in his Tambach lecture, Barth is ultimately of two minds. On the one hand, he points to the double message of God's revelation to Moses (568–570). First, there is the message of the unapproachability of God, what Barth calls *die Sprödigkeit* of God, which is God's inaccessibility. To quote Scripture, "Come no closer! Remove the shoes from your feet for the place on which you stand is holy ground!" (Ex 3,5). But then, in the very next line, as Barth points out, God reveals that He has approached us in the very circumstances in which we feel far removed from God: "I have seen the suffering of my people in Egypt. I have heard their cry. And I have come down to deliver them from the hands of the Egyptians" (Ex 3,7). Here the claim that God is *das ganz Andere* is an integral part of who God is, which is the origin of a totally and always new logic and a life that can never be understood from the old life and from current logic. On the other hand, however, Barth presents the absence of God as a result of one being awakened to the original immediacy to God:

> "Dead are all 'things-in-themselves', all here and there, then and now, this and that which are not at the same time one. Dead are all mere 'givens'. Dead is every metaphysic. Dead would be God himself, if he only pushed against the world from the outside, if he were a 'thing-in-itself' and not the One in All, the Creator of all things visible and invisible, the Beginning and the End." (571)

Here the awakening of the soul to the divine life for Barth is first and foremost the discovery of the lack of life in the world in which we live, the disconnection with the divine that makes true life impossible, and the awakening to the fact that we are still waiting for God. As Barth says, "There can be no question of reading something into the strangely convoluted and ambiguous movements of our time." But it is a question of grasping their deepest meaning with compassion and hope (571). Hope reveals itself in our despair of the present, and that is what we have to bear. In hope.

So, ultimately, for Barth, we are unable to decipher in the events, needs, and desires in which we participate along with the other people of our age, the authentic signs of God's presence and purpose, which the Second Vatican Council stated is our task. For him, this Catholic position would be "reading something into" the history of our time. But why would this be the case if at the same time Barth is convinced that the kingdom of God is "a revolution

---

[7] Eberhard Jüngel, *Gott als Geheimnis der Welt: Zur Begründung der Theologie des Gekreuzigten im Streit zwischen Theismus und Atheismus*, Tübingen 1977, 79–83.

that precedes every other, just as it precedes everything that exists?" (577). Barth even says:

> "The kingdom of God is also the kingdom of nature (*regnum naturae*), including the veil that lies over this particular aspect of God's glory and, I am quick to add, in spite of it. [...] [I]n every social relation in which we find ourselves, we recognize something ultimate. We affirm an original grace in them, in the way they are and in the way they came into being." (578)

Thus, everything that exists is grace, according to Barth. But the point is that this reality of grace is a reality *only* from the perspective of faith. "(I)n that the soul is reminded once again of its origin in God, it locates the origin of society therein as well", says Barth. In Barth's view *entspricht dem Wunder des Offenbarung dem Wunder des Glaubens*, the "miracle of revelation corresponds to the miracle of faith" (569).

4.

This correspondence concerning the miracle of revelation and the miracle of faith works two ways for Barth. On the one hand, faith is "no mere event in our consciousness, but rather a new, necessary thing from above" (569). On the other hand, faith is the main place of revelation, everything we know about God we know only through faith. "[O]ur hope and need have entered into the light of victory", says Barth (575). From there, Barth states:

> "we do not submit to the dead and godless things of the universe, but to the living and godly things that continue to move with the universe. Precisely by submitting to God in the world we have the power not to submit to a world without God." (578)

Thus, Barth is able to conclude the reality of the humanity being created through Christ and for Christ, contains "our triumph over the false denial of the world but also an absolute security against a false affirmation of the world" (578). Barth implicitly references Paul's letter to the Colossians here. However, Colossians does not just say that *we* are created through Christ and for Christ. It says that *all things* were created through him and for him (Col 1,16).

My suggestion is that Barth – who states, as we have seen, that all metaphysics is dead – shows himself here to be a prisoner of a particular kind of metaphysics. To understand both his position and the position of his listeners, Barth quotes the famous line from Augustine's *Confessions*: *fecisti nos ad te et inquietum est cor nostrum, donec requiescat in te*, "you have made us unto you and restless is our heart until it comes to rest in you" (592).[8] For Barth, the first part of this sentence is the "Yes" to life, and the second part is the "paramount, urgent 'No' which brings us back to the beginning". This "No" should bring Barth and his listeners, in Barth's mind, in solidary with the Social Democrats of their time, because a love for the world expresses itself in opposition to the existing order (592). My question here is: why is it impossible for Barth to go further? Why is he unable to take seriously his own statement that we "cannot rest content with seeing this transitory world only as a parable to something else. Something in the concept of analogy wants to forge ahead to continuity?" (590) Barth points to Jesus' parables to make clear how nature and ordinary life can illustrate the implications of the kingdom of God, and concludes that the "parable brings a promise, but promises demand fulfillment" (591). However, Barth seems unable to think about fulfillment in any terms other than being captured by and limited to that which longs for fulfillment. Again, this begs a question: why is it impossible for Barth to think about the fulfilment of the promise as revealing the hidden reality of God, but with human hindsight, the human subject can grasp the true and intrinsic meaning of the promise at the same time? This seems to be the biblical meaning of "fulfilling the Scriptures". According to the authors of the New Testament, the Scriptures can only be read and understood as promissory from their fulfillment in Christ. This is what the story of Emmaus makes clear. Why is it so difficult for Barth to see this?

I would respond to this question by arguing that Barth is still captured by a nominalist understanding of reality. He wants to break away from the loneliness and lost reality of living in a godforsaken universe, and he understands that in order to do this, we need to return to faith in God as the Origin of that universe. But Barth can only see this as a necessary aspect of faith, not as an aspect of the reality that is created by God and in which we participate. Thus, Barth ultimately reproduces the problem he intends to solve.

I cannot discuss the nominalist understanding of reality and of the human person in-depth, but it is important to understand that nominalism set forth the notion that the universe is intrinsically meaningless, it is enclosed within itself, and it can be understood in mechanistic, or at least fully imma-

---

8   Augustin, *Confessiones*, I.1.1.

nent terms.⁹ By contrast, Dominican theologian and philosopher Thomas Aquinas (1225–1274) presents reality as an enduring expression of God's goodness, and an ongoing expression of God's love in limitless abundance:

> "[God] brought things into being in order that His goodness might be communicated to creatures, and be represented by them; and because His goodness could not be adequately represented by one creature alone, He produced many and diverse creatures, that what was wanting to one in the representation of the divine goodness might be supplied by another. For goodness, which in God is simple and uniform, in creatures is manifold and divided and hence the whole universe together participates the divine goodness more perfectly, and represents it better than any single creature whatever."[10]

However, for nominalism, reality is simply a given. Reality is composed of material "stuff", a collection of meaningless objects in a functioning, but ultimately arbitrary order and logic. By consequence, Franciscan philosopher and theologian John Duns Scotus (1266–1308), who was probably the most profound philosophical and theological nominalist, sees human beings as images of God, not in their participation in a divinely-willed order of grace, like Aquinas, but in their absolute freedom, both in contrast with nature and in their relation to nature. Scotus locates this freedom in the will. The will can freely decide whether or not to accept a certain situation, even if it cannot be changed, just as Scotus thinks God is free with regards to his creatures after he created them. God could have hated creatures or simply regarded them with indifference. However, God choses to love his creatures freely without reason or rationale intrinsic to creation itself.[11] For Aquinas, God loves his creatures by definition, because they are an expression of his love and are therefore intrinsically lovable.

In Scotus' view, love finds its ground and foundation in itself, that is in the will to love, not in the lovability of what is loved. By freely loving the world, the will makes the world the home of its own freedom. It is not difficult to see that this understanding is in line with the modern conception of human beings. In this view, we exist over and against the world as strangers on the

---

9 Cf. Michael A. Gillespie, *The Theological Origins of Modernity*, Chicago 2007, esp. 19–43: "The Nominalist Revolution and the Origin of Modernity".
10 Thomas Aquinas, *Summa Theologiae*, I, Q. 47, art. 1.
11 For background discussion on this point, see my book: Erik Borgman, *Leven van wat komt: Een katholiek uitzicht op de samenleving*, Utrecht 2017, 114–117.

one hand, making ourselves at home in the world by giving meaning to the world, and from there by using and technologically changing the world on the other hand. This approach is at the root of the modern understanding of religion as a way of making sense of and giving meaning to the world, and understanding faith as a decision to trust God as one's personal Saviour or as the Ground of Being. And, finally, this position is what Barth was fighting *against*. The absolute and arbitrary freedom of nominalism for Barth is not the freedom of the Christian faith, and the free person constructed by nominalist philosophy is not the person of faith of whom the Gospels and the letters of Saint Paul speak. At the same time, his Tambach lecture, Barth views God's freedom in nominalist terms such that God is absolutely free over and against his creation, and thus God loves creation for no intrinsic reason and only because He decides to. And this is my main point: Barth focuses on the human subject as the only point of connection between God and the universe.

For Barth, God is not present to humanity by giving us the universe as a glorious, lovable object or as our source of life through history. God is present to us in our faith that the universe and history are sites and spaces of the divine presence. It is as if we make the universe into God's creation through and for Jesus Christ by singing the cosmic hymn Paul quotes in his letter to the Colossians. I would argue, however, that singing the hymn is part of our reconciliation, and part of being called to participate in the church as his new body, and of our new life born from death in his wake. This point is not just us being brought to our destination ourselves, as Barth suggests in his citation of Augustine's *Confessions*, but rather us participating in the event of the cosmos being brought to its true end and purpose by the reconciling and redeeming God. We are in the process of being redeemed, because the cosmos is in the process of being redeemed, and we are part of that cosmos. We are becoming redeemed, because our history in the process of being redeemed, and we are part of that history, not the other way around. History and the cosmos are not redeemed by extension of our reconciliation with God in faith.[12]

---

[12] In writing this, I am fully aware that there is a connection between Barth's position here and Luther's understanding of the Pauline justification by faith alone. I cannot argue my case here, but in my view, this is not because of what Paul is saying, but because Luther was also strongly influenced by nominalism, if not captivated by it. The very concept of

5.

Why is this important, ultimately? I will turn to American poet Christian Wiman to offer an explanation. In one of Wiman's online essays, he quotes the late Polish poet Anna Kamienska (1920–1986) who became devoutly Catholic after the sudden death of her husband, the late poet Jan Śpiewak (1908–1967). The following is a poem from Kamienska entitled "A Prayer That Will Be Answered", which Wiman calls "her best poem":

Lord let me suffer much
and then die

Let me walk through silence
and leave nothing behind not even fear

Make the world continue
let the ocean kiss the sand just as before

Let the grass stay green
so that the frogs can hide in it

so that someone can bury his face in it
and sob out his love

Make the day rise brightly
as if there were no more pain

And let my poem stand clear as a windowpane
bumped by a bumblebee's head[13]

---

forensic redemption is nominalist to the core. But this discussion would be for a different essay.

13 The poem is quoted by Wiman in his essay 'I Will Love You in the Summertime: Between the rupture of life and the rapture of language lies a world of awe and witness' <https://theamericanscholar.org/i-will-love-you-in-the-summertime/#.XZEJWn9cKig>. The citation for this poem is: Anna Kamienska, A Prayer that Will Be Answered, in: *A Book of Luminous Things*, ed. Czeslaw Milosz, New York 1996, 290.

The poem is prayed to be as transparent "as a windowpane bumped by a bumblebee's head", not asking for attention itself, but presenting what is has to present. This is the orientation that I think theology should embrace, and I think this is what Barth was trying to accomplish when he talks about the human necessity to wait for God. Theology should not draw attention to itself, but rather to the God of whom it speaks.

Christian Wiman is quick to locate behind Kamienska poem – "infusing it with an ancient and awful power", he comments – what he calls the most wonderful and terrible prayer one can pray: "Not my will, Lord, but yours". This is the prayer of Jesus in the Garden of Gethsemane. As Wiman comments:

> "It's difficult enough to pray a prayer like this when you're thinking of making some big life decision. It's damn near impossible when your actual life is on the line, or the life of someone you love, when all you want to pray is *help, help, help*. Not my will, Lord, but yours."

Wiman's life *has* been on the line as he was suffering from an extremely painful form of terminal. But he survived. During his illness, Wiman wrote *My Bright Abyss*, a series of reflections on faith, God, and the nearness of death, which was published in 2013. This work has already been called a spiritual classic.[14] In his new book that was published last year, entitled *He Held Radical Light*, Wiman states:

> "It is a strange state of affairs (though one certain ancient theologians would have recognized) to be able to speak a thing you cannot conceive, to be in the possession of knowledge that you cannot, in any meaningful sense, know."[15]

A true poem, according to Christian Wiman, "enacts and acknowledges its own insufficiency"; a poem is enough, because it enacts and acknowledges its own insufficiency.[16] This also applies to faith and theology, and probably even for reality itself: we can determine what is enough insofar it enacts and acknowledges its own insufficiency. This indeed is a state of affairs "certain ancient theologians would have recognized".

---

14 Christian Wiman, *My Bright Abyss: Meditations of a Modern Believer*, New York 2013.
15 Christian Wiman, *He Held Radical Light: The Art of Faith, the Faith of Art*, New York 2018, 131.
16 Ibid., 101.

Thomas Aquinas stated, "*in fine nostrae cognitionis (est) Deum tamquam ignotum cognoscere*" [ET: "The end of our knowledge is to know God as something unknown"].[17] Yet, God is unknown, that is, in the process of giving himself to be known, through creation and history, through science and the reality it discovers, through faith and theology, and through experience. But God always gives himself to be known as something unknown. At the same time, this point brings me back to Karl Barth who discovered in 1919 that God is not absent in our experience of his absence, and that God is present in our understanding that everything should be made new. God is present in the revolution of his kingdom, which is prior to all revolutions, but God is present time and again in the Spirit as a revolution that changes everything. This not only suggests the possibility of reconciling Barth and Aquinas and thus to redeem Barth from the nominalismin which he remains captured, as we have seen. It also suggests a way to understand God's radical otherness as a way of faithfulness to God's creation, which would avoid the danger of dualism that always haunts positions advocating radical change. At the same time, it avoids the suggestion of an easy continuity between nature and grace. Grace is always revolutionary in its relation to nature by restoring its connection to its revolutionary origin. Grace enables us to locate redemption all around us and to understand our participation in its revolution as we obediently surrender to God's mission to redeem the world. This is how I see grace presented in the New Testament.

It is by making us slaves of Christ that God leads us away from pleasing men and liberates us into freedom (Gal. 1,10; 5,1). In his encyclical letter *Laudato si'*, Pope Francis indicates how Jesus himself lived in the midst of the created world, open to the presence of God within the word and the way the world witnesses to God's care.[18] He adds, quoting Colossians, that God through Jesus reconciled to himself all things, "whether on earth or in heaven" (Col 1,20). From this he draws the following conclusion:

> "Thus, the creatures of this world no longer appear to us under merely natural guise because the risen One is mysteriously holding them to himself and directing them towards fullness as their end. The very flowers of the field and the

---

17 Thomas Aquinas, *In Boetium de Trinitate*, q. 1, art. 2.
18 Pope Francis, encyclical letter *Laudato si'* on the care of our common home (24 June 2015), no. 96–98.

The Revolution Prior to All Revolutions

birds which his human eyes contemplated and admired are now imbued with his radiant presence."[19]

To investigate what this ultimately means would constitute a new and exciting ecumenical theological project. During the process, we should be aware of a warning that recently came from the Roman Catholic Church, which until recently itself seemed rather resistant to it. In the "Foreword" of the new constitution on the ecclesial universities and faculties *Veritatis Gaudium*, Pope Francis writes:

> "The theologian who is satisfied with his complete and conclusive thought is mediocre. The good theologian and philosopher has an open, that is, an incomplete, thought, always open to the *maius* of God and of the truth always in development [...]."[20]

Always revolutionarily by changing everything, we could say with Barth. The revolution of God is prior to all revolutions. God is always making all things new in Christ (cf. Rev 21,5).

---

19 Ibid., no. 100.
20 Pope Francis, apostolic constitution in ecclesial universities and faculties *Veritatis Gaudium* (27 Dec. 2017), Foreword, no 4 <http://w2.vatican.va/content/francesco/en/apost_constitutions/documents/papa-francesco_costituzione-ap_20171208_veritatis-gaudium.html>. This is a quote from an address Pope Francis presented on 10 April 2014 to the community of the Pontifical Gregorian University together with members of the Pontifical Biblical Institute and the Pontifical Oriental Institute <https://w2.vatican.va/content/francesco/en/speeches/2014/april/documents/papa-francesco_20140410_universita-consortium-gregorianum.html>.

Katherine Sonderegger

Deus Dixit[1]

Perhaps no phrase is as strongly tied to the young Karl Barth as this one: *Deus dixit*; God speaks![2] It was Barth's conviction, from early in his struggles with the great impress of Frederich Schleiermacher, that the God of the *Glaubenslehre* could not speak, could not address the creature, could not testify to His own Glory as the Living God. As with any root image, the portrait of the Speaking God emerges from many sources: a striking realism discovered in the vocabulary and events of Holy Scripture; a vivid apocalyptic register, anchored in the bold confidence of the Blumhardts, father and son; a defiance of Kantian pieties; and – a less prominent theme in the literature – a Spiritual stirring that brought the young pastor to an accounting before the Living Judge. Within this brief compass can be discovered also a concern for theological method, a Scriptural hermeneutic, a particular Doctrine of God, and an expansive *Denkwelt*. *Deus dixit* is that generative in the ways and works of Barth in those early years. But I want to focus here on an element that stands quietly in the background of Barth's claim to this phrase, but one I believe tells in Barth's Christology as fully as the all-consuming notion of Divine Revelation: the menace and instruction of Baruch Spinoza.

Now, this may surprise, for Spinoza is not a name readily associated with Barth's work, early or late. It carries none of the resonance that attaches to Descartes or Hegel, far less to Schleiermacher or Kant. In the landmark essays, *Protestant Theology in the 19th Century*[3], Barth reaches back into the

---

1 In this essay I hope to pay a small, bur heart-felt, tribute to Rinse Brouwer: his vast erudition in Protestant scholasticism, in the thought-world of early modern Europe, his exegetical and theological learning, and his deep faithfulness. Over the years I have learned many lessons from Rinse, and none more than this – that theology is a joyful business, done in friendship and gratitude. I thank Rinse for these gifts!
2 For one memorable place, among many, where Barth develops this theme, see Karl Barth, *The Word of God and the Word of Man*, transl. by Douglas Horton, New York 1956, esp. chapters, "The Strange New World within the Bible" and "Biblical Questions, Insights and Vistas".
3 Karl Barth, *Protestant Theology in the 19th Century*, transl. by Brian Cozens and John Bowden, Grand Rapids 2002.

18th century, with some backward glances at the "older dogmaticians" in the 17th; but Barth is content to leave that era with a chapter or two on Rousseau and Lessing, the early Romantics, Novalis and Herder –in the whole, Spinoza receives only a passing nod, and that in service of other main-stays, Goethe, Strauss, Lessing. Not surprisingly, the few crumbs thrown at Spinoza concern his Doctrine of God, his Doctrine of Nature; not his Biblical exegesis or notes on Divine Revelation.

Yet, I believe that Spinoza's *Theological-Political Treatise*[4] remains a quiet interlocutor for Barth's entire programmatic on the Speaking God, and a little used key to Barth's reading of Schleiermacher's great *Christian Faith*.[5] Though certainly Barth adverted to Kant as the over-shadowing master of the *Glaubenslehre*, he also diagnosed the "God-sickness" in the *Christian Faith* in what I can only call a Spinozistic idiom. The entire Doctrine of Revelation, so prominent in Barth's early struggles, finds its counter-foil in Spinoza's strikingly naturalistic account of Biblical revelation, the moralizing aim of Israel's Law, and the heated imagination of Israel's prophets. The very radicality of Spinoza's historicism –always a magnet for Barth – could be seen as the negative to Barth's positive account of the concrete and the event-full: what Spinoza deflates and delimits through historical naturalism, Barth expands and elevates as the God who speaks in history, to Israel, in the Word made flesh. It is as though Barth in the massive exegetical sweep of the *Church Dogmatics* takes Spinoza's dare with full seriousness: Barth will embrace fully, exuberantly, the historical, the narrative, the contingent and the concrete, and forge from these strands the sturdy armature of a confident and unapologetic dogmatic theology. Out of Scripture, Barth's God will speak; this is the actualism of Revelation.

Now, there is speaking in Spinoza's God, too – but light years away from Barth's account of the same theme. The way in which Spinoza presents the *Vox Dei*, especially to the Prophet Moses, throws powerful light on the corrective Barth insists must be made in modern dogmatics. But even more telling for our purposes will be Spinoza's remarkable denial of Divine speaking – and that in the Person of Christ. Tellingly, Spinoza denies speech in Christ's own reception of Revelation; unlike Moses, Christ hears no voice, but rather receives God's instruction "mind-to-mind". This enigmatic idea, with its rich

---

4 Baruch Spinoza, *Theological-Political Treatise*, transl. by Michael Silverthorne and Jonathan Israel, New York 2007.
5 Friedrich Schleiermacher, *The Christian Faith*, transl. by Terrence Tice, Catherine Kelsey and Edwina Lawler, Louisville 2016.

Cartesian overtones, catches up in one brief phrase Spinoza's entire notion of revelation; and stands in sharpest contrast to Barth's own insistence on the Lively Word who is God. And yet, even here, we must see lingering shadows of Spinoza in Barth's reading of the Gospels. For Spinoza, long before Hans Frei made his striking comments about the Gospels[6], Christ stands in the place of God, and speaks not for God but for Himself, as Savior. We need not make a full causal argument here: Barth may not have made careful study of the *Theological-Political Treatise*. The *Church Dogmatics* testifies to the importance for Barth of Spinoza's Doctrine of God; but it may be that Spinoza's historical and exegetical findings come to Barth indirectly, and through the radicals who received him. But the world Spinoza builds up for the Bible to inhabit — the concreteness, the specific historical coloration, the naturalness of events and characters, the sturdy place of the *sensus literalis*, and the elevated notion of the Person of Christ – all these make Spinoza, and his silent God, a weight and counter-weight to the dogmatic work of Karl Barth.

Let me begin with Spinoza's treatment of Moses, the friend of God. Spinoza is careful to treat the Friend of God with respect. Moses remains the Prophet without peer, and his understanding of Almighty God out-shines the other Prophets and Teachers of the Law. Spinoza exhibits here a telling confidence in Holy Writ, one that will find a deepening echo in Barth: the interior shape of Scripture must be taken with full seriousness. Though the Biblical materials were gathered together late, and subject to selection and debate, they nevertheless possess a force and coherence that must be followed. The Pentateuch, for example, makes plain that Moses stands in a unique relation to God – one who speaks with God as with a friend – and has been entrusted with Prophecy, Torah instruction, and Priestly charism in the day the sacrificial cultus is inaugurated in Israel. Spinoza takes all this at face value. His contempt for mystical readings of Scripture can be matched only by his scorn for those who consider Prophets an ancient form of philosopher:

> "It is astounding how readily all the commentators have embraced the notion that the prophets knew everything that human understanding can attain. Even though certain passages of the Bible tell us in the plainest terms that there were some things the prophets did not know, the commentators prefer either to say that they do not understand the sense of Scripture in these passages or attempt

---

6   Hans Frei, *The Identity of Jesus Christ*, Philadelphia 1975.

to twist the words to make it say what it plainly does not, rather than admit that the prophets were ignorant of anything."[7]

This exasperation at blind confidence in the authority and probity of ancient Prophets stirs Spinoza to a caustic rejection of theological exegeses that trifle with the plain meaning:

> "Obviously if we take either course, Scripture has no more meaning for us; if we may regard the clearest passages as obscure and impenetrable or interpret them in any way we please, it will be pointless to try to prove anything from it at all."[8]

Note that quiet assumption that "proof" is one of the things that can be done out of Scripture. But Spinoza does not reserve his respect for Scriptural integrity to the plain sense alone. He has a particular kind of respect for the historicity of the text. His "higher critical" findings, for example, do not actually lead to a historical skepticism, nor an urgent desire to see "behind" the text to sources or figures unmentioned and unannounced in the text. Not for him the advanced notions that deny to Moses or David an historical existence! No, Spinoza rather assumes, in a quiet and affecting manner, that the Biblical text refers to historical events, and that the words and happenings listed there are records, expression of the calling and history of ancient Israel. Of course they contain errors, and folly, and superstition! Spinoza takes Scriptural seriously, often literally, but not reverently.

Here he is on the celebrated *crucis interpretationem* for early modern readers, the sun's standing still in the battle of Gibeon:

> "Nothing in the Bible is clearer than that Joshua, and perhaps the author who wrote his history [NB!] thought that the sun moves round the earth and the earth is at rest and the sun stood still for a period of time. Some are unwilling to allow that there can be any change in the heavens and hence interpret this passage in such a way that it will not seem to say something like that. Others who have learnt to philosophize more accurately and recognize that the earth moves and the sun is at rest, or does not move around the earth, make great efforts to derive this from this passage even though it obviously will not permit such a reading. I am really astonished at them. Are we obliged, I ask, to believe that Joshua, a soldier, was an expert in astronomy and that a miracle could not be revealed to him, or that the light of the sun could not be above the horizon

---

7   Spinoza, *Theological-Political Treatise* (note 4), 33.
8   Ibid., 33.

longer than usual, without Joshua understanding the cause of it? Both explanations seem utterly ridiculously to me."[9]

Spinoza proposes a kind of rationalistic solution: in the area around Gibeon large swathes of ice hung in the air; the great refraction from the ice appeared to prolong the day of battle, handing Israel, and Israel's God, the victory. Students familiar with D. F. Strauss' *Leben Jesu*[10] will recognize such a move. The text may stand as it is; the explanation for its seeming improbability rests in a hidden, and modern scientific account, unknown to the authors and eye-witnesses. As Strauss shows, relentlessly and without pity, these attempts at scientific salvings of the Biblical text represented a kind of conservative piety, mingled with modernizing world-views, all soon to be broken in pieces on modern historiography. But for Spinoza and his generation, this insistence upon the literal force and referent of the text, accompanied by naturalistic explanations, were radical fare indeed. Even in Schleiermacher's day, the notion that Holy Scripture could be rendered *credible* by close attention to the plain sense of the words, and a naturalistic or scientific account of the events, provided an earnest and still shocking path to defending the Gospel portraits of Jesus Christ.[11] But before these tools and compromises, advances and further retreats could be applied to the soil of the New Testament, Moses and the Old Covenant must be subject to their use.

Consider now Spinoza's claim that God speaks to Moses on Sinai and in the wilderness Tent of Meeting. Once again, Spinoza does not deny that Divine Speech took place: the text really means what it says. But Spinoza mingles, once again, a literal and rationalistic temper together in his reading of the Exodus and Deuteronomy narratives. In a fascinating section on the Prophets, Spinoza writes:

"Some Jews are of the opinion that the words of the Ten Commandments or Decalogue were not spoken by God. They think that the Israelites merely heard an inarticulate noise without words, and whilst this continued, they conceived the laws of the Decalogue in their own minds alone. I too thought this at one time, because I saw that the words of the Ten Commandments in Exodus differ

---

9   Ibid., 34.
10 David Friedrich Strauss, *The Life of Jesus: Critically Examined*, ed. Peter G. Hodgson, transl. by George Eliot, Philadelphia 1972.
11 See Friedrich Schleiermacher, *The Life of Jesus*, ed. Jack Verheyden, transl. by S. MacLean Gilmour, Philadelphia 1975, esp. the "Third Period: From the Arrest to the Ascension", 392–469.

from those of the Ten Commandments in Deuteronomy. [...] However, unless we are willing to do violence to Scripture, we must concede without reservation that the Israelites heard a real voice. For Scripture expressly says 'God spoke to you face to face, etc., that is, in the manner in which two men normally communicate their thoughts to each other by means of their two bodies. It seems therefore more in accord with Scripture to acknowledge that God really created a voice by which he revealed the Ten Commandments."[12]

Here Spinoza in a moment of self-disclosure allows us to see the young exegete in his struggle with textual criticism. The distinction between the two Law Codes was plain to his eyes; the solution was not. Like some of his contemporaries, perhaps in the more progressive Jewish circles he moved in before his expulsion from the Synagogue, Spinoza offered the desperate remedy of a fully naturalized revelation: the Laws were conceived by Moses and the Israelites in an interior disclosure. But this he recognizes as "violence to Scripture". What was left to Spinoza was what must strike us as a still more desperate remedy: a created voice, made use of by God, to speak to Moses and the Elders on Sinai. Certainly, Spinoza himself recognizes the oddity of this proposed solution. "It seems quite contrary to reason to assert that a created thing depending upon God in the same way as other created things, could express or explain in its own person the essence of existence of God in fact or words, that is, by declaring in the first person, 'I am Jehovah your God.'"[13] We catch a glimpse here of Spinoza's larger program of conceptual reflection upon Divine and creaturely nature, and the stubborn obstacle such reflection will place in the way of Revelation itself. But in this *Treatise* Spinoza is content to say that a creaturely voice could scarcely overcome its own existence as creature – and how could such a creature, even skillfully employed by a transcendent God, disclose, against its own nature, the Reality of God? And yet, the text stands: God spoke to Moses.

Here in this brief passage can be found the rich loam for Barth's Doctrine of Revelation and his own animated account of the *Vox Dei*. The dilemma that faced the young Spinoza, the convictions that withstood that shaking, and the unpromising and perhaps also sly proposals on offer in that passage might be called the building blocks for Barth's early account of the Biblical witness. With similar struggles Barth forged his campaign against Natural

---

12 Spinoza, *Theological-Political Treatise* (note 4), 16.
13 Ibid., 16–17.

Theology and the famous "point of contact", the flaming sword of *Nein!*,[14] Barth's broad sheet against Brunner. We may put it this way: Spinoza sees that Scripture speaks in an uncompromising voice about an aural disclosure of the Ten Words to Moses, and the Elders of Israel were made witnesses of that Divine sound. Yet Spinoza shares with philosophical theologians, early and late, the seemingly self-evident claim that a transcendent, Spiritual God does not have a voice, a voice-box, a mouth to enunciate human words to human creatures. (Here we catch an early glimpse of Barth's greater radicality. For Barth, Scripture's vivid language of voice and arm and out-stretched hand can be reliably and confidently used by the faithful: no de-mythologization necessary!)

But Spinoza, true to his rational *collegium*, feels the need to *explain*. Just what is this voice that must be taken as "real"? It can be over-heard; it can be understood; it can fill by-standers with dread. No interior dialogue can match such tangible and audible registers. So it must be that God has made use of a creature – a notion entertained by Augustine in his pioneering work on the Divine Theophanies of the Old Testament in *De Trinitate*. But now, the dilemma: how can a creature be the means of Divine Revelation? We may put it sharper still: How is Revelation in truth *possible*? If Moses is the creature, or a who-knows-how? vibrating column of air is the creature, does not touch the main nerve of the argument. Rather, Spinoza in his philosophical aside lays down a sweeping challenge to Revelation of any kind. If God makes use of a creature in His Self-disclosure then we, the auditors, hear only a creature, speaking and teaching and disclosing the Divine Will. Why should we credit such a creature with Divine Presence or ambassadorship? The epistemic problem is acute: even signs and wonders, central, Spinoza holds, to the very notion of Biblical Prophecy, remain in themselves *creatures*, if rare and terrible ones. How can God break through creaturehood by means of the creature? Is not a *direct* address necessary; yet impossible? Just this, Spinoza holds, is the force of the familiar Biblical saying that "no one looks on the LORD, and lives". Spinoza will advance an alternative route for Christ's own Revelation – a "mind-to-mind" communication – but this serves only to underscore the sharp conceptual riddle at the heart of Israel's Scriptures. How is Revelation possible between such a God and such an earthly and mortal creature?

---

14 Karl Barth / Emil Brunner, *Natural Theology: Comprising "Nature and Grace" by Emil Brunner and the Reply, No! by Karl Barth*, transl. by Peter Fraenkel, London 1946.

Barth grasps the nettle. The very notion that a creature could be intermediary or condition for Revelation is impossible; it's that stark. Just this is Barth's angry rejection of the "point of contact", a post-Enlightenment sop, he says, that cannot cure or help or resolve any dogmatic ill. Barth affirms Spinoza's quiet and devastating reflection on Revelation: with human beings, it is impossible. The Kantian conditions for the possibility of Divine Revelation can never be met by the creature itself. To imagine that "readiness for grace", or "language use" or "responsible intelligence" could serve as a "creaturely voice" is a sign that one has not in truth seen the problem at all. For this reason, it does not advance the argument of *Nein!* very far to exploit delicate nuances of Kant's first Critique as aids to interpretation. Nor does it illumine the problem to focus upon the post-Reformation *scholia* about Divine grace. All these, Barth sees, simply beg the question. The problem of Revelation drives all the way down to the bottom of the Creator-creature relation: How can a Spiritual and transcendent God be known and present to a physical and finite creature? The warrants for knowledge of Revelation – the probity of the witnesses, the miracles and signs they perform, the predictions come to pass – all these belong firmly on the creaturely ledger of the great divide between God and creation. They could no more authenticate and justify a word as the LORD's than a human voice, even a Prophet's, declaring God's Word in a "very loud voice".[15] Without an explanation, the Doctrine of Revelation appears ship-wrecked on the skeptical problem. There remains only a bare *claim* to Divine knowledge; nothing more. To this dilemma, Spinoza adverts to a strong naturalizing of the Doctrine itself. Barth, in contrast, simply sharpens the dilemma. The Doctrine of Revelation, if we may put it so, becomes a "brute primitive" in Barth's early theology. The early Biblical commentaries, especially Barth's celebrated *Epistle to the Romans*[16], surge with military metaphors – and little wonder. Barth in those years reached for the nightmarish idioms of the First World War to convey the urgency of this insoluble dilemma: We must speak of God; yet, we, moral creatures, cannot.[17] *Deus dixit:* but who can receive it?

"Dialectical theology", as Barth's early theology is often styled, might be seen as an out-flanking of Spinoza on the left. Where Spinoza naturalizes,

---

15 With apologies to Barth's introduction to Ludwig Feuerbach, *The Essence of Christianity*, transl. by George Eliot, New York 1957.
16 Karl Barth, *The Epistle to the Romans*, transl. by Edwyn C. Hoskyns, London 1933.
17 A loose paraphrase of "The Word of God and the Task of Ministry" in Barth, *The Word of God and the Word of Man* (note 2), 186.

Barth radicalizes. It seems to me that Barth in his early years has accepted a Spinozistic challenge to Revelation, and has determined to offer no explanation and no resolution. God's Self-disclosure is the very thing that cannot be accounted for, nor can any sign or wonder be given that relaxes the conflict. Barth begins in these years his massive assimilation of Christian teaching to the Doctrine of Justification by Grace Alone. Revelation is an instance, perhaps the prime, of God acting in sovereign grace, making alive what is dead, and illuminating what lies in greatest darkness. Only God can bring about His own Self-disclosure; He is His own ground of possibility. For that reason, Revelation is an article of faith, not reason: God fashions the confidence by which we account His Voice to have found us, and spoken a true Word. God's Voice comes to us; and only by God's mighty working can it come to us. This is an advance over Spinoza achieved by borrowing and sharpening the master's own tools.

Spinoza, for his part, marks out a path that will be travelled by Academic Liberalism in the years of the long 19th century – a roadway not left even today. He seeks to join his rationalizing proposal of a creaturely voice with a thorough-going naturalistic account of Israel's prophecy. In a striking move, Spinoza takes the time-honored theme of Scriptural "accommodation" – the Bible speaks to us as a nurse-maid to her children, Calvin says – and places it in the very center of the Doctrine of Prophetic Revelation. Prophets, Spinoza tells us, have "vivid imaginations". They conceive the world through a dazzling cascade of pictures, sounds, tableaux, and fantastic beasts of all sorts. The air around them is charged with icons and symbols: chariots of fire, rainbows and seething pots, heavy yokes and baskets of fruit, angels in bright array. They think in pictures; better, they *experience* in pictures. This heightened faculty is the "point of contact": God accommodates His Word to the imaginations of their hearts. God could be only understood as a Fiery Victor to Elijah, a Prophet ignited by passion for the LORD. Of course Elijah would be transported heaven-ward by a fiery chariot; of course his water-soaked altar would be consumed by Heavenly Fire. Spinoza adduces a list of prophetic visions adapted to the imagination, experience, and cognition of the Prophet. From Adam to Jeremiah and Ezekiel, prophecy exhibited the traits of the particular seer, his or her inner life, and the Word of God was conveyed, or expressed, through that imagined universe. Once again, Moses stands far afield from his fellows. To him is accommodated the disclosure that God is without form and image; that God cannot be seen by the human eye; that the LORD lives in high and lofty places, from whence He descends to a cloudy reserve on Mt Sinai.

> "Moses believed that the nature of God was subject to the emotions we have spoken of – mercy, kindness, etc – and therefore God was revealed to him in conformity with this belief of his and under these attributes [...]. Again we are told how Moses beseeched God to allow him to see him; but as Moses, as already said, had formed no image of God in his mind, and God is only revealed to the prophets according to the tenor of their own imagination, God did not appear to him in an image. The reason for this, I say, is that it conflicted with Moses' own imagination, for other prophets – Isaiah, Ezekiel, Daniel, etc – testify that they have seen God."[18]

We do not stand far from Schleiermacher's famous account of Holy Scripture as the experience of the pious of earlier generations, nor of Samuel Coleridge's understanding of "Hebrew poetry" – but as is the way with Spinoza, the conclusions to be drawn here are far more radical than Coleridge's, perhaps even of Schleiermacher's, more sharp-edged and destructive.

We are not bound by the teachings of the Prophets, Spinoza warns. This follows, Spinoza tells us, from the contingency and obscurity of their imagined portraits of Divine things.

> "Thus what we set out to prove is more than adequately established, namely that God adapted his revelations to the understanding and opinions of the prophets, and that the prophets could be ignorant of matters of purely philosophical reasoning that are not concerned with charity and how to live; and indeed they really were ignorant in this respect and held contradictory views. Hence knowledge about natural and spiritual matters is by no means to be sought from them. We therefore conclude that we are not required to believe the prophets in anything beyond what constitutes the end and substance of revelation; for the rest, everyone is free to believe as he pleases."[19] (40)

In this way, the appeal to experience cannot win through to the goal it has set for itself, to establish the Revelation of God to humankind. Indeed, the very notion that animated the young Barth – I, the LORD, am in Heaven; and thou, the creature, art on the earth[20] – made no purchase on Spinoza. Revelation, in the strict sense, could not take place because the principle distinction, God as Exterior and Beyond, and creatures as living objects of

---

18 Spinoza, *Theological-Political Treatise* (note 4), 37–38.
19 Ibid., 40.
20 Barth, *The Epistle to the Romans* (note 16), 10.

Divine Self-disclosure, founders on the shoals of Spinoza's claims about natural knowledge. In the beginning of his remarkable chapters on prophecy, Spinoza quietly drops into the middle of an introductory paragraph this explosive claim:

> "Natural knowledge has as much right to be called divine as any other kind of knowledge, since it is the nature of God, so far as we share in it, and God's decrees, that may be said to dictate it to us. It does not differ from the knowledge which all men call divine, except that divine knowledge extends beyond its limits, and the laws of human nature considered in themselves cannot be the cause of it. But with respect to the certainty which natural knowledge involves and the source from which it derives (namely God) it is in no way inferior to prophetic knowledge."[21]

To this grudging assent to a certain watery form of Divine Revelation, he appends a militant Cartesian conclusion:

> "Since therefore our mind possesses the power to form such notions from this alone – that is objectively contains within itself the nature of God and participates in it – as explain the nature of things and teach us how to live, we may rightly affirm that it is the nature of the mind, in so far as it is thus conceived, that is the primary source of divine revelation. For everything that we understand clearly and distinctly is dictated to us by the idea of God and by nature, not in words, in a much more excellent manner which agrees every well with the nature of the mind, as every man who has experienced intellectual certainty has undoubtedly felt within himself."[22] (14)

A polemical program now emerges. "This discussion of prophets and prophecy", Spinoza confides to us, "is highly relevant to the purpose which I have in view, namely to separate philosophy from theology".[23] We have finally glimpsed the end Spinoza has in view: to show that Divine Revelation is properly a philosophical, not dogmatic, enterprise; and in this way, is properly and persuasively fully naturalized.

With equal boldness, but far greater piety, Schleiermacher follows the path pioneered by Spinoza. The relation between philosophy and Revelation is not as clear cut nor as tendentious as it is in Spinoza; yet the spirit of the enterprise – to naturalize what had once been the province of the miracu-

---

21 Spinoza, *Theological-Political Treatise* (note 4), 13–14.
22 Ibid., 14.
23 Ibid., 42.

lous and supernature – remains the same. In the celebrated Introduction to the *Christian Faith*, Schleiermacher announces in the *Thema* to paragraph 13 that "As Divine revelation, the appearance of the Redeemer in history is neither something absolutely supernatural nor something absolutely superrational". Indeed, "it would have to be asserted that even the most rigorous view of the distinction between Christ and all other human beings presents no obstacle to one's saying that his appearance, even as the becoming human of the Son of God, would be something natural".[24] The Supernatural become natural: that is the dynamism of Schleiermacher's Christology, and in that sense, his whole Doctrine of Revelation. Nor should the Incarnation of the Redeemer be considered something contrary to reason: "All propositions of a Christian sort are superrational in one respect, whereas in another respect they are all also rational".[25] Here the truths beyond reason become also reasonable, interior, and subject to expression in dogmatic statements. This movement, from Beyond to within, and from the Mystical to the rational and conceptual, animates the whole of the *Glaubenslehre*, and gives the work its distinctive contour as a Doctrine of Revelation. It is rigorously Christological, and anchored in the New Testament Gospels and the Confessions of the Protestant world, tied as they are, back to the originary documents of the Christian faith.

Consider this remarkable assessment of the natural and supernatural character of Holy Scripture and its authority, taken from the First Half of Doctrine in the *Christian Faith*:

> "As it is, Scripture – both each individual book in and of itself as well as the collection, a treasure laid up for all subsequent generations of the church – is always the work of the Holy Spirit as the common spirit of the church. However, Scripture is only a particular instance of the witness to Christ expressed, in a general way, in our proposition (127). This is explained by the fact that originally oral and written teachings and stories about Christ were the same and were only incidentally varied. Today Scripture is something special, because its unaltered preservation guarantees, in a distinctive way, the identity of our witness to Christ with the original one. Still, Scripture would be only a lifeless holding if this preservation were not an ever-renewing self-initiated activity of the church that, at the same time, becomes manifest in that living witness to

---

24 Schleiermacher, *The Christian Faith* (note 5), vol. 1, 95.
25 Ibid., 100.

Christ which refers back to Scripture or harmonizes with it in meaning and spirit."[26] (GL 127.1 830)

Here Schleiermacher argues for an originary experience that lies behind the written word, and unifies oral traditions, narratives, and letters into a single historical encounter with the earthly Christ. The aim and authority of Holy Writ, that "treasure of the church", is its power to delineate Christian teaching in every generation as conforming or departing from the original witness to Christ. It is the plumb line of the Church. Further, Holy Scripture would not lead or stir up a spirit of holiness in the Church were piety, the "living witness to Christ", not animating and refreshing that primal portrait of Jesus Christ, sketched out in the Gospels and Epistles of the New Testament. In this modernizing form, Schleiermacher insists upon the two-fold inspiration of Scripture, in the text and in its readers.

The Doctrine of Revelation adumbrated here speaks the language of Spinoza – with signal departures and corrections. The task, as Schleiermacher sees it, is to acknowledge and incorporate the fully historical character of Revelation in the earthly realm. So firmly does he hold to this task that he repeatedly underscores that Christ no longer speaks "directly" to believers; rather the *Vox Dei* must be found in the Church, the communion of those who have learned about Christ with and through one another. This follows the pattern laid down by the Redeemer: no Savior without His disciples; no Incarnation without His witnesses. Always Scripture relates the witness, the piety and experience, of the disciples; never is it a direct expression of the Redeemer Himself. In this way, Revelation is itself always *mediated*; the Mediator is mediated through the testimony of the witnesses. Thus is the cosmos conformed to the structure of Christ: it is made Christoform. Just as Spinoza focuses upon the Prophets – their inwardness, their powers of imagination, their idiosyncrasies and constraints, their gifts – so Schleiermacher's Doctrine of Revelation focuses upon the Apostles, their reports, their memories, their pieties.

In this way, Schleiermacher faces squarely Spinoza's challenge about the creaturely character of Revelation; the Bible belongs firmly to the past, to its language, thought-world, and culture. The Bible records what had first been experienced: a human life, its inwardness and its environment, turned into *creaturehood*, the sheer givenness of a life, resting only upon God. Of course,

---

26 Ibid., 830.

this manner of speaking was not the custom of the Prophets and Apostles! Schleiermacher shares with Spinoza the keen awareness that history determines what can be said, and how it can be received, its idiom, its plausibility and turns of phrase. Part of what it means for the supernatural to become natural is for the religious life to assume and really incorporate the custom of the realm, the *lingua franca*. The picture that emerges from Schleiermacher's dogmatics is of a community, seated in the midst of its texts and hymns and prayers, culling through them for the portraits that match their own inner life, poring over the witness of the Apostles, to learn of these ancestors in the faith, to look at Christ through their eyes, and to align their inner eyes of their faith with theirs. Like Spinoza, Schleiermacher insists that we study Scripture much as we do nature: attentively, quick to hear its own distinctive voice, stripping off what is not native to that soil, firmly following the laws of its own nature. This, again, conforms in its own way to Spinoza's effort to cling to the plain sense of events and teachings, to acknowledge the particularity of each Prophetic vision, and to pay tribute to the rich imaginative power of Israel's original Prophets. In some such way, Schleiermacher depicts the Apostles: their lived experience is the natural form of Revelation, the Presence of Christ in the inner words of the disciples.

Telling in both is the absence of the *Deus dixit* – though for reasons distinctive to their own systems. Spinoza has given us reason to suspect – he does not speak so plainly in the *Treatise* – that Revelation is in truth a product of reason, a clear and distinct idea formed in the rational mind. Schleiermacher, on the other hand, sees in the New Testament, or, more properly, in the history that underlies the Gospels, a Divine Impulsion, a Causal Power that manifests itself in Christ, and from Him to believers: the Supernatural become natural. This Incarnate Force is neither utterly beyond reason nor wholly identified with it. Rather, Christ just is what Revelation looks like when it lands fully on earth, reasonable, powerful in Spirit, supremely communicable, deeply attractive. The Prophets and Law of ancient Israel did not have *this* power, though to be sure they taught religious experience of a kind. The Old Testament is *old* in just this sense: it cannot ground the Christian piety as can the image of Christ, for He is Revelation in flesh. For Schleiermacher, Revelation is "mediated immediacy"; the Presence of God in Christ, the Presence of Christ in His community. Christ does not speak directly, any more than the LORD spoke without a creaturely voice to ancient Israel. The True Word comes from within.

Spinoza makes explicit this inward route in his startling and enigmatic discussion of Revelation in Christ. It will be a lesson not lost on Schleiermacher, and his moving portrait of Christ as Teacher of Blessing. Spinoza writes:

> "Although we clearly understand that God can communicate with men directly (for he communicates his essence to our minds without the use of any physical means), nevertheless, for a person to know things which are not contained in the first foundations of our knowledge and cannot be deduced from them, his mind would necessarily have to be vastly superior, far surpassing the human mind. I do not believe that anyone has reached such a degree of perfection above others except Christ, to whom the decrees of God which guide men to salvation were revealed not by words or visions but directly [...]. Therefore if Moses spoke with God face to face as a man with his friend (that is through the mediation of two bodies), Christ communicated with God from mind to mind."[27]

Far has this thinker travelled since his yeshiva training in Amsterdam's Synagogues! Christ is now the Prophet greater than Moses, the One who stands in the place where the Supernatural meets the natural. The mind of Christ, Spinoza suggests, receives Divine Revelation not only in the sole way other human minds do – through natural reason – but also by a kind of communion with God that elevates and suffuses human cognition, endowing it with thoughts no other can hold. "Mind to mind" disclosure is on one hand entirely naturalized: Revelation just is the thought of the recipient. On the other, it remains Revelation of a kind: Christ thinks ideas of God that do not derive from ordinary reason, in its foundations or in its deductions from self-evident truths. We might imagine here that Spinoza considers some Cartesian clear and distinct ideas to stem directly from Almighty God; and these are possessed by Christ in His superior intellect. No Heavenly Voice speaks – Spinoza interiorizes the Voice at Christ's baptism – because the work It would do has been done in *modo interiore*. Christ thinks the thoughts of God.

Now Spinoza claims not to "understand the things certain churches affirm of Christ"[28]; so opaque are these doctrines to him that he cannot even deny them. But Schleiermacher most certainly did understand them, and he discovered in them the pattern Spinoza dares to set down in his Doctrine of Revelation. We may well wonder what "perfect and uninhibited God-con-

---

27 Spinoza, *Theological-Political Treatise* (note 4), 19.
28 Ibid.

sciousness" looks like – this inward form of the Being of God in Christ – but Spinoza perhaps has sketched one possible portrait. Perhaps we might imagine that, for Schleiermacher, Christ rests in God in perfect intimacy and intellectual communion; His thoughts are God's will. Schleiermacher assures us that Christ has brought all things into full dependency upon God, such that He alone can perfectly give thanks to God in all things, including suffering and death. This is the perfect blessing and communion that Christ radiates to His disciples. He is the Perfect Teacher just because He draws His students, draws us, to Him not by word or gesture or, even less, by coercion, but by a quiet magnificence that just is His inwardness: He communicates Divine blessing upon us, the Supernatural become natural, His work become ours.

Perhaps Schleiermacher was struck by the unmistakable authority granted Jesus in the Gospels, an authority noted immediately by Spinoza. "That is why", Spinoza writes, "God revealed himself to the Apostles through the mind of Christ, as he did, formerly, to Moses by means of a heavenly voice. Therefore, the voice of Christ may be called the voice of God, like the voice which Moses heard. What I have just said, I infer from Scripture. Nowhere have I read that God appeared to Christ or spoke with him, but that God was revealed to the Apostles through Christ, and that he is the way of salvation".[29] Here we see Spinoza's fearless and penetrating reading of the Gospels: Christ stands there in the place of God. Where God's voice might be heard of old, now Christ's voice speaks; where the Prophets proclaim the Word of the LORD, Christ Himself declares the Law. Of course, for Spinoza, that Law has a pleasing slenderness: it speaks only of rational and moral ideals, the love of God and neighbor, obedience to the virtues that build up life. But Spinoza has glimpsed something of what Hans Frei memorably called the "Unsubstitutable Identity" of Jesus Christ in the Gospels: He is this very One, the Unique Redeemer.

So there is much that the young Karl Barth would admire, issuing forth from the Christological workshops of Spinoza and Schleiermacher. Here is a reading of the Gospels that pick out what is distinctive about them – the sole Majesty of Christ – without losing sight of the concrete and unforgettable historicity of the whole. Barth would find attractive the call to enter into the language and thought-world of Scripture fully, to read its cadences and idioms, to savor the soil of Israel, to pitch our tents there. He would find the realism of his predecessors' exegeses welcome, and would applaud the prom-

---

29 Ibid.

inent place accorded the plain sense of the text, its stubborn particularity. But he would wait for the *Vox Dei* – and continue to wait. Neither Spinoza nor Schleiermacher could find conceptual room for a God who speaks. The Doctrine of Revelation could function for them only in a small room, the interior of the rational mind and spirit. The drive to make Revelation conceptually plausible, to *modernize* it, and remove it from the harm's way of skepticism and historical doubt, bound the Doctrine of Revelation to a speechless inner highway. Barth would have none of that. What it means for God to *address* the human creature, to encounter her in her own setting and season, is for the God of Israel to live and act beyond, above, and outside the inner workings of the creature. What Barth studies has come to call the "problem of coinherence" is, in light of this Spinozistic tradition, the dilemma of a God who cannot speak because He is already and only *within*. *Deus dixit* means that God is the Other, even the Wholly Other, who can and for our salvation, must speak, must travel the infinite expanse between Creator and creature, to find and teach and correct the lost. This living Voice can never be explained, never grounded in any creature, never silenced by any conceptual worldview. God's Voice, like the thunder of many waters, explodes all that. Karl Barth has learned many things from Baruch Spinoza and his descendants; but most of all, he learned to radicalize the radicals, to make the impossible the Divine possibility alone, to point to the God who is Living Word. That is the root of Barth's early Doctrine of Revelation, and, in its radicality and in its traditionalism, it has re-made modern theology.

Georg Plasger

Messianische Ansprüche

Zu den Anfängen des Matthäusevangeliums

Das Neue Testament beginnt – nicht mit dem Markus-, sondern mit dem Matthäusevangelium. Und es beginnt sogleich mit einem nicht zu überhörenden und kaum zu überbietenden Anspruch: Im Weg des Messias Jesus zeigt sich Gott nicht nur irgendwie, sondern ist selber als Person am Werke.

Im Folgenden möchte ich versuchen, diesem christologischen Anspruch im ersten Kapitel des Matthäusevangeliums etwas nachzugehen.[1]

1. Genesis – der Ursprung (1)

Das Matthäusevangelium beginnt mit einem scheinbar harmlosen Auftakt, der als kurze Beschreibung des Inhalts verstanden werden kann: „Dies ist das Buch des Ursprungs Jesu Christi, des Sohnes Davids, des Sohnes Abrahams." (Mt 1,1)

Wer in verschiedene Übersetzungen des ersten Verses des Matthäusevangeliums hineinschaut, wird vielleicht überrascht sein: Da ist vom Stammbaum Jesu Christi die Rede (der folgt ja dann in der Tat in den folgenden Versen) oder auch von der Geschichte Jesu Christi – im griechischen Text aber steht „Genesis": Dies ist das Buch der „Genesis" Jesu Christi. Die beste Übersetzung erscheint mir „Ursprung" zu sein – aber auch diese Übersetzung zeigt nicht von Ferne an, welches grundlegend neue Kapitel der Welt- und Gottesgeschichte Matthäus hier aufschlägt. Die Septuaginta, die griechische Übersetzung des Alten Testaments, ist für viele Autoren des Neuen Testaments und oft auch für Matthäus die Textgrundlage, wenn er zitiert. Und das erste Buch Mose, in dem in den ersten Kapiteln von Gottes Weltschöpfung erzählt wird, beginnt mit dem Wort „Genesis" – und trägt deshalb wie üblich

---

[1] Die folgenden Überlegungen sind Bestandteil eines größeren Projektes zur Christologie der Evangelien, das ich in den nächsten Jahren vorlegen möchte.

diesen Namen. Und in Gen 2,4 heißt es über die Erschaffung der Welt: „Dies ist das Buch des Ursprungs von Himmel und Erde […]" und in Gen 5,1: „Dies ist das Buch vom Ursprung des Menschen" – in beiden Fällen: Genesis. Das könnte als zufällige Wortgleichheit durchgehen – aber das verkennt die Tiefendimensionen des Matthäusevangeliums: Es wird sich zeigen, dass die Bezugnahmen auf das Alte Testament, auf die Heilige Schrift, entscheidend sind – und sehr differenziert. Wenn denn Mt 1,1 das Kommen Jesu Christi, die Geschichte Jesu Christi mit den gleichen Worten wie die Schöpfung der Welt und des Menschen formuliert, wird daraus der entscheidende Anspruch deutlich, mit dem Matthäus von Anfang an denkt: Es ist Gott selber, der hier handelnd am Werke ist – und zwar nicht einfach als Teil der fortlaufenden Geschichte Gottes mit seinem Volk, sondern noch einmal ganz anders, ganz neu – qualitativ neu. Im Kommen Jesu Christi, der im Matthäusevangelium am häufigsten unter allen Evangelien „Gottes Sohn" genannt wird, ist deshalb nicht einfach nur Kontinuität zur Geschichte Gottes mit seinem auserwählten Volk Israel zu erkennen, sondern auch ein qualitativer Neuanfang: Das wird das Matthäusevangelium noch sehr beschäftigen. Denn die Frage, in welchem Verhältnis das Kommen des Gottessohnes zur bisherigen Geschichte Gottes steht, zieht sich durch das Evangelium hindurch. Aber auch schon im ersten Vers ist mehr als nur ein Neuanfang erkennbar, sondern auch Zugehörigkeit: Jesus Christus ist Sohn Davids, der wiederum Sohn Abrahams ist – und damit ist mit der Betonung des Neuen auch ein Bekenntnis zur Geschichte mit dem auserwählten Volk formuliert: Als Sohn Davids ist Jesus Christus einer aus Israel. Theologisch ist hier eine das Alte Testament durchgehend bestimmende spannende Zuordnung in den Blick genommen: Sie wird das Verhältnis von Schöpfung und Bund genannt. Die Lehre von der Schöpfung bezeichnet das schöpferische Handeln Gottes, das im Alten Testament ja nicht nur in Gen 1–3 beschrieben wird.[2] Aber im Alten Testament insgesamt ist es gegenüber dem mit Bund bezeichneten erwählenden Handeln Gottes eher als notwendige Hintergrundfolie zu benennen, weil im Mittelpunkt Gottes Begleitung seines auserwählten Volkes steht. Indem nun das Matthäusevangelium gleich in Vers 1 mit dem Begriff der „Genesis" das schöpferische Handeln, mit den Namen David und Abraham die Erwählung benennt, wird auch hier schon programmatisch deutlich, was das Matthäusevangelium weiter beschäftigen wird.

---

2 Z.B. auch noch in Psalm 104 oder Psalm 8.

2. Genesis – Der Ursprung (2) (Mt 1,18–25)

Nach dem Stammbaum fährt das Matthäusevangelium dann fort – und wieder taucht das Wort „Genesis" in Mt 1,18 auf: „Mit dem Ursprung Jesu Christi verhielt es sich aber so: Als seine Mutter Maria dem Josef verlobt worden war, fand es sich, ehe sie zusammenkamen, dass sie schwanger war vom Heiligen Geist."

Durch die Wiederaufnahme des Terminus „Genesis" (Ursprung) in Mt 1,18 wird deutlich, dass die vorangegangenen Verse einschließlich des sogenannten Stammbaums eben nur als Vorgeschichte und nicht als eigentliche Geschichte verstanden werden können. Die beginnt hier. Für das Matthäusevangelium ist die erste Aussage über Jesus, dass Maria vom Heiligen Geist schwanger war: Die Herkunft, der Ursprung Jesu ist „von Gott her", wenn vom Heiligen Geist die Rede ist. Natürlich kennt das Matthäusevangelium keine Trinitätslehre, wie sie in den folgenden Jahrhunderten von der Kirche expliziert wurde – und deshalb wird man auch keine Personenspekulation hier in die Matthäustexte hineinlesen dürfen. Und dennoch ist es auffällig, dass die spätere Trinitätslehre auch durch Formulierungen im Matthäusevangelium (vor allem durch den sogenannten Tauf- und Missionsbefehl am Ende des Evangeliums) vorbereitet wurde. Wenn das Matthäusevangelium vom Geist Gottes oder vom Geist des Vaters redet (vor allem hier, in Mt 3 im Zusammenhang der Taufe Jesu, in Mt 4 bei der Versuchung Jesu, in Mt 10 bei der Verfolgung der Jünger, als alttestamentliches Zitat in Mt 12 und eben in Mt 28), dann ist es durchgehend ein Hinweis auf ureigenes göttliches Wirken – es könnte hier auch von der wirkmächtigen Kraft Gottes gesprochen werden. Durch diese Kraft Gottes entsteht Jesus, gleichsam von oben her.

Das weiß der Leser aus 1,18; Josef aber nicht. Er will Maria entlassen und also öffentlich nicht bloßstellen und sie so schützen[3], wird aber vom Engel daran gehindert, indem ihn dieser über die göttliche Herkunft des ungeborenen Kindes und Gottes Plan mit ihm informiert. Dazu gehört auch, dass Josef dem Kind den Namen „Jesus" geben soll. Mit der Namensgebung erklärt sich Josef öffentlich als Vater des Kindes – der Leser weiß, dass Josef der Adoptivvater ist. Durch Adoption wird der Gottessohn also zum Sohn Davids:[4] Josef wird ja ausdrücklich als solcher angeredet. Der Name „Je-

---

3 Vgl. dazu Ulrich Luz, *Das Evangelium nach Matthäus, Vol 1. Teilband Mt 1–7* (EKK I/1), Köln / Neukirchen-Vluyn ⁵2002, 148.
4 Vgl. Matthias Konradt, *Israel, Kirche und die Völker im Matthäusevangelium* (WUNT 215), Tübingen 2007, 30.

sus" heißt übersetzt „Gott rettet" – und Matthäus begründet den Namen mit dem, wozu Jesus Christus gekommen ist: „Er wird sein Volk von seinen Sünden retten." Auch wenn in der Geschichte der Auslegung dieser Aussage immer wieder umstritten war, wer dieses „sein Volk" im matthäischen Sinne war, so gibt es gegenwärtig einen weitgehenden Konsens, dass Matthäus hier Gottes Volk und das heißt: das Volk Israel meint.[5] Aber eine andere Frage ist mindestens ebenso wichtig: Was meint Matthäus damit, wenn er programmatisch das ganze Wirken Jesu unter den Begriff der Sündenvergebung stellt? Ulrich Luz weist zu Recht darauf hin, dass diese Aussage als „jüdische Hoffnung ungewöhnlich"[6] ist, und meint, dass sich hier „die christlichen Erfahrungen mit Jesus"[7] spiegeln. Aber was heißt das? Alles im Matthäusevangelium ist doch gerade vom Auferstehungsbekenntnis her geprägt und insofern ist jeder Satz im Matthäusevangelium christologisch gefärbt. Wenn aber Matthäus Jesu Wirken programmatisch unter die Sündenvergebung stellt und er derjenige Evangelist ist, der diesem Thema einerseits am meisten Aufmerksamkeit widmet, ja als einziger Synoptiker die Sündenvergebung im Zusammenhang des letzten Mahles Jesu bringt (nur bei Mt wird das Blut des Bundes zur Vergebung der Sünden vergossen; vgl. Mt 26,28), ist zu fragen, was diese Terminologie für Matthäus spezifisch bedeutet.

Und schließlich taucht in Mt 1,24 noch der Bezug zur Tora auf, hier auf Jesaja 7,14: Die Geburt des Gottessohnes wird mit der Erfüllung eines Prophetenwortes in Zusammenhang gebracht: „Eine Jungfrau wird schwanger sein und einen Sohn gebären." Der Akzent soll an dieser Stelle nicht auf der Frage der Jungfrauengeburt liegen. Der hebräische Text in Jesaja 7 spricht von einer jungen Frau, die schwanger wird – hier steht das Wort „alma". Die vor der Geburt Christi erarbeitete griechische Übersetzung Septuaginta hat hier den Begriff partenos verwendet – und das ist mit „Jungfrau" zu übersetzen. Diese griechische Übersetzung lag Matthäus vor, so dass er tatsächlich in Jes 7,14 einen Zusammenhang zur für ihn überlieferten Herkunft Jesu aus dem Heiligen Geist und also von Gott her fand: Matthäus geht also von einer Jungfrauengeburt aus.[8] Aber für das ganze Evangelium wichtiger ist die hier erstmals vorhandene explizite Bezugnahme auf einen Text aus dem von

---

5 Vgl. a.a.O., 356.
6 Luz, *Das Evangelium nach Matthäus* (Anm. 3), 148.
7 Ebd.
8 Es gibt eine breite Diskussion um Jes 7,14 und die Jungfrauengeburt. Allerdings ist die landläufig immer wieder zu hörende Behauptung, die Jungfrauengeburt beruhe auf einem Übersetzungsfehler, zu kurz gegriffen. Und auch wenn man die Übersetzung der Septu-

Christen sogenannten Alten Testament. Damit wird ein deutlicher Zusammenhang hergestellt: Jesus Christus ist nicht ohne die in der Tora bezeugte Geschichte Gottes mit seinem Volk zu verstehen: In Jesus Christus erfüllt sich, was Gott durch den Propheten gesagt hat. Die Frage, die auch nur mithilfe des gesamten Matthäusevangeliums zu beantworten sein wird, lautet deshalb hier: In welchem Zusammenhang zeigen sich Tora und Jesus Christus? Ist das Kommen Jesu Christi einfach nur eine Bestätigung dessen, was im Alten Testament zu lesen ist? Ohne hier ins Detail gehen zu können, wird man doch nicht sagen können, dass alle Verheißungen des Alten Testaments an der Geschichte Jesu Christi einfach abzulesen sind. Vielmehr sind die Bezugnahmen auf alttestamentliche Passagen eher von der Geschichte Jesu Christi her motiviert, d.h. die Bezugnahme erfolgt eklektisch; die Interpretation des Weges Jesu Christi geschieht mit ausgewählten alttestamentlichen Texten. Mit Frank Crüsemann kann man durchaus von einem „Wahrheitsraum" des Alten Testaments[9] sprechen, in dem die Interpretation des Kommens und Wirkens Jesu Christi im Matthäusevangelium geschieht.

3. Die Gottesrelation Jesu Christi

Deutlich markiert Matthäus von Anfang an die göttliche Herkunft Jesu Christi, und wenn Ulrich Luz formuliert, dass es „einen Weg von ihm [sc. Matthäus] zur späteren kirchlichen Zweinaturenchristologie"[10] gibt, nimmt er diese Linie auf. Dass Jesus Christus aus dem Heiligen Geist gezeugt wurde, ist in einer Linie mit der später im Evangelium dominierenden Begrifflichkeit „Sohn Gottes" zu sehen. Dass es aber in der Interpretation auch des Matthäusevangeliums immer wieder Mühe gemacht hat, Jesus ganz eng an Gott heranzurücken, ist nicht zuletzt den religionsgeschichtlichen Arbeiten Boussets zu verdanken: Er hat alle „hohe" Christologie dem syrischen Hellenismus zugeordnet; mit diesem auf Paulus zurückgehenden Ansatz habe die christliche Theologie den palästinischen Raum verlassen und sei nicht mehr als genuin jüdisch zu verstehen.[11] Einmal ist an Boussets These durchaus

---

aginta für unrichtig erachtet: Matthäus geht jedenfalls von einer tatsächlich geschehenen Zeugung Jesu ohne Beteiligung des Mannes aus.
9 Vgl. Frank Crüsemann, *Das Alte Testament als Wahrheitsraum des Neuen. Die neue Sicht der christlichen Bibel*, Gütersloh 2011.
10 Ulrich Luz, *Die Jesusgeschichte des Matthäus*, Neukirchen-Vluyn 1993, 115.
11 Vgl. Wilhelm Bousset, *Kyrios Christos. Geschichte des Christusglaubens von den Anfängen des Christentums bis Irenäus*, Göttingen 1913, 65–70. Ein knapper Überblick über Bous-

problematisch, dass er als Grundlage ein stark spekulatives Bild des historischen Jesus ohne Messiasbewusstsein zeichnet. Daneben ist die These, dass die eigentliche hohe Christologie nur heidenchristlich im hellenistischen Syrien zu verorten sei, letztlich auf das einzige Argument gestützt, dass die Verwendung des „kyrios"-Titels nicht im jüdischen Denken zu verorten sei. Boussets Überlegungen sind historisch nur auf dem Boden der weltanschaulichen Grundüberzeugungen der liberalen religionsgeschichtlichen Schule zu verstehen – und haben doch Auswirkungen bis in die Gegenwart. Nun hat der schottische Religionswissenschaftler Larry Hurtado einen „relativ konsequenten Gegenentwurf zu Boussets Kyrios Christos"[12] verfasst – und im Gegensatz zu Bousset hält es Hurtado für völlig unnötig, die Geburtsgeschichte Jesu anders als in jüdischen Traditionen verortet zu sehen: „In any case, there is not a hint in either nativity narrative of any aim to present Jesus' birth in competition or comparison with the pagan stories".[13] Wenn aber Hurtado eine hohe Christologie nicht in Widerspruch zum jüdischen Gottesverständnis sieht, ist es naheliegend, einen jüdischen Hintergrund auch für die Gottesrelation Jesu Christi annehmen zu können.

In den Spuren der religionsgeschichtlichen Schule Boussets bewegt sich letztlich auch der Kommentar von Peter Fiedler, der im jüdisch-christlichen Dialog verortet ist und dieser Grundlinie folgt, wenn er zur Zeugung Jesu aus dem Heiligen Geist schreibt: „Hier macht sich zweifellos der Einfluss hellenistischer Vorbilder bemerkbar. Für heidnische Vorstellungen hatte der Verkehr von Gottheiten mit Menschen nichts Anstößiges. […] Für jüdisches Verständnis bestand hier ein unausweichlicher Konflikt mit der Überzeugung von der Transzendenz Gottes."[14] Fiedler möchte letztlich Matthäus vor der traditionellen christlichen hohen Christologie retten und will die ganze Argumentation „allegorisch"[15] verstehen, ohne mehr Belege dafür zu haben als seine Behauptung, dass eine Menschwerdung Gottes prinzipiell mit dem jüdischen Monotheismus unvereinbar sei.

---

sets christologische Grundgedanken findet sich bei Johann Hinrich Claussen, *Die Jesus-Deutung von Ernst Troeltsch im Kontext der liberalen Theologie* (BHTh 99), Tübingen 1997, 135–138.
12 Jörg Frey, Eine neue religionsgeschichtliche Schule, in: ders. / Cilliers Breytenbach (Hg.), *Erwägungen zur frühchristlichen Religionsgeschichte*, Leiden 2013, 117–169, 129.
13 Larry W. Hurtado, *Lord Jesus Christ. Devotion to Jesus in Earliest Christianity*, Grand Rapids / Cambridge 2003, 331.
14 Peter Fiedler, *Das Matthäusevangelium* (ThKNT 1), Stuttgart 2006, 47.
15 Ebd.

Allerdings ist zu fragen, ob hier – auch in Aufnahme der neueren religionsgeschichtlichen Forschungen z.B. im Zusammenhang von Larry W. Hurtado – diese auch bei Fiedler vorhandene prinzipielle Engführung Denkvoraussetzung bleiben muss: Dann nämlich könnte das Matthäusevangelium prinzipiell keine sog. hohe Christologie beinhalten, wenn es im Judenchristentum beheimatet ist.

Wenn man nun aber im Blick auf die Rede von der göttlichen Herkunft und später auch auf die Sohn-Gottes-Aussagen nicht a priori Schranken im Kopf haben muss, ist es nicht ausgeschlossen, dass Mt gar keinen Gegensatz zwischen dem alttestamentlich bezeugten JHWH und Jesus Christus als Gottes Sohn sieht. Dieser Frage, wie nämlich genau die Gottesrelation Jesu Christi aussieht, ist eine für die Christologie des Matthäusevangeliums wesentliche Frage – und muss daher an anderen pointierten Passagen des Evangeliums aufgegriffen und nach Möglichkeit auch beantwortet werden.

4. Die Davidssohnschaft Jesu Christi

Die Davidssohnschaft ist im Matthäusevangelium, wie oben gesagt, der zweite Schritt im Ursprung Jesu: Josef als Sohn Davids adoptiert den Gottessohn – auf Geheiß Gottes. Damit ist der diesem Abschnitt vorangestellte sogenannte Stammbaum Jesu mit seinen vielen Besonderheiten (dass die Frauen so eine starke Rolle spielen, ist nur eine von ihnen)[16] in den Blick genommen: Er zeigt angefangen von Abraham ausgewählte Personen der Geschichte Gottes mit seinem Volk, er ist ein „Stenogramm der Geschichte Israels"[17], der einen „göttlichen Plan"[18] zum Ausdruck bringt. Aber wie ist nun das Verhältnis dieser vorangestellten Genealogie zum Ursprung Jesu zu verstehen? So, dass Jesus an die Spitze dieser Reihe zu stehen kommt und gleichsam Teil dieser Reihe ist, die mit ihm fortgesetzt werden würde? Irgendwie als Nr. 43? Nein, das ist nicht die Absicht des Matthäusevangeliums. Es wird vielmehr ein Doppeltes deutlich. Einmal läuft der Stammbaum auf Jesus zu und d.h., dass das Interesse auf dem liegt, auf den es zuläuft. Mehr aber noch ist es so, dass sich Gott in Jesus Christus in diese Geschichte des auserwählten Volkes

---

16 Ausführlich zur theologischen Reflexion des Stammbaums im Matthäusevangelium vgl. Frans H. Breukelman, *Bijbelse Theologie III: De Theologie van de Evangelist Mattheüs, Afl. 1: De Ouvertüre van het Evangelie naar Mattheüs*, Kampen 1984, 50–82; Luz, *Das Evangelium nach Matthäus* (Anm. 3), 127–140.
17 A.a.O., 130.
18 A.a.O., 136.

hineinstellt: Er erwählt sich in Jesus Christus und bekennt sich in ihm zu dieser Geschichte Israels. Damit ist es nicht so, als sei Jesus die Variable, die zur Geschichte Israels gleichsam hinzukommt. Für den Autor ist es umgekehrt: Die Geschichte des Gottesvolkes wird im Kommen Jesu Christi bestätigt, gewürdigt: Sie bekommt ihre besondere Würdigung, indem sich Gott in Jesus Christus dazu bekennt. Damit ist die auch gegenwärtig immer wieder zu hörende Aussage, dass Jesus Jude sei, natürlich nicht verkehrt: Aber sie sagt zu wenig aus. Sie könnte so verstanden werden, als sei die Zugehörigkeit zum Volk Israel die theologisch entscheidende Aussage. Für Matthäus ist sie das so einfach nicht. Nicht Jesus wird geheiligt, dadurch dass er Jude wird. Sondern das Gottesvolk mit seiner Geschichte wird geheiligt: Indem Josef Jesus adoptiert, adoptiert Gott gleichsam das jüdische Volk – erneut. Jesus und das Judentum sind damit für das Matthäusevangelium unlösbar miteinander verbunden und stehen einander doch auch gegenüber.[19] Deshalb ist die auch in der späteren Christologie klassische Grundaussage des Chalcedons, dass Jesus Christus wahrer Mensch und wahrer Gott sei, aus Sicht des Matthäusevangeliums nicht einfach falsch; im Blick auf das „wahrer Mensch" aber unzureichend benannt: Er ist jüdischer Mensch geworden – Sohn Davids. Dass gleichwohl eine Perspektive im Mt über das jüdische Volk hinausgeht – vorsichtig, aber deutlich, macht die Klammer deutlich, die Mt 1,1 und Mt 28,20 haben: In 1,1 ist nicht nur zu lesen, dass Jesus Sohn Davids ist (das wird hier in unserem Abschnitt eingelöst), sondern auch, dass er Sohn Abrahams ist, der der Stammvater der Völker ist: Das wird in der Sendung der Jünger zu allen Völkern am Ende eingelöst (und auch mehrfach im Matthäusevangelium aufgenommen). Die Frage der Beziehung Gottes zu seinem Volk Israel ist dabei durchgehend Thema im Matthäusevangelium – und es stellt sich auch die Frage, wozu im Blick auf sein Volk das Kommen Gottes in Jesus Christus wichtig ist.

5. Der Weg Jesu Christi

In Mt 1,21 wird die Aussage, dass Jesus Christus „sein Volk von den Sünden erretten wird", als Summarium der gesamten Tätigkeit Jesu gekennzeichnet – und diese Aussage wird im letzten Abendmahl, in dem auf den Kreuzestod Jesu hingewiesen wird, wieder aufgenommen: Er geschieht zur Vergebung

---

19 Kornelis H. Miskotte, Matthäus 1,18–25, in: Georg Eichholz (Hg.), *Herr, tue meine Lippen auf*, Wuppertal 1957, 34–40, 38.

der Sünden für die vielen (Mt 26,28). Wenn denn diese Aussage der Sündenvergebung die irdische Tätigkeit Jesu im Matthäusevangelium gleichsam rahmt, ist ihr hohe Bedeutung zuzumessen. Ja, es ist zu fragen, ob sie nicht als Beschreibung des gesamten Weges Jesu Christi geeignet ist. Dabei ist methodisch zu beachten, dass die Vorstellung der Sündenvergebung nicht vorschnell mit (vielleicht auch späteren christlichen und kirchlichen) Vorstellungen identifiziert wird, die den spezifischen matthäischen Akzent verdecken könnten.

Wenn es in Mt 1,21 heißt, dass Jesus Christus sein Volk von ihren Sünden retten wird, dann ist unter „sein Volk" das erwählte Volk Israel zu verstehen. Aber dann ist weiter zu fragen, was denn genau die spezifischen Sünden Israels sind, aus denen es errettet werden soll – und in Mt 26,28 sind es die Sünden der vielen: Was ist hier unter „Sünde" zu verstehen?

Zunächst ist nur klar, dass die Vollmacht der Befreiung von den Sünden nur Jesus selber zuteil ist. Dies macht Matthäus besonders im Zusammenhang der Johannestaufe deutlich: In Mt 3 heißt es, dass viele zu Johannes kamen, sich taufen ließen und ihre Sünden bekannten; bei Markus (1,4) und Lukas (3,3) heißt es jeweils, dass Johannes die Taufe zur Vergebung der Sünden verkündigte – das fehlt bei Matthäus.[20] Bei Matthäus vergibt Johannes keine Sünden. In diese strenge christologische Exklusivität der Sündenvergebung werden später die Jünger aktiv einbezogen[21], ohne diese alleinige Vollmacht Jesu zu schmälern.

Offen ist zunächst, was genau unter „Sündenvergebung" zu verstehen ist. Anders als zuweilen vermutet sehe ich hier kein alttestamentliches Zitat aufgegriffen[22], obwohl sicher irgendwie ein auch alttestamentlich bezeugtes Sündenverständnis mit im Hintergrund steht; begrifflich ist die Vergebung oder Aufhebung der Sünden ja breit alttestamentlich belegt. Aber wozu dieses Kommen Jesu Christi, das ja in Kontinuität und auch Diskontinuität zur Tora steht, aus der Sicht des Matthäus genau geschehen ist, dazu ist letztlich das Mt selber zu befragen. Und dort – das ist jetzt schon am Anfang des

---

20 Vgl. Boris Repschinski, „For He Will Save His People from Their Sins" (Matthew 1:21). A Christology for Christian Jews, in: *The Catholic Biblical Quarterly* 68 (2006), 248–267, 258.
21 Vgl. dazu Jeongsoo Park, Sündenvergebung im Matthäusevangelium, in: *EvTh* 66 (2006), 210–227.
22 Auch die These von Matthias Konradt, *Das Evangelium nach Matthäus* (NTD 1), Göttingen 2015, 37, dass Mt hier Psalm 130,8 aufgreift, halte ich nicht für überzeugend: Der Wortlaut der LXX spricht (wie Konradt auch bemerkt) von Gesetzlosigkeiten, aus denen Israel errettet werden soll, nicht von Sünden.

Matthäusevangeliums zu sagen – ist Jesus Christus als viel stärker lehrend und die bessere Gerechtigkeit einfordernd beschrieben als in vielen anderen biblischen Texten. Die exklusive Sündenvergebung muss deshalb in einen Zusammenhang gebracht werden z.B. mit den Aussagen der Bergpredigt, wenn denn, wie von mir vermutet, ein grundsätzlich homogenes und präzise beschriebenes Bild von Person und Werk Jesu Christi im Matthäusevangelium gezeichnet und erzählt wird: Was genau Sündenvergebung ist, zeigt der Weg Jesu Christi, der von seiner Person, seinem Namen nicht zu trennen ist. „Die Kraft seines Werkes wurzelt in seinem Wesen, in seinem Ursprung."[23] „Immanuel" (= Gott mit uns) aus dem Jesaja-Zitat ist als weitere Umschreibung des Weges Jesu zu sehen. Auch damit ist noch einmal deutlich, dass das (systematisch-theologisch formulierte) „Werk Jesu Christi" nur von der Person des „Sohnes Gottes und Davids" als Handeln Gottes in und an Israel und perspektivisch auch für die Völker zu verstehen ist. Was das genau heißt und wozu also Gott sich selber in Jesus Christus zur Rettung des Volkes Israel und der vielen auf den Weg macht und worin genau diese besteht, ist deshalb hier noch nicht beantwortet, sondern erst anhand des Weges Jesu Christi im Mt zu klären – und letztlich nur im Horizont von Kreuz und Auferstehung.

6. Jesus Christus und die Tora

Die Reflexions- oder Erfüllungszitate besonders im Matthäusevangelium haben eine Fülle an Aufmerksamkeit hevorgebracht und sind Gegenstand zahlreicher Interpretationen geworden: Es fällt eben auf, dass sich Matthäus am stärksten von allen Evangelisten auf das Alte Testament bezieht. Ausdrücklich als „Erfüllungszitate" sind fast zwanzig Stellen[24] zu nennen, daneben sind noch sehr viele weitere Bezugnahmen auf alttestamentliche Texte erkennbar, die die hohe Relevanz der Heiligen Schrift, der Tora für Matthäus aufzeigt. Wie nicht anders zu erwarten, ist in der exegetischen Wissenschaft durchaus umstritten, warum Matthäus dies in dieser Ausführlichkeit und Gründlichkeit tut. Nach Fiedler dienen die Erfüllungszitate der „Legitimität"[25] von Gottes Handeln im Christusgeschehen, sie beglaubigen, wenn sie auf Christus hin gelesen wird, Jesus Christus. Wenn aber die Tora Jesus Christus beglaubigt, ist die logische Konsequenz: „Christus steht nicht

---
23 Miskotte, *Matthäus 1,18–25* (Anm. 19), 39.
24 Mt 1,22; 2,15.17f.23; 3,3; 4,14–16; 8,17; 11,13; 12,18–21; 13,35; 21,4f; 27,9.
25 Fiedler, *Das Matthäusevangelium* (Anm. 14), 51.

über, sondern unter der Tora".[26] Dieser eher plakativen Formulierung, die die Vollmachtsaussagen Jesu im Matthäusevangelium eher ausblendet, stehen deutlich differenziertere Beobachtungen entgegen, wenn es etwa bei Repschinski heißt: Der matthäische Jesus Christus „ist auch im Bereich des Gesetzes mit unbedingter Autorität ausgestattet. [...] Doch bilden die Autorität Jesu und die Autorität von Gesetz und Propheten keinen Gegensatz."[27] Der Auffassung, dass das Kommen Jesu Christi im Matthäusevangelium keinen Bruch mit der Tora bedeutet, folgen inzwischen die meisten Exegeten. Aber der Frage, welche Konsequenzen daraus für die matthäische Christologie zu ziehen sind, wird eher selten nachgegangen – vielleicht auch, weil das eher systematisch-theologische und keine rein exegetischen Überlegungen sind. Ich halte sie aber für wichtig, weil auch die bundestheologische Frage damit berührt ist: Die in der Tora bezeugte Geschichte Gottes mit seinem erwählten Volk Israel ist als Geschichte des Bundes Gottes zu beschreiben – ein Bund mit verschiedenen Bundesschlüssen. Ist nun für Matthäus das Kommen Jesu Christi als weiterer Bundesschluss innerhalb des einen Bundes zu verstehen (diese Position vertritt Fiedler), dann ist er letztlich in diesen Bund einzuordnen und auch nur von ihm zu verstehen. Und dann sind in der Folge alle hohen christologischen Aussagen, die Jesus Christus und Gott ganz nahe aneinanderrücken, als problematisch anzusehen, weil sie nicht einfach die Kontinuität der Tora bedeuten. Wenn aber nicht einfach eine Zwei-Bünde-Theorie vertreten wird, die in etwa besagt, dass Gott in Jesus Christus einen Bund mit den Heiden geschlossen hat und das Kommen für Israel nicht wirklich relevant ist[28] – für Israel gilt der „erste" Bund –, dann ist zu erwägen, in welchem Verhältnis Person und Werk Jesu Christi zur Tora stehen. Das gilt insbesondere für das Matthäusevangelium, weil es die Kontinuität zur Tora äußerst stark betont – und zugleich die Gottessohnschaft Jesu in den Vordergrund stellt.

---

26 Ebd.
27 Boris Repschinski, *Nicht aufzulösen, sondern zu erfüllen. Das jüdische Gesetz in den synoptischen Jesuserzählungen*, Würzburg 2009, 140.
28 Vgl. zur Diskussion Hans H. Henrix, *Judentum und Christentum – Gemeinschaft wider Willen*, Regensburg 2008, 85–109.

Zum Schluss

Eine messianische Exegese des Matthäusevangeliums stößt bereits im ersten Kapitel auf spannende theologische Herausforderungen, die nach weiterer Lektüre und Interpretation verlangen. Eine solche theologische Exegese, die den gesamtbiblischen Horizont im Matthäusevangelium vor Augen hat, war auch das Interesse von Frans Breukelman. Er beendet seine Exegese zu den Anfängen des Matthäusevangeliums mit den Worten: „Matteüs will in heel het evangelie-verhaal […] niets anders doen dan ontvouwen wat in ‚zijn naam' besloten ligt, of om het oud-testamentisch te zeggen: hij will in heel zijn evnagelie niets anders doen dan ons ‚zijn naam vertellen'."[29]

---

29 Breukelman, *Bijbelse Theologie III: De Theologie van de Evangelist Matteüs* (Anm. 16), 175.

Andreas Pangritz

Die „Summe der Geschichte *Gottes* in der Geschichte" und die Weisheit des „alttestamentlichen Gesellschaftsphilosophen"

Zum Gebrauch der Bibel in Karl Barths Tambacher Vortrag

1. Einleitung

Als „eine nicht ganz einfache Maschine [...], vorwärts- und rückwärtslaufend, nach allen Seiten schießend, an offenen und heimlichen Scharnieren kein Mangel",[1] hat Karl Barth seinen Vortrag „Der Christ in der Gesellschaft" bezeichnet, den er im September 1919 in Tambach in Thüringen gehalten hat. Wenig untersucht worden ist bisher, soweit ich sehe, auf welchem biblischen Räderwerk Barth seine komplexe Maschine montiert hat. Das ist erstaunlich, da der Vortrag mit Bibelzitaten und biblischen Anspielungen geradezu gespickt ist. Zählt man nur die von Barth selbst als Zitate ausgewiesenen Bibelstellen zusammen, kommt man auf ungefähr 25 Stellen. Folgt man den Herausgebern der Neuausgabe im Rahmen der *Karl Barth-Gesamtausgabe*, dann kommt man auf weit über hundert Stellen.

Dabei beziehen sich die biblischen Anspielungen nicht gleichmäßig auf die ganze Bibel; vielmehr handelt es sich zu ungefähr zwei Dritteln um neutestamentliche Zitate. Angesichts der Entscheidung Barths, den Christen in der Gesellschaft als Jesus Christus zu verstehen,[2] ist diese Akzentuierung nicht weiter überraschend. Auffällig sind aber Barths Vorlieben sowohl in-

---

[1] Karl Barth, Brief an Eduard Thurneysen am 11.9.1919, in: *Karl Barth – Eduard Thurneysen, Briefwechsel, Bd. 1: 1913–1921* (GA V), hg. von Eduard Thurneysen, Zürich 1973, 344.
[2] Vgl. Karl Barth, Der Christ in der Gesellschaft, in: ders., *Vorträge und kleinere Arbeiten 1914–1921* (GA III), hg. von Hans-Anton Drewes / Friedrich-Wilhelm Marquardt, Zürich

nerhalb der Hebräischen Bibel wie auch innerhalb des Neuen Testaments. Im Neuen Testament haben es Barth insbesondere „die großen Synthesen" (558; 576) aus dem ersten Kapitel des Kolosserbriefes mit seinem Christushymnus angetan, aber auch das 15. Kapitel des 1. Korintherbriefs, in dem Paulus von der Auferstehung als dem „Ziel der Geschichte" (594) schreibt. Daneben sind nur wenige Zitate aus den Evangelien und aus dem Römerbrief zu vermerken. Diese Schwerpunktsetzung ist angesichts der christologisch-eschatologischen Zielsetzung des ganzen Vortrags kaum überraschend. Doch innerhalb der Hebräischen Bibel gilt Barths Vorliebe ganz überwiegend Kohelet, dem Prediger Salomo: Der „alttestamentliche Gesellschaftsphilosoph" (590) kommt an nicht weniger als fünf Stellen zu Wort. Daneben gibt es nur noch ein Zitat aus dem 1. Buch Mose.

Auffällig ist auch, wie Barth seine Bibelzitate über den Vortrag verteilt. Der Tambacher Vortrag gliedert sich in fünf Abschnitte: In der Einleitung (I.) klärt Barth, wie er die Themenstellung – das spannungsvolle Verhältnis von Christ und Gesellschaft – verstehen will. Im folgenden Abschnitt (II.) geht es zunächst um die „Bewegung *von Gott her*" (566), in der wir stehen, die Barth als „Gottesgeschichte" (575) deutet. Diese wird dann als eine Drei-Reiche-Lehre in der Bewegung vom *regnum naturae* (III.) über das *regnum gratiae* (IV.) zum *regnum gloriae* (V.) entfaltet. Barths Denkweg führt also von einer schöpfungstheologischen „Thesis" (577) über eine soteriologische „Antithesis" (587) zu einer eschatologischen „Synthesis" (596; 598).

Im Rahmen dieser Gesamtkomposition spricht Barth bereits in der Einleitung (I.) von den „großen Synthesen des Kolosserbriefs", um darauf im Abschnitt über die „Gottesgeschichte" (II.), aber auch in der schöpfungstheologischen „Thesis" (III.) zurückzukommen und in der soteriologischen „Antithesis" (IV.) noch einmal kurz daran zu erinnern. Zitate aus dem Auferstehungskapitel des 1. Korintherbriefs finden sich zunächst im Abschnitt über die „Gottesgeschichte" (II.), dann erst wieder in der soteriologischen „Antithesis" (IV.) und gehäuft schließlich im eschatologischen Ausblick der „Synthesis" (V.), wo die paulinische Rede vom „Ziel der Geschichte" ins Spiel gebracht wird. Demgegenüber sind die Zitate aus Kohelet gleichmäßig über die drei Abschnitte verteilt, in denen Barth die „Gottesgeschichte" als Bewegung des Reiches Gottes vom *regnum naturae* (III.) über das *regnum gratiae* (IV.) zum *regnum gloriae* (V.) entfaltet. Kohelet hat demnach sowohl zur

---

2012, 546–598, 557. Seitenzahlen in Klammern beziehen sich im Folgenden auf diese Ausgabe.

schöpfungstheologischen „Thesis", als auch zur soteriologischen „Antithesis", als auch schließlich zur eschatologischen „Synthesis" etwas beizutragen.

2. Die „großen Synthesen des Kolosserbriefs"

Barth interpretiert das Thema „Der Christ in der Gesellschaft" in der Einleitung des Vortrags (I.) so, dass es nicht etwa um „die Christen" als „die Masse der Getauften" gehen solle, auch nicht um das „das erwählte Häuflein der Religiös-Sozialen", sondern um Jesus Christus allein (557), der als „*Verheißung*" (556) einer „Einheit in der ganzen Zerfahrenheit der Gesellschaft" (557) wirke. Bereits in diesem Zusammenhang kommt Barth auf das Bild von Christus zu sprechen, wie es im ersten Kapitel des Kolosserbriefs erscheint: „Ist Christus [...] in uns, dann ist die Gesellschaft trotz ihres Irrweges jedenfalls nicht gottverlassen. Das ‚Ebenbild des unsichtbaren Gottes', der ‚Erstgeborene aller Kreatur' (Kol 1,15), er bedeutet Ziel und Zukunft. [...] ‚Hoffnung der Herrlichkeit' hat Paulus dieses ‚Geheimnis unter den Heiden' genannt (Kol 1,27). Also: Wir heißen *euch* hoffen" (558).

Allerdings hat das Thema gerade in dieser Zuspitzung für Barth eine schmerzliche Kehrseite darin, dass die kosmische Christologie des Kolosserbriefs, in der Christus die ganze Gesellschaft umfasst, in der erfahrbaren Gegenwart als irreal erscheinen muss. Denn: „Der Christ – in der Gesellschaft! Wie fallen diese beiden Größen auseinander, wie abstrakt stehen sie einander gegenüber! Wie fremdartig, fast phantastisch berühren uns heute die großen Synthesen des Kolosserbriefes!" Christus erscheint als „besondere Erscheinung neben anderen Erscheinungen" (558). Statt sich „auf das Leben der Gesellschaft" zu beziehen, sondert sich die „Religion" vom Leben ab (559). Und umgekehrt wirkt die „nun einmal gewonnene [...] Eigengesetzlichkeit des gesellschaftlichen Lebens" „auch im Revolutionszeitalter unerbittlich" fort (561). „Behauptet das Heilige heute, und heute erst recht, zu unserem Leidwesen sein Eigenrecht gegenüber dem Profanen, so behauptet das Profane nun ebenso das seinige gegenüber dem Heiligen" (562).

Im zweiten Abschnitt (II.) kommt Barth darauf zu sprechen, dass unser „Standort" „tatsächlich ein Moment einer *Bewegung*" sei, und zwar der „Bewegung der Gottesgeschichte [...], deren Kraft und Bedeutung enthüllt ist in der Auferstehung Jesu Christi von den Toten" (564). Diese „Bewegung *von Gott her*" (566), der „lebendige Gott" selber sei es, „der uns, indem er uns begegnet, nötigt, auch an *unser* Leben zu glauben" (569). Denn „wir sind keine unbeteiligten Zuschauer. Wir *sind* von Gott bewegt. [...] Gottesgeschichte geschieht in uns und an uns. [...] Die Hoffnung ist gegenüber der Not das entscheidende, das überlegene Moment" (575). „Wir stehen in der Gesellschaft als die Begreifenden, also als die Eingreifenden, also als die Angreifenden [...]" (576). Und in diesem Zusammenhang erinnert Barth erneut an die kosmische Christologie des Kolosserbriefs: „Die großen Synthesen des Kolosserbriefes, sie *können* uns nicht *ganz* fremd sein. Sie sind uns offenbar. Wir glauben sie. Sie sind vollzogen. Wir selbst vollziehen sie. Jesus lebt. ,In ihm ist alles geschaffen, das im Himmel und auf Erden ist, das Sichtbare und das Unsichtbare, es seien Throne oder Fürstentümer oder Obrigkeiten; es ist alles durch ihn und zu ihm geschaffen' (Kol 1,16)" (576).

Der dritte Abschnitt, in dem es um das Reich Gottes als *regnum naturae* geht (III.), setzt mit einer Wiederholung des Kolosserzitats vom Ende des vorherigen Abschnitts ein: „Durch ihn und zu ihm *geschaffen*" (576). Unser Begreifen der Gottesgeschichte beginnt daher mit der „*Bejahung* der Welt, wie sie ist". Denn „das Reich Gottes fängt nicht erst mit unsern Protestbewegungen an. Es ist eine Revolution, die *vor* allen Revolutionen ist, wie sie *vor* allem Bestehenden ist. [...] Gott könnte die Welt nicht erlösen, wenn er nicht ihr Schöpfer wäre" (577). Reich Gottes als *regnum naturae* ist zunächst „eine ursprüngliche Gnade, die wir als solche bejahen, eine Schöpfungsordnung, in die wir uns finden müssen". Es sind eben die Synthesen des Kolosserbriefs, die diese Affirmation der Schöpfungsordnung ermöglichen: „,*Durch ihn* und *zu ihm* geschaffen.' In diesem ,Durch ihn' und ,Zu ihm': durch Christus und zu Christus hin, liegt die Überwindung der falschen *Weltverneinung*, aber auch die unbedingte Sicherung gegen alle falsche Weltbejahung" (578). Eine weitere biblische Begründung für die rechte Bejahung der Welt findet Barth „in den „*Gleichnissen* der synoptischen Evangelien" (580), die es ermöglichen, „im *Weltlichen* die *Analogie* des *Göttlichen*" anzuerkennen und sich ihrer zu „freuen" (582). Gemäß der „sogenannte[n] Markus-Theorie über den Sinn der Gleichnisse (Mk 4,10–12; Mt 13,10–17)" handelt es sich um „Bilder aus dem Leben, wie *es ist,* [...] Bilder, die etwas bedeuten" (583).

Dem Ja im *regnum naturae* folgt allerdings im *regnum gratiae* (IV.) das Nein, der „*Lebenbejahung*" die „*Lebensverneinung*" (586): „*Wir* stehen tiefer im Nein als im Ja, tiefer in der Kritik und im Protest als in der Naivität, tiefer in der Sehnsucht nach dem Zukünftigen als in der Beteiligung an der Gegenwart. Wir können den *Schöpfer* der ursprünglichen Welt nicht anders ehren, als indem wir schreien nach dem *Erlöser* der jetzigen Welt" (587). Im *regnum gratiae* liegen „Licht und Finsternis in siegreichem, aber schwerem *Kampf*", so dass „in Christus das ganze Leben problematisch, bedenklich und

Die „Summe der Geschichte Gottes in der Geschichte" 143

verheißungsvoll wird". Lehre von Gott dem Schöpfer und Lehre von Gott dem Erlöser treten hier, wo es um den „Übergangscharakter der Mitte, der Gegenwart, in der wir stehen", geht, in Spannung zueinander: Zwar ist es „derselbe Gott", der als Schöpfer „‚ansah alles, was er gemacht hatte, und siehe, es war sehr gut' (Gen 1,31)", und der uns als Erlöser „‚errettet hat aus der Obrigkeit der Finsternis und hat uns versetzt in das Reich seines lieben Sohnes' (Kol 1,13)" (588). Aber im erfahrbaren Leben der gegenwärtigen Gesellschaft sind „die großen Synthesen des Kolosserbriefs" und seiner kosmischen Christologie für uns eben nicht erschwinglich.

3. Die Auferstehung als das „Ziel der Geschichte"

Nun hatte aber schon der Abschnitt über die Bewegung der „Gottesgeschichte" (II.) deutlich gemacht, dass „[d]en Sinn unserer Zeit in Gott *begreifen*" heißt: „hineintreten in die Beunruhigung durch Gott [...]". Es geht darum, „die Auferstehung selbst zu sehen, Gotteserkenntnis zu gewinnen, Gottesgeschichte zu erleben", wobei „die Auferstehung sehen" für Barth zugleich bedeutet, „selber an ihr *teilzunehmen* [...]" (574). Hier kommt nun das Auferstehungskapitel des 1. Korintherbriefs ins Spiel. Es gilt, „allen möglichen Missverständnissen zum Trotz [...] zu verstehen, dass wir von der Kraft der Auferstehung *leben*, trotz aller Armut unserer Erkenntnis und Bewegtheit [...]". Denn „die Auferstehung Christi von den Toten" ist, wie Barth betont, das Evangelium, von dem Paulus spricht: „ὃ καὶ παρελάβετε, ἐν ᾧ καὶ ἑστήκατε, δι' οὗ καὶ σῴζεσθε [das ihr auch angenommen habt, in dem ihr auch steht, durch das ihr auch errettet werdet] (1 Kor 15,1f.). Unter dieser Voraussetzung ist sich Barth gewiss: „Wir *kommen* tatsächlich mit, wir *werden* mitgenommen, mit oder ohne religiöse Stimmung" (575).

Diese von der Auferstehung motivierte, hoffnungsvolle Perspektive wird in der soteriologischen Mitte der „Gottesgeschichte" (IV.) wieder aufgenommen: Da „Gott der Schöpfer" zugleich „der Erlöser" ist, „dessen Spuren wir von uns aus folgen müssen", bleibt auch uns nichts anderes übrig, als mit ihm „von der Verteidigung zum Angriff" überzugehen, „von Ja zum Nein, von der Naivität zur Kritik der Gesellschaft gegenüber" (590). Es ist ja „etwas in der Analogie, das zur Kontinuität hindrängt [...]. Das Gleichnis ist Verheißung, und Verheißung will Erfüllung" (590f.). Hier redet Barth in Erinnerung an den Römerbrief vom „Harren in der Kreatur auf die Offenbarung der Söhne Gottes", deren „Geburtswehen" und „Seufzer" doch keine anderen seien als „unsere eigenen" (Röm 8,18–23). Und erneut kommt Barth auf das

Auferstehungskapitel aus dem 1. Korintherbrief zu sprechen: Nicht umsonst habe uns „das Vergängliche das Gleichnis des Unvergänglichen geboten"; nun könne „keine Ruhe mehr sein fern vom Reiche Gottes". Wenn Paulus davon redet, dass „*dieses* Verwesliche muss anziehen die Unverweslichkeit, und [...] *dieses* Sterbliche muss anziehen die Unsterblichkeit" (1 Kor 15,53), dann folgt daraus für Barth: „Wir müssen ganz hinein in die Erschütterung und Umkehrung, in das Gericht und in die Gnade, die die Gegenwart Gottes für die jetzige und jede uns vorstellbare Welt bedeutet [...]. Wir *müssen* Gott gegenüber in unserer sicheren Kreatürlichkeit einmal aus dem Gleichgewicht kommen [...]" (591).

Aber auch damit ist die Bewegung des Reiches Gottes noch nicht am Ziel. Unter dem Aspekt des *regnum gloriae* (V.) betont Barth zunächst, dass weder „die schlichte sachliche Mitarbeit im Rahmen der bestehenden Gesellschaft", die unter dem Aspekt des *regnum naturae* behandelt worden war, noch „die radikale Opposition gegen ihre Grundlagen", die unter dem Aspekt des *regnum gratiae* behandelt worden war, „dem Sinn des Reiches Gottes Genüge leisten" könne. „Das *andere*", nach dessen Erscheinung wir uns sehnten, könne nur „das *ganz* andere des Reiches [...] *Gottes*" sein (593). Das „Verwesliche" sei nicht eine „Vorstufe des Unverweslichen", sondern die „Unverweslichkeit", von der Paulus im 1. Korintherbrief spricht, sei nach dem 2. Korintherbrief „ein Bau [...], von Gott erbaut, ein Haus, das nicht mit Händen gemacht ist, das ewig ist, im Himmel" (593f.; vgl. 2 Kor 5,1). Von den „Analogien" führe „keine Kontinutät hinüber in die göttliche Wirklichkeit". Das „Himmelreich" sei „eine Sache für sich" (594).

So sei „das Ziel der Geschichte, das τέλος, von dem Paulus 1 Kor 15,23–28 geredet, kein geschichtliches Ereignis neben anderen, sondern die Summe der Geschichte *Gottes* in der Geschichte" (594). Das griechische Wort τέλος heiße ja „weniger Ende als Zweck", wie Barth in Erinnerung an Kants Rede vom „Reich der Zwecke" betont. „Nur in *Gott* ist die Synthesis [...] für uns zu finden. Finden wir sie dort nicht, so finden wir sie gar nicht. ‚Hoffen wir nur in *diesem* Leben auf Christus, so sind wir die unglücklichsten Menschen' (1 Kor 15,19). [...] ‚Fleisch und Blut kann das Reich Gottes nicht ererben' (1 Kor 15,50)." Doch jenseits all dieser Bestreitung von Kontinuität von hüben nach drüben sieht Barth eine Kontinuität von dort nach hier. „Noch einmal: nur in *Gott* ist die Synthesis zu finden, – aber in Gott *ist* sie zu finden, die Synthesis, die in der Thesis gemeint und in der Antithesis gesucht ist". An dieser Stelle zitiert Barth Ernst Troeltsch: „Die Kraft des Jenseits ist die Kraft des Diesseits." Und er erläutert: „Die *Auferstehung* Jesu Christi von den

Toten ist *darum* die weltbewegende Kraft, die auch uns bewegt, weil sie die Erscheinung einer totaliter aliter – mehr können wir nicht sagen – geordneten Leiblichkeit ist" (595).

4. Kohelet, der „alttestamentliche Gesellschaftsphilosoph"

Anders als die „großen Synthesen" des Kolosserbriefs und das Auferstehungskapitel des 1. Korintherbriefs funktioniert Kohelet im Zusammenhang des Vortrags. Er kommt in allen drei Abschnitten über die Bewegung des Reiches Gottes vom *regnum naturae* über das *regnum gratiae* zum *regnum gloriae* ausführlich zur Sprache.

Im schöpfungstheologischen Einsatz (III.) wird zunächst „die nur scheinbar epikureische Lebensweisheit" Kohelets relevant: „‚So gehe hin und iss dein Brot mit Freuden, trink deinen Wein mit gutem Mut; denn dein Werk gefällt Gott. Lass deine Kleider immer weiß sein, und lass deinem Haupte Salbe nicht mangeln. Brauche des Lebens mit deinem Weibe, das du lieb hast, solange du das eitle Leben hast, das die Gott unter der Sonne gegeben hat, solange dein eitel Leben währt; denn das ist dein Teil im Leben und in deiner Arbeit, die du tust unter der Sonne. Alles, was dir vor Handen kommt zu tun, das tue frisch; denn in der Hölle, da dur hinfährest, ist weder Werk, Kunst, Vernunft noch Weisheit'" (578f.; Koh 9,7–10). Barth will hier „alle Erklärungen" unterlassen. Aber er betont doch, dass man Jesus schlecht kenne, „wenn man meint, er könnte das nicht auch gesagt haben". Gerade in der „Erkenntnis der *absoluten Eitelkeit* des Lebens unter der Sonne" (vgl. Koh 1,2) liege nun einmal auch die „Erkenntnis der *relativen* [...] *Möglichkeit* und *Berechtigung* dieses eitlen Lebens" (579).

Wie die synoptischen Gleichnisse als „Hinweis" darauf gelesen werden können, „dass schlichte *Sachlichkeit* unseres Denkens, Redens und Tuns auch innerhalb der jeweiligen bestehenden Verhältnisse und im Bewusstsein der Gefangenschaft, in der wir uns hier befinden, eine *Verheißung* hat [...]", so dürfen auch wir uns nicht „als Zuschauer *neben* den Lauf der Welt stellen", sondern sollen uns im „Bewusstsein der solidarischen Verantwortung" daran beteiligen (584). Und so folgt aus dieser verheißungsvollen Sachlichkeit „eine demütige, aber zielklare und auch wohl freudige Freiheit, uns auf dem Boden dieses Äons zu bewegen", die Freiheit, „auch im Hause der gottlosen Sozialdemokratie [...] und zuletzt sogar im Kirchenhaus" ein- und auszugehen. In der „Furcht Gottes" können wir als Christen „ein- und ausgehen, ohne darum zu Götzendienern zu werden" [...]. Und an dieser

Stelle kommt Barth erneut eine Stelle aus Kohelet als biblische Begründung in den Sinn: „Die Furcht Gottes ist unsere Freiheit in der Freiheit. ‚Ist's nun nicht besser dem Menschen, dass er esse und trinke und seine Seele guter Dinge sei in seiner Arbeit? Aber solches sah ich auch, dass es von Gottes Hand kommt. Denn wer kann fröhlich essen und sich ergötzen ohne ihn?'" (585; Koh 2,24f.). In der Perspektive dieser „biblischen Lebenserkenntnis" bekommt die Bejahung des Lebens ihr relatives Recht. „Auch das regnum naturae [...] kann ja immer regnum Dei sein oder werden, wenn nur *wir* im Reiche Gottes sind und Gottes Reich in *uns*" (585).

Neben dem naiven Gebrauch von Kohelet im Rahmen des *regnum naturae* kennt Barth aber auch einen kritischen Gebrauch in der soteriologischen Mitte der „Gottesgeschichte" (IV.): „Unser Ja gegenüber dem Leben trug ja von vornherein das göttliche Nein in sich, nun bricht es hervor in der Antithesis, gegenüber der ursprünglichen Thesis hinweisend auf die ursprünglich-endliche Synthesis [...]." So kann es kaum überraschen, dass Barth unseren Schrei „nach dem *Erlöser* der jetzigen Welt" mit dem geradezu lebensmüden Refrain des Buches Kohelet erläutert: „*Zu* sehr bedrängt uns bei aller erlaubten und nötigen Lebensbejahung die Tatsache, dass unser Handeln in diesem Äon wohl in Analogie, aber nicht in Kontinuität mit dem göttlichen Handeln steht. *Zu* wirksam ist gerade die Voraussetzung unserer Lebenbejahung, die darin besteht, dass alles eitel, alles ganz eitel ist" (587; vgl. Koh 1,2; 12,8 u. ö.).

„So wendet sich das Reich Gottes" im *regnum gratiae* „zum *Angriff* auf die Gesellschaft" (588). In einer rhetorischen Frage bringt Barth hier Kierkegaard, Tolstoj, Ibsen, Kutter, Nietzsche, aber auch den Sozialismus ins Spiel: „Warum können wir uns [...] gerade im *letzten* Grunde *nicht* verschließen gegenüber dem Protest [...], den der *Sozialismus* mit zusammenfassender Wucht gegen den ganzen geistigen und materiellen Bestand der Gesellschaft richtet?" Dieser Protest stehe ebenso wie Dostojewskis „Christusverständnis" in einer Linie mit dem „radikalen Protest" der „*Mystik* des Mittelalters", der „ursprünglichen *Reformation*" und des „*Täufertum*[s]" gegen die realexistierende Religion, der seinerseits wieder in den Antithesen der „Bergpredigt" begründet sei (589; vgl. Mt 5,21–48). Und die Kaskade rhetorischer Fragen mündet schließlich bei Kohelet: „Warum sind wir so verlegen und antwortlos gegenüber der Anklage, die der *alttestamentliche Gesellschaftsphilosoph* gegen das Leben – nicht nur gegen die und jene heutigen Zustände, sondern gegen das Leben selbst erhebt: ‚Ich wandte mich um und sah an alles Unrecht, das geschah unter der Sonne; und siehe, da waren Tränen derer, die Unrecht litten und hatten *keinen* Tröster; und die ihnen Unrecht taten, waren zu mächtig, dass sie keinen Tröster haben konnten. Da lobte ich die *Toten*, die schon gestorben waren, mehr denn die Lebendigen, die noch das Leben hatten. Und besser denn alle beide ist, der *noch nicht* ist und des Bösen nicht inne wird, das unter der Sonne geschieht'" (590; Koh 4,1–3).

Jenseits des naiven Gebrauchs als Lebensbejahung und eines kritischen Gebrauchs als Lebensverneinung kennt Barth schließlich noch einen dritten, einen dialektischen Gebrauch von Kohelet. Dieser kommt im eschatologischen Ausblick auf das *regnum gloriae* (V.) zur Sprache. Zwar sei „das letzte, das ἔσχατον, die Synthesis, *nicht* die Fortsetzung, die Folge, die Konsequenz, die nächste Stufe des Vorletzten etwa, *sondern* im Gegenteil der radikale Abbruch von allem Vorletzten"; aber gerade deshalb sei es „auch seine ursprüngliche Bedeutung, seine bewegende Kraft" (596). Unter dem Aspekt von Calvins „Prädestinationsbewusstsein[...]" werden wir, so Barth, „sowohl in unserer Naivität als in unserer Kritik des Gesellschaft gegenüber" „gehemmt". Aber solche „Hemmung" bedeute „nicht „Kraft*verlust*, sondern Kraft*ansammlung"*. „Der Blick von der Schöpfung und Erlösung hinüber auf die Vollendung" bedeute, „dass unsere naive wie unsere kritische Stellung zur Gesellschaft [...] *in Gott ins rechte Verhältnis gesetzt"* werde. Es gehe hier nicht um ein „systematisches", sondern um ein „geschichtliches, gottesgeschichtlich und lebensgeschichtlich geordnetes Verhältnis". Und zur biblischen Begründung des Gedankens fällt Barth erneut Kohelet ein: „Wir lassen uns dann vom Prediger Salomo sagen: ‚Sei nicht allzu gerecht und nicht allzu weise, dass du dich nicht verderbest! Sie nicht allzu gottlos und narre nicht, dass du nicht sterbest zur Unzeit! Es ist gut, dass du dieses fassest und jenes auch nicht aus deiner Hand lässest; denn wer Gott fürchtet, der entgehe dem allem'" (597; Koh 7,16–18).

Die dialektische „Hemmung" aufgrund des Prädestinationsbewusstseins hat dann auch ethische Implikationen, wie Barth gegen Ende des Vortrags erneut anhand von Kohelet erläutert: „Denn ‚ein jegliches hat seine Zeit und alles Vornehmen unter dem Himmel hat seine Stunde: geboren werden und sterben, pflanzen und ausrotten das Gepflanzte, würgen und heilen, brechen und bauen, Steine zerstreuen und Steine sammeln, behalten und wegwerfen, zerreißen und zunähen, schweigen und reden, lieben und hassen, Streit und Friede haben ihre Zeit'" (598; Koh 3,1–8). Vor allem aber: „Gott tut alles fein zu seiner Zeit und hat dem Menschen *die Ewigkeit ins Herz gegeben*, ohne welche er das, was Gott tut vom Anfang bis zum Ende – nicht finden könnte"

(Koh 3,11). Die „Synthesis" bestehe eben darin, dass der Mensch „die Ewigkeit im Herzen" „finden *kann*" (598).

Es bleibt die Frage: „Was sollen wir denn nun tun?" Die knappe Antwort ist eine rhetorische Gegenfrage: „Was kann der Christ in der Gesellschaft anderes tun, als dem Tun Gottes aufmerksam zu folgen?" (598) Nach allem, was wir über unser Begreifen als Eingreifen und Angreifen gehört haben, meint dieser Schlusssatz zweifellos mehr als ein bloßes Zuschauen.

5. Schluss

Fassen wir zusammen, wie Barth das biblische Räderwerk konstruiert hat, auf dem er die komplizierte Maschine des Tambacher Vortrags laufen lässt: Die „großen Synthesen des Kolosserbriefs", nach denen alles und damit eben auch die „Zerfahrenheit der Gesellschaft" ihre „Einheit" in Christus findet, stellen gleichsam den Ursprung dar, von dem aus die gesellschaftlichen Verhältnisse und Vorgänge als Bewegungen innerhalb der „Gottesgeschichte" begriffen werden können. Diese „Geschichte *Gottes* in der Geschichte" findet ihre „Summe" in der Auferstehung, von der im 1. Korintherbrief die Rede ist. An der Bewegung des Reiches Gottes durch die drei Phasen vom *regnum naturae* über das *regnum gratiae* zum *regnum gloriae* sind wir beteiligt, indem wir ihrem dialektischen Weg von der Naivität über die Kritik zum „Ziel der Geschichte" hin folgen. Dabei kann uns gerade der „alttestamentliche Gesellschaftsphilosoph" Kohelet jeweils die ethischen Implikationen unserer Beteiligung an der „Gottesgeschichte" zeigen.

Nun ist die Kanonizität des Kohelet wegen seiner scheinbaren Gottlosigkeit, seiner resignativen Stimmung und seines Hedonismus immer wieder in Frage gestellt worden. Christliche wie jüdische Ausleger hatten ihre liebe Mühe mit der Weisung: „Sei nicht allzu gerecht und nicht allzu weise, daß du dich nicht verderbest!" (Koh 4,16) Sie scheint ja dem Gerechtigkeitsethos der Bibel ins Gesicht zu schlagen. Auch der Refrain „Alles ist eitel" (Koh 1,2 u.ö.) scheint in seiner Resignation gegenüber allem menschlichen Handeln und aller menschlichen Hoffnung dem ethischen Ermutigungmotiv der biblischen Verheißungen und Gebote zu widersprechen. Umgekehrt scheint der anthropologische Materialismus Kohelets – „Ist's nun nicht besser dem Menschen, dass er esse und trinke und seine Seele guter Dinge sei in seiner Arbeit?" (Koh 2,14) – jedes geistliche Verständnis des Glaubens zu untergraben.

In Barths Lektüre ist Kohelet gerade wegen seiner inneren Widersprüchlichkeit als „alttestamentlicher Gesellschaftsphilosoph" geeignet, die Bewegung der „Gottesgeschichte" zu konkretisieren. Es ist „eine dreifache Schnur" (Koh 4,12), die Kohelet durchzieht: ein heller Faden, der die Freude am Leben betont; ein dunkler Faden, der das Leben als „eitel" durchschaut und kritisiert; und schließlich ein roter Faden, der vor den Extremen der beiden anderen warnt: „Ein jegliches hat seine Zeit" (Koh 3,1). „Sei nicht allzu gerecht und nicht allzu weise" (Koh 7,16).

In der jüdischen Tradition findet Kohelet Verwendung als Festrolle zu *Sukkot*, dem Laubhüttenfest. Demnach wird hier nicht so sehr das Gefühl der Vergeblichkeit – „Alles ist eitel" – als vielmehr der Aspekt der Festfreude betont. Gewiss hat der jüdische Festkalender für die Konzeption des Tambacher Vortrag keine Rolle gespielt.[3] Es muss aber doch auffallen, dass der erste Kontext, in dem Barth Kohelet gebraucht, der einer freudigen, naiven Bejahung des Lebens im schöpfungstheologischen Abschnitt ist.

Wenn Barth diesem Aspekt dann im soteriologischen Abschnitt eine Problematisierung des Lebens folgen lässt, so präludiert dies bereits das Kohelet-Zitat im Vorwort zur neuen Bearbeitung des *Römerbrief*-Kommentars – „Gott ist im Himmel und du auf Erden" (Koh 5,1) –, womit dort der „unendliche[...] qualitative Unterschied" (S. Kierkegaard) von Zeit und Ewigkeit charakterisiert werden soll.[4] Damit wird die Mitte der „Gottesgeschichte" betont, in der die göttliche Gnade primär als Gericht über das menschliche Leben wirkt.

Doch sollte auch dieser kritische Aspekt nicht isoliert werden: Im Tambacher Vortrag betont Barth seinen „Übergangscharakter" (588), der in die zukunftsoffene Perspektive der Auferstehung als der „Summe der Geschichte *Gottes* in der Geschichte" (594) mündet. Dieser Summe entspricht wegen ihrer Unverfügbarkeit eine pragmatisch-nüchterne Ethik im Sinne des Römerbriefs: „die Freiheit [...], jetzt Ja und jetzt Nein zu sagen", indem wir „nicht nach äußerem Zufall und innerer Willkür, sondern nach dem wohlgeprüften Willen Gottes jeweilen ,das Gute, das Wohlgefällige, das Vollkommene'" wählen (598; Röm 12,2).

---

3 Der 25. September 1919, an dem Barth den Vortrag hielt, war nicht *Sukkot*, sondern *Rosch haSchana*, das jüdische Neujahrsfest, mit dem der Festzyklus beginnt, der am *Jom Kippur*, dem Versöhnungstag, seinen Höhepunkt erreicht, um dann fünfzehn Tage nach Neujahr in der Festfreude von *Sukkot* zu münden.

4 Vgl. Karl Barth, *Der Römerbrief (Zweite Fassung)* (GA II), hg. von Cees van der Kooi und Katja Tolstaja, Zürich 2010, 17 [Vorwort zur neuen Bearbeitung von 1922].

Barth kann seine Drei-Reiche-Lehre auch darin zum Ausdruck bringen, dass er in den drei Abschnitten über die Bewegung des Reiches Gottes jeweils darauf anspielt, dass Jesus Christus nach dem Hebräerbrief „*gestern*" (577), „*heute*" (592) und „in Ewigkeit" „derselbe" sei (598; vgl. Hebr 13,8). Diese dogmatische Aussage über die Einheit Jesu Christi über die Zeiten hinweg wird aber konkret in der dreifachen Perspektive des „alttestamentlichen Gesellschaftsphilosophen": Kohelet repräsentiert die Erfahrung des Lebens, die „Zerfahrenheit der Gesellschaft", die ihre „Einheit" in Christus findet.

Victor Kal

Wa-chaj ba-hem, ani HaSjem / „Und er lebt durch sie, Ich bin G-tt" (III 18,5)

I. Einleitung

Wa-chaj ba-hem, ani HaSjem / „Und er lebt durch sie, Ich bin G-tt". Der Satz, den ich hier zitiere, stammt aus dem dritten Buch der Thora, dem Buch Levitikus – Kapitel 18, Vers 5. Der Satz sagt, wie der Mensch (nach Ansicht der Thora) zum Leben erweckt wird, oder, mit anderen Worten, wie der Thora-Mensch, der *ben Torah*, – wie der Thora-Mensch zum Leben erwacht. Jeder weiß, dass man „Leben" nicht vollständig organisieren kann und dass man „Leben" schon gar nicht machen kann. Leben kann man sich nur geben lassen. Man *wird* inspiriert, man *wird* motiviert, man *bekommt* Energie. Lässt man diese Tatsache jedoch beiseite, dann steht einem früher oder später ein Burn-out bevor. Der zitierte Satz geht denn auch weiter mit: *ani HaSjem*, „Ich bin G-tt". Das bedeutet: Leben kriegst du über dich verfügt. Inspiration, Orientierung und Identifikation bieten sich dir dar. Nur so wirst du wiederhergestellt, nur so wirst du erneuert, nur so wirst du ein anderer Mensch. Es ist der Schöpfer, der all dies über dich verfügt – derselbe Schöpfer wie der, mit dem die Thora beginnt.

„Und er lebt durch sie, Ich bin G-tt". Der Satz besteht aus drei Teilen: *er lebt, durch sie*, und *Ich bin G-tt*. Den ersten Teil, „Leben", habe ich schon erwähnt. Leben kannst du dir nur geben lassen. Auch den dritten Teil, *Ich bin G-tt*, habe ich besprochen. Leben kriegst du durch den Schöpfer über dich verfügt. Man könnte jetzt denken, dass damit schon alles gesagt ist. Dies ist jedoch nicht der Fall. Es geht der Thora gerade um den Mittelteil des Satzes: *durch sie*. Er lebt durch sie. Der dritte Teil, *Ich bin G-tt*, kommt als eine Zugabe. Dieser geht etwas anderes voraus. Man könnte sagen: *Ich bin G-tt*, – sehr schön, aber dieser G-tt tritt offenbar nur auf vermöge eines *durch sie*, das dem vorausgeht. Dieses *durch sie* liegt auf der Seite des Menschen. Das *durch sie* liegt auf der Seite des Menschen, *gegenüber* dem G-tt dieses Menschen. Somit geht es hier um eine Verantwortung, die dem Menschen zukommt.

Durch sie, – schauen wir mal, worüber die Thora hier spricht. Das *sie* vom *durch sie* bezieht sich auf die *Gesetze* und *Rechtsordnungen*, die kurz zuvor erwähnt werden. Die hebräische Bezeichnung dieser Gesetze und Rechtsordnungen lautet: *chukkim* und *misjpathim*. *Chukkim* und *misjpathim* – zwei Wörter, die in der Thora eine feste Kombination bilden. Auf die Unterschiede zwischen *Gesetze* und *Rechtsordnungen* gehe ich jetzt nicht ein. Im Weiteren spreche ich schlichtweg über *das Gesetz*. Vom Israeliten wird in der Thora erwartet, dass er dieses Gesetz einhält. Nur durch das Sich-unter-das-Gesetz-Stellen und nur durch dasjenige Tun, was das Gesetz vorschreibt, ist ein Mensch ein Israelit. Und nur kraft des Tuns des Gesetzes hat „Leben", wie „Leben" dem Israeliten versprochen ist, Zugang zu diesem Israeliten. *Er lebt durch sie. Er lebt durch das Gesetz.*

Nun denn, *er lebt durch sie*, so teilt die Thora uns mit. Das heißt: *Er lebt durch das Gesetz*. Dies bedeutet: Leben kommt zu ihm durch das *Halten* des Gesetzes – durch das *Tun* des Gesetzes. Der Gedanke, den die Thora uns hier kundtut, bereitet uns unverzüglich zwei erhebliche Schwierigkeiten. Was ich an diesem Punkt in dieser Einleitung noch mitgeben möchte, ist eine kurze Darstellung dieser beiden Probleme. Danach werde ich anfangen.

Die erste Schwierigkeit haben Sie vermutlich schon geahnt. Wir haben gesehen, dass die Thora zwei völlig verschiedene Sachen sagt. Erst sagt die Thora, dass Leben zu dir kommt kraft des Tuns des Gesetzes. Dann sagt die Thora, dass es der Schöpfer ist, der Leben über den Menschen verfügt. Man könnte darum fragen, wer hier eigentlich ausschlaggebend ist: Der Mensch, der seinerseits das Gesetz tut, oder G-tt, der seinerseits über den Menschen entscheidet? Gerät die Thora nicht in einen Widerspruch, wenn die Thora sagt: *und durch sie lebt er – Ich bin Gott*?

Die zweite Schwierigkeit ist ganz anderer Natur. Die Idee, dass gerade das Tun des Gesetzes Leben ermöglichen würde, stößt in der ganzen modernen Welt auf Widerstand. Die moderne Welt sieht hier eine Kontradiktion. „Leben" wird als dynamisch, veränderlich und frei aufgefasst. „Gesetz" wird hingegen als starr, unveränderlich und zwingend angesehen. Für einen Menschen ist das Gesetz eine Regel, die ihm von außen her auferlegt werden muss. Das Leben dagegen ist für den Menschen etwas, das nur von innen heraus gedeihen kann. Diese Gegenüberstellung von einem nur äußerlichen Gesetz und Leben, das eine innerliche Angelegenheit ist, hat sicherlich etwas mit dem Apostel Paulus und seinem *Brief an die Galater* und demnach mit einer christlichen Geschichte zu tun. Aber das ist nicht mein Thema. Die einzige Frage, die ich hier stelle, ist: Wie kann die Thora sagen, dass ausgerechnet kraft des Tuns des Gesetzes Leben da sein wird?

Nun habe ich zwei Schwierigkeiten dargeboten, die ich jetzt erst mal liegen lasse. Behalten Sie diese aber gut im Hinterkopf! Ich werde noch darauf zurückkommen.

Ich bin Niederländer. Ich entschuldige mich für meine deutsche Aussprache. Ich bin ein Philosoph. Möglicherweise müssen Sie sich daran gewöhnen. Ich bin ein Jude, orthodox jüdisch. Ich bitte nicht um Entschuldigung.

Die Thora lese ich als der Jude, der ich bin. Die Thorarolle, die wir in der Synagoge lesen, besteht aus 5 Büchern: Genesis, Exodus, Levitikus, Numeri und Deuteronomium. Jedoch bin ich auch ein Philosoph. So kam es dazu, dass ich in der Thora eine Philosophie gesucht habe, – die Philosophie der Thora, das Denken der Thora. Es ist eine Philosophie, die zwar verborgen in der Geschichte liegt, die die Thora erzählt, – wodurch sie aber nicht weniger Philosophie ist. Nach meiner Ansicht ist sie überdies eine Philosophie, die als „modern" bezeichnet werden kann. Dass die Thora eine moderne Philosophie ist, können Sie alsbald schon erkennen an den Wörtern, die ich verwende: Freiheit, Verantwortung und Ernsthaftigkeit, Emanzipation und Kosmopolitismus, Verfassung und Bürgerschaft, und vor allem von Anfang an die Ablehnung der Götter, derer man sich bedient, um die eigene patriarchalische Tradition zu legitimieren. Der G-tt, den die Thora präsentiert, ist ein kritischer G-tt – ein G-tt, der aus patriarchalen Traditionen befreit.

In Kürze komme ich wieder zum Gesetz und zu den zwei Schwierigkeiten, die ich soeben präsentiert habe. Aber zuerst will ich zeigen, wie die Thora tatsächlich beim Satz arriviert, der den Titel meines Vortrages bildet: *Und er lebt durch sie, Ich bin G-tt.* Die Frage ist vor allem, was die Thora erreichen will, wenn sie die Sache darauf hinauslaufen lässt. Die Frage ist, mit anderen Worten, was für die Thora genau auf dem Spiel steht mit dem Gesetz.

Ich beginne mit Abraham – Emanzipation und Kosmopolitismus. Dann zeige ich, wie der Fall Abraham, Isaak und Jakob in eine Sackgasse gerät. Diese Sache fährt sich sowohl im Punkt der Emanzipation als auch im Punkt des Kosmopolitismus fest. Jakob endet denn auch in Ägypten – *nicht* das Land, das G-tt an Abraham versprochen hatte! Aber bereits in Ägypten entsteht ein zweiter Anfang. Dieser zweite Beginn entwickelt sich in dem Moment, in dem die Israeliten das Gesetz auf sich nehmen – das Gesetz, das Abraham nicht kannte. Wohlgemerkt, lange bevor sie überhaupt in dem Land ankamen, das sie möglicherweise jemals erben könnten, verhielten sich diese Israeliten bereits als korrekte Bürger eines freien Staates! Nun denn, die These, die ich verteidige, ist, dass das Auf-sich-Nehmen des Gesetzes einen Ausweg bietet. Und zwar genau an dem Punkt, an dem Abraham, Isaak und Jakob ein Defizit aufweisen und in einer Sackgasse steckenbleiben. Das Gesetz, um das es geht, ist die Verfassung (II 13,10: die *chukkah*) der Israeliten. Erst dieses Grundgesetz ermöglicht in vollem Maße die Emanzipation und den Kosmopolitismus, die mit Abraham angefangen haben.

All diese Dinge sind auch in der Zeit, in der wir leben, von größter Signifikanz. Sind wir heute nicht die Zeugen eines bitteren Mangels an Einsicht hinsichtlich der Bedeutung des Phänomens „Konstitution"?!

II. Die Emanzipation

Jetzt fange ich an. Im ersten Buch der Thora, dem Buch Genesis, lesen wir zu Beginn des 12. Kapitels den folgenden Satz. Mit diesen Worten spricht G-tt Abraham zum ersten Mal an. „Geh du, du deinerseits, weg von deinem Land, weg von deiner Herkunft, weg vom Hause deines Vaters, [geh] in das Land, von dem gilt: Ich zeige es dir" (I 12,1). Sieh da: der Beginn der Freiheit. Ein Versprechen der Zukunft zählt mehr als das Erbe der Vergangenheit. Allerdings steht Abraham jetzt erst mal mit leeren Händen da. Was aus diesem Versprechen werden muss, ist daher eine Frage des Vertrauens. Sogleich wird hier denn auch der Skeptiker auf der Bildfläche erscheinen. Der Skeptiker sagt: „Ich glaub jetzt erst mal nichts". Der Skeptiker hat völlig recht. Auch Abraham selbst glaubt erst mal nichts. Der springende Punkt ist, dass der Skeptiker zu Hause bleibt, während Abraham sich auf den Weg macht.

Jetzt, wo eine versprochene Zukunft schwerwiegender ist als die geerbte Vergangenheit, wird es schwierig. Denn woran kann Abraham sich jetzt noch orientieren? Immerhin hat er mit der Vergangenheit gebrochen und die Zukunft ist noch nicht eingetroffen. Faktisch steht er mit leeren Händen da. Die Thora verschärft die Schwierigkeit, indem sie uns erstens erzählt, dass Sarai, Abrahams Frau, unfruchtbar ist – während es ja gerade sie ist, die ihm den versprochenen Nachwuchs liefern muss; und zweitens, dass Kanaan, das Land, in dem Abraham ankommt, ausgedörrt ist und keine Ernte erzeugt – während gerade dieses Land das von G-tt verheißene sein sollte. Solcherart verdeutlicht die Thora unsanft, dass Abraham jetzt völlig auf G-tt angewiesen ist. Indem er G-ttes Stimme Gehör schenkt, scheint sich dieser Abraham faktisch vom Leben abgeschnitten zu haben.

Abraham steht mit leeren Händen da. Es ist G-tt, der ihm dasjenige, worum es geht (Nachwuchs, Land), zeigen wird. Diese Sache kann Abraham sich nicht mutwillig aneignen. Die muss er sich geben lassen. Die Erkenntnis, dass er sich die Sache geben lassen muss, bringt Abraham mit dem Bau eines Altars zum Ausdruck. Genauso legt er letztendlich auch Isaak auf den Altar. Er vertraut Isaak G-tt an, damit dieser in der Bedeutung des ihm verheißenen Nachwuchses lebe. Und genauso hatte Abraham zuvor schon das Land auf den Altar gebunden (in Shekhem, in Bethel und in Chebron), damit dieses Land das Land sein kann, in dem Sinne, wie es ihm versprochen wurde. Denn so wie sein Neffe Lot sich das Land aneignet (13,11), kann Abraham das Land nicht bekommen. Nur G-tt kann es ihn erben lassen. Kurz gesagt, ist hier die Opferhandlung entscheidend.

Die Opferhandlung ist menschliches Handeln. Aber es ist menschliches Handeln von spezifischer Art. Der Opferhandlung geht es nicht darum, irgendetwas in der Welt zustande zu bringen oder zu verwirklichen – schon gar nicht Isaaks Tod. Als vorbereitendes Handeln weist das Opfer per definitionem über sich selbst hinaus. Durch die Opferhandlung macht sich ein Mensch an irgendeinem „Dort" fürs Leben zugänglich – fürs Leben, das er selbst nicht erschaffen kann. Daher definiert das Opfer in der Thora die zentrale Verantwortung des religiösen Menschen. Dabei dreht es sich nicht um eine *moralische*, sondern um eine *religiöse* Verantwortung. In der Opferhandlung zeigt ein Mensch, dass er für die eigene Endlichkeit und Unfähigkeit verantwortlich ist. Er begeht die Opferhandlung, um nicht in der eigenen Endlichkeit gefangen zu sein und um kraft der Opferhandlung in einem Verhältnis zu G-tt zuallererst ein freier Mensch zu werden. Hierzu noch eine Bemerkung: Was ein Mensch in der Opferhandlung äußerlich tut, kann er im Gebet auf innerliche Weise tun – selbst heutzutage. Es ist nicht schwer, und der freie Mensch benötigt dies, weil er nicht nur frei, sondern auch endlich ist.

Siehe da: Emanzipation wie die Thora sie sich vorstellt. Von einem patriarchalischen Regime kann jetzt nimmer mehr die Rede sein. Eine Legitimation des eigenen Regimes, indem man dieses Regime mit nationalen Mythen und völkischen Göttern schmückt, ist fortan ausgeschlossen. Mit all dem hat Abraham gebrochen. Zukünftig ist die höchste Autorität ein Zukunfts-G-tt. Ein G-tt, der zunächst noch verborgen ist. Ein G-tt, der Leben gibt. Dieser G-tt ist eine kritische Autorität.

Nun denn, kraft der Religion gibt Abraham einem verborgenen G-tt *doch noch* die Möglichkeit, über ihn, Abraham, zu verfügen – in einem bestimmten Augenblick, zum Leben. Auf diese Weise bürgt die Religion für die

Fruchtbarkeit der Emanzipation. Vielleicht kann man dies auch umdrehen: Ohne Religion ist die moderne Emanzipation eine verlorene Sache.

III. Der Kosmopolitismus

Abraham lässt sich durch G-tt absondern. In dem Moment startet er seinen *Alleingang* in die Welt. Darüber hinaus erhält er im selben Augenblick eine *universelle* Bedeutung – eine Bedeutung, die die gesamte Menschheit einschließt. Die Thora formuliert es folgendermaßen: „Durch dich werden alle Geschlechter der Erde gesegnet" (I 12,3). Das eine hängt logisch mit dem anderen zusammen. Sich durch die große Autorität, die über Himmel, Land und Leben verfügt, absondern zu lassen, hat zwei Konsequenzen. Einerseits ist es dann nicht mehr möglich, sich ohne Weiteres mit gleichgültig welchem Regime, das sich nun einmal in der Welt etabliert hat, zu identifizieren. Andererseits fühlt man sich jetzt verpflichtet, jedes sich gerade Mal in der Welt etablierte Regime im Verhältnis zu dieser alles übersteigenden Autorität kritisch zu verantworten.

Abrahams Kosmopolitismus bringt die Thora zum Ausdruck, indem sie ihn mit der Zahl 10 assoziiert. Die 10 zeigt an, dass die Sache vollständig (*sjalem*) ist und nun als solche sichtbar wird. Es geht um Folgendes: Die Tyrannei der Regimes der Welt endet, sobald Abraham es schafft, ihnen gegenüber als Vertreter des Prinzips der Freiheit aufzutreten. Es ist seine Orientierung an dem, was die Thora den „Richter des ganzen Landes" (I 18,25: *ha-sjopheth khol-ha-arets*) nennt, die Abraham in die Lage versetzt, diese Regime zu demaskieren.

Die Thora lässt die Zahl 10 eine Rolle in den Kriegen spielen, die die 9 Könige miteinander führen (I 14). Fügt man Malkhi-Tsedek zu diesen 9 Königen hinzu, dann ergibt das 10 Könige. In Bezug auf diese Könige und ihre Kriege spielt Abraham eine entscheidende Rolle. Der Charakter dieser Rolle kommt in dieser Zahl 10 zum Ausdruck. Abraham selbst gibt dann Malkhi-Tsedek ein Zehntel (14,20) – dieser ist der König von Sjalem (abermals 10!) und der Priester (der *khohen*) des Allerhöchsten (14,18). Dank Abrahams Vorgehen konnte Malkhi-Tsedek die Zahl 10 auf der Seite der Könige vervollständigen. Bereits hier haben sich einige Bewohner Kanaans Abraham angeschlossen. Es sind Amoriter (Mamré, Esjkol und Aner), die sich offenbar von ihrem alten Regime getrennt haben (14,13 / 14,24); das ist vielversprechend. Für dies alles gibt die Thora nicht mehr als einen Wink (*remez*).

Wenig später sehen wir, dass Abraham nicht nur Kanaan, sondern auch die Völker dieses Landes erbt. Von nun an sind sie *seine* Verantwortung (15, 18–21). Wiederum werden *schon* 10 Völker genannt. Die Zahl 10, die Abraham hier in Aussicht gestellt wird, wird jedoch erst komplett, wenn die Tyrannei der Völker „vollständig" ist (15,16: *sjalem*). Sie kann dann auf nichts mehr fußen. Aber dies wird, wie bereits erwähnt, nur geschehen, wenn es Abraham gelingt, um gegenüber diesem patriarchalischen Regime ein Repräsentant der Freiheit und der Gerechtigkeit (*tsèdèk*) zu sein –, und zwar der Gerechtigkeit, die in Verwahrung beim „Richter des ganzen Landes" ist (I 18,25). Für den modernen, emanzipierten Bürger ist ein derartiger Kosmopolitismus die natürlichste Sache der Welt – zumindest, wenn es gut geht.

Abrahams Kosmopolitismus kommt in der Thora explizit in dem Moment zum Ausdruck, als G-tt ihn eine Rolle spielen lässt bei der Bildung G-ttes Urteils über das Unrecht von Sodom (18,17). Dabei plädiert Abraham für Sodom und verweist auf die Gerechten, die auch in Sodom wohnen (siehe I 18). Aber er tut, was er tut, ohne selbst zu Sodom zu gehören. Und trotzdem liegt es in seiner Verantwortung. Er ist Kosmopolit.

Abrahams Kosmopolitismus ist die Kehrseite seiner Emanzipation. Seine universelle Bedeutung ist die Implikation seines *Alleinganges*. „Indem du dich durch G-tt absondern lässt, wirst du zu einem Segen für alle Geschlechter der Erde" (I 12,3), so lesen wir in der Thora. Der Universalismus folgt aus dem Partikularismus. Was logisch ist, denn dieser Partikularismus ist ein Partikularismus *gegenüber G-tt* (*liphné HaSjem*) — und dieser G-tt ist der Schöpfer von dem Himmel und von *allem* Land.

IV. Ein Defizit und eine Sackgasse

Im zweiten Buch der Thora, dem Buch Exodus, lesen wir den folgenden Satz: „Meinen Namen *HaSjem* habe ich [G-tt] nicht an sie kenntlich gemacht" (II 6,3). Mit „nicht an sie" sind Abraham, Isaak und Jakob gemeint. Das hebräische Wort *HaSjem* bedeutet „der Name". Damit wird das *tetragrammaton* angedeutet: Der Gottesname, der aus vier Buchstaben besteht. Das ist der Name, den wir nicht aussprechen. Der Gottesname *HaSjem* steht neben dem Ausdruck „G-tt" (*elokim*). Zu Beginn der Thora, während der sieben Tage der Schöpfung, wird G-tt nur „G-tt" (*elokim*) genannt. Es geht hier lediglich um eine Bewegung von oben nach unten. In der Thora tritt das *tetragrammaton*, also der Name *HaSjem*, erst dort in Erscheinung, wo die Bewegung von oben nach unten – die Schöpfung – irgendwie mit einer Bewegung von unten nach oben kommuniziert, und zwar mit dem Anrufen G-ttes *durch den Menschen*.

Die Dringlichkeit dieses Anrufens G-ttes durch den Menschen hängt zusammen mit dem Sabbat von G-tt. Der Schöpfer hat am siebenten Tag aufgehört. Er konnte nicht weitermachen. Er kann nur dann fortfahren, wenn der Mensch ihm Zugang gewährt. Siehe da: Die Verantwortung des Menschen, so wie die Thora sie sieht. Diese Verantwortung tritt nur ein, wenn der Mensch der Zukunft Vorrang gibt, und zwar während diese Zukunft noch verborgen ist. Denn G-tt befindet sich noch immer in seinem Sabbat. Und nur wenn der freie Mensch, einem verborgenen G-tt gegenüberstehend, seine Verantwortung auf sich nimmt, erst dann erscheint der Name *HaSjem* in der Thora.

Nun zurück zu unserem Zitat: „Meinen Namen *HaSjem* habe ich [G-tt] nicht an sie kenntlich gemacht" (II 6,3). Dies ist eine sehr merkwürdige Bemerkung. Im ersten Buch der Thora begegneten wir fortwährend dem Namen *HaSjem*. G-tt stellt sich Abraham und Jakob sogar direkt mit seinem Namen *HaSjem vor:* "Ich bin *HaSjem*" (I 15,15 und 28,13). Wie könnten Abraham, Isaak und Jakob den Namen *HaSjem* nicht gekannt haben?! Was übrig bleibt, ist die Möglichkeit, dass der Name *HaSjem* verschiedene Aspekte und unterschiedliche Dimensionen hat. Zweifellos kannten Abraham, Isaak und Jakob mehrere dieser Dimensionen, was jedoch nicht ausschließt, dass eine bestimmte Dimension des Namens *HaSjem* ihnen unbekannt geblieben ist.

Man kann also von einem Defizit sprechen, das im ersten Buch der Thora nicht überwunden wird. Abraham, Isaak und Jakob bleiben in einer Sackgasse stecken. Die Sache, an der der Thora gelegen ist, wird blockiert. Die Freiheit, die Verantwortung und der Ernst des Menschen in seinem Umgang mit sich selbst, während er gegenüber seinem verborgenen G-tt steht, können sich anscheinend nicht weiterentwickeln im Sinne von Emanzipation und Kosmopolitismus, was ja das Projekt der Thora ist.

Das Defizit worum es hier geht, hat zweierlei Aspekte. Der eine hängt mit dem Kosmopolitismus zusammen und der andere mit der Emanzipation. Schauen wir jetzt mal, was die Thora darüber sagt. Ich fange mit dem Ersten an.

(1) Das Fehlen eines alternativen Regimes

Sarah ist gestorben (I 23, 1–2). Jetzt braucht Abraham im Lande Kanaan einen Ort, wo er die Tote begraben kann. Um ein Stück Land zu erhalten, wendet er sich an das Volk der Chetiter. Diese sehen in Abraham einen „Fürsten von G-tt" (23,6: *nesi elokim*). Bereitwillig überlassen sie ihm den Boden, den er braucht – umsonst. Abraham will das Stück Land jedoch unbedingt durch Geld erwerben, und so geschieht es.

Unterdessen konfrontiert der Text der Thora uns mit einer Merkwürdigkeit. Ziemlich übertrieben erwähnt der Text achtmal „die Söhne von Chet". Infolgedessen bezieht Abraham sich hier nicht auf ein lokales Volk oder auf den Fürsten dieses Volkes, sondern auf die *individuellen* Chetiter, die von ihrem Fürsten losgelöst sind – das heißt: abgetrennt vom Regime dieses Fürsten. Die Tatsache, dass diese Individuen *achtmal* genannt werden, ist im Kontext der Thora aussichtsreich. Mit dieser Zahl 8, so interpretiere ich, repräsentieren die Söhne von Chet bereits den Bereich des Heiligen (der Bereich *kadosj*). Diese 8 kennt Abraham selbst zunächst nur in der Gestalt der Beschneidung; die sich am achten Tag (17,12) ereignet. Später in der Thora wird deutlich, dass der Bereich des Heiligen der Ort (*ha-makom*) ist – der *kollektive* Ort – der gegenüber *HaSjem* liegt. Auch dieser Ort, das Heiligtum (II 25,8), tritt am achten Tag in Wirkung (III 8,9).

Indem sie sich von ihrem Fürsten loslösen und indem sie in den Bereich der 8 (das heißt: in den Bereich des Heiligen) eintreten, qualifizieren sich die Söhne Chets bereits für den Beitritt zu einem alternativen Regime. Und zwar demjenigen Regime, das Abraham dann für sie repräsentieren sollte. Aber Abraham versagt. Er führt sie *nicht* in dieses alternative Regime ein. Immerhin ist er *selbst* auch nicht mit diesem Gesetz vertraut, das die Position des „Heiligen" *für ein Kollektiv von Individuen* ermöglicht. Also hat Abraham den Söhnen Chets nichts zu bieten. Er ist lediglich „Fürst von G-tt" – das heißt, so zeigt sich hier: ein Fürst von Niemandem. Das Regime *HaSjems* kennt er nicht. Sollte das bedeuten, dass die Söhne Chets sich dann halt bei der *Person* Abraham anschließen müssen? In diesem Fall aber würden sie wieder in den patriarchalen Modus, mit dem sie gerade gebrochen hatten, zurückfallen.

Siehe da: das Defizit Abrahams. Während die Söhne Chets, Bewohner von Kanaan, längst dazu bereitstehen, kann Abraham ihnen nicht das Regime bieten, dem sie beitreten könnten. Von der universellen Bedeutung, die die Thora mit Abraham assoziiert, kommt so nichts zustande. Erst im zweiten Buch der Thora werden wir mit dem Gesetz konfrontiert, dem es Abraham mangelt, und zwar mit einer kosmopolitischen Verfassung. Einer Verfassung, der all jene, die das wollen, beitreten können.

(2) Das Fehlen eines Punktes der Einheit

Wir haben bereits gesehen, dass das Individuum Abraham „Fürst G-ttes" genannt wird. Dahingegen bilden die Chetiter, mit denen er es zu tun hat, ein Volk. Und dieses Volk hat wirklich einen Fürsten (Ephron). Mithin deutet dies auf eine gewisse Asymmetrie hin, die später in der Thora zum Ausdruck kommt. Hier teilt die Thora das Folgende mit: „Und dies sind die Könige, die König waren im Land Edom, bevor es einen König gab für die Söhne Israels" (I 36,31). Die Thora-Leser haben Jakob dann schon kennengelernt. Seine 12 Söhne bilden den Beginn eines Volkes. Auf diese Weise bekommt die „Frage des Königs" eine bestimmte Dringlichkeit. Wer wird am Ende für diese Söhne Israels als König auftreten?

An der „Frage des Königs" hängt noch eine andere Frage. Von einem Volk ohne König könnte man sich fragen, wie es als Volk standhalten kann. Denn traditionell findet ein Volk seinen Punkt der Einheit im König oder im Fürsten dieses Volkes. Die Thora präsentiert diese „Frage der Einheit des Volkes" in Form einer Posse. Die Thora hängt diese Geschichte an Dinah (I 34). Als ob die Israeliten nur durch die Verschmelzung mit dem Volk Chamor zum ersten Mal ein Volk (34,22: *am echad*) werden könnten. Das ist natürlich absurd. Bezeichnenderweise kann Jakob an all dieser Verwirrung und all dem Elend, das seine Söhne hier anrichten, keine einzige Korrektur vornehmen, noch hat er irgendeine Orientierung zu bieten. Wenn es um die Einheit des Volkes geht, bleibt vorerst nur die Option, einen eigenen König zu haben.

Aber in der Episode, die dann folgt, macht die Thora diese Möglichkeit, einen König zu haben, zu einer großen Farce. Wir lesen, wie Joseph, einer der Söhne Jakobs, tatsächlich vom Königtum träumt. In diesen Träumen erscheint er, Joseph, als König der Israeliten (37,8). Etwas später in der Erzählung verbeugen seine Brüder sich tatsächlich vor Joseph (42,6; 43,26; 50,18). Aber Joseph ist in dem Moment alles andere als ein israelitischer König. Joseph hat sich stets mehr an Ägypten assimiliert. Dort ist er der Diener des Königs von Ägypten und der Vertreter eines patriarchalischen Regimes. Mit der „Frage des Königs" ist es also völlig schiefgelaufen. Am Ende seines Lebens, während er sich am Hofe des Königs von Ägypten aufhält, ist auch

Jakob nichts anders als ein „Fürst von G-tt" – genauso wie Abraham. Er weiß nicht, wie es weitergehen sollte mit dieser Sache. Dieses Defizit ist auch für ihn selber eine peinliche Angelegenheit (47,9). Da fehlt jede Orientierung.

Mit einer Farce veranschaulicht die Thora, dass aus der Option der Israeliten, einen König zu haben, nichts wird. Es führt sie zu einem Aufenthalt im verkehrten Land und zur Unterwerfung unter den verkehrten König. Dieserart tritt die Thora dem Gedanken entgegen, dass für die Israeliten eine patriarchalische Gesellschaft geeignet sein könnte. Und wie könnte eine traditionelle Gesellschaft überhaupt taugen, jetzt, wo „Emanzipation" der Ausgangspunkt ist!

Wir haben gesehen, wie Abraham mit seiner Herkunft und seiner Abkunft bricht. Sein G-tt hat ihn dazu gerufen. Dieser G-tt fungiert daher nicht als Legitimation von egal welcher gerade mal etablierten Gesellschaft. Infolgedessen kann sich solch eine Gesellschaft *nicht* mehr ordentlich und sicher aufhalten *im Anschluss an* ihren patriarchalen Gott. Künftighin ist Abrahams Position in erster Linie eine Position *gegenüber* seinem G-tt. Nur so orientiert er sich an G-tt als seiner höchsten Autorität. *G-tt* ist König und niemand anders. Aber damit hat sich am Begriff „König" doch etwas verändert. Der neue König ist *HaSjem*. Dieser König kommt nur dann ins Dasein, wenn das menschliche Individuum sich emanzipiert und die Stellung *gegenüber* G-tt einnimmt.

Der G-tt der Israeliten ist „für immer" (*le-olam*) „G-tt Abrahams, G-tt Isaaks und G-tt Jakobs" (II 3,15), so sagt G-tt zu Moses. Die in dieser Formulierung enthaltene Wiederholung bringt zum Ausdruck, dass dies ein G-tt der Individuen Abraham, Isaak und Jakob ist. Die Bezeichnung „G-tt von Moses" kommt in der Thora nicht vor. Auch Moses wird nicht der König der Israeliten sein. Umso dringlicher wird dann die Frage, wie diese emanzipierten israelitischen Individuen noch eine Einheit bilden können. Die moderne Welt hat hier sehr wohl eine Ahnung. Wenn die Revolution sich ereignet hat und der König enthauptet ist, dann ist man als Volk auf eine Verfassung angewiesen. Allein, wie sollte solch eine Verfassung im Falle der Israeliten aussehen? Was vor allem deutlich werden muss, ist, wie eine Verfassung aussehen muss, die einerseits als Verfassung eine *kollektive* Angelegenheit ist, aber andererseits fürs Individuum eben dadurch ein emanzipiertes und kosmopolitisches Leben fördert. Solange das nicht klar ist, bleibt das Volk der Israeliten (nach Meinung der Thora) eine Impossibilität. Solange dies unklar ist, fehlt außerdem die Grundlage für den Respekt, ohne den das Volk der Israeliten nicht als *Volk* in der Welt existieren kann.

Nun, wir haben gesehen, dass der Punkt, worum es jetzt geht, für Abraham, Isaak und Jakob nicht deutlich ist. Das Projekt, das die Thora ist, gerät mit Abraham, Isaak und Jakob in eine Sackgasse. Was mit dem Namen *HaSjem* für die Thora auf dem Spiel steht, blockiert auf diese Weise. Dies wird in der Thora äußerst pointiert formuliert, so haben wir sehen können: „Mit meinem Namen *HaSjem* war ich nicht bekannt für Abraham, Isaak und Jakob" (II 6,3). Ihrer Verantwortung fehlt also noch eine Dimension – das ist die menschliche Verantwortung, die besagt, dass du als freier Mensch deine Stellung gegenüber G-tt beziehen musst, sodass dieser G-tt Leben über dich verfügen kann.

Erst die Verfassung ermöglicht dem Individuum voll und ganz diese Position gegenüber G-tt. Zum einen zeigt sie, wie es zu einer Einheit kommen kann, aber ohne dass dies bedeutet, dass es einen König geben wird, und zum anderen wie ein Beitritt stattfinden kann, aber ohne dass dies bedeutet, dass man sich wieder einem neuen Patriarchen anschließt (oder: sich unter einem borniertem Staat einfügt). Kurz gesagt: Nur die Verfassung ermöglicht einer Vielzahl von Individuen eine *Gesellschaft*, in der Emanzipation und Kosmopolitismus nicht den Kürzeren ziehen. Ohne das Gesetz geht es nicht.

V. Die Verfassung

Das zweite Buch der Thora, das Buch Exodus, erzählt von Moses Versuchen, den König Ägyptens so weit zu bringen, dass er dem Volk der Israeliten erlaubt, aus Ägypten fortzugehen. Das Ziel dieses Weggehens ist, dass die Israeliten dann beginnen könnten, ihrem eigenen G-tt zu dienen. Dieser durch die Thora hier skizzierte Sachverhalt ist natürlich die verkehrte Welt. Wer einen patriarchalen Fürsten höflich um Erlaubnis bittet, sich emanzipieren zu dürfen, weiß nicht, was er tut. Wir sehen denn auch, und zwar 9 mal hintereinander, dass Moses beim König Ägyptens nichts erreicht (II 11,10).

Letztendlich scheint nicht so sehr der Starrsinn oder die Bereitschaft des ägyptischen Königs ausschlaggebend zu sein als vielmehr der Mut der Israeliten, um *bereits in Ägypten* und *ohne Genehmigung des Königs Ägyptens* mit dem Dienst an ihrem G-tt zu beginnen (II 12; vgl. 3,20). Somit geht dieser Dienst an G-tt dem Sinneswandel voraus, den der G-tt der Israeliten im Herzen des Königs Ägyptens hervorruft. Ihr *unerlaubtes* Dienen G-ttes macht diesen Sinneswandel zum ersten Mal möglich. Das Dienen ist *Vorbereitung*; darauf folgend kommt G-tt mit seiner entscheidenden Verfügung – zum Leben.

Das hier in Rede stehende Dienen G-ttes nimmt in der Thora den Charakter einer Reihe von „permanenten Institutionen" (*chukkim*) an – das heißt ebenso viele Gesetze, die für das Volk der Israeliten „für immer" eine Verpflichtung sind (II 12,14: *chukkat olam*). Weiter unten in der Thora wird ersichtlich, dass diese Institutionen alle Zeiten (*moadim*) umschließen, in denen sich dieses Volk als Volk mit seinem G-tt konfrontieren lässt (siehe III 23; vgl. IV 28–29: die entsprechenden Opfer). Zusammengenommen bilden diese Institutionen die Verfassung (II 13,10: *chukkah*) der Israeliten – dies ist das Gesetz, das ihre religiöse Kultur definiert.

Nun da wir den Begriff „religiöse Kultur" verwenden, ist Präzision geboten. Man hat es mit einem G-tt zu tun, der sich außerhalb der mutwilligen Reichweite des Menschen aufhält. Überdies hat man es mit einem G-tt zu tun, der nicht mit patriarchalen Traditionen identifiziert werden kann. Wenn dies der Fall ist, dann ist es völlig ausgeschlossen, dass man sich adäquat zu diesem G-tt verhält, wenn man meint, sich bereits *im Anschluss an* diese Autorität situieren zu können. Was übrig bleibt, ist, dass man sich *gegenüber* G-tt positioniert (vgl. I 17,1 und 22,8). Was die Thora folglich in diesem Stadium tun muss, ist lediglich das „sich gegenüber G-tt positionieren", das wir schon von Abraham kennen, zurückkommen zu lassen, aber diesmal in einem kollektiven Modus. „Religiöse Kultur" ist unbedingt erforderlich. In solch einer Kultur hätten die emanzipierten und kosmopolitischen Individuen, um die es der Thora ja geht, dann ihren Punkt der Einheit und ihr alternatives Regime.

Es versteht sich jedoch von selbst, dass die Kraft einer solchen Einheit und eines solchen Regimes *nicht* in der religiösen Kultur an sich liegt. Religiöse Kultur ist in Thora ausschließlich religiöse Kultur, indem sie über sich selbst hinausweist auf *HaSjem*, das heißt auf die wirkliche Verfügungsmacht, an der man sich hier in einem kollektiven Modus orientiert. Die zusammengebrachten Israeliten werden daher nur dann Eins (*am echad*) sein, wenn sie sich nun auch kollektiv in eine Antizipation *der* Verfügung begeben, die sie vonseiten G-ttes erwarten – eine Verfügung zum Leben, die jedes Mal aufs Neue Zukunft ist (V 4,1: *le-ma'an tichjoe*; vgl. 5,30).

Emanzipation. Für die Israeliten wird die Position gegenüber G-tt durch das Gesetz oder die Verfassung definiert. Wie gesagt, haben die Israeliten in dieser Verfassung ihren Punkt der Einheit. Diese Einheit ergibt sich in diesem Fall also nicht aus dem Erbe der Vergangenheit eines Volkes – das heißt, aus den moralischen Traditionen dieses Volkes, aus seiner nationalen Zusammensetzung oder aus seiner territorialen Bindung. Die Thora verdeutlicht dies auf flagrante Weise, indem sie das Entstehen des Volkes im Falle der Israeliten im Modus eines *Weggehens* aus dem Herkunftsland (dies ist Ägypten) erfolgen lässt, sowie im Modus eines *doch noch Empfangens* der Gesamtheit der Verfassung in der Wüste, und ebenso im Modus eines sich Begeben (II 12,38: als „gemischte Gesellschaft") ins Land, das *nie zuvor* das Land dieses Volkes war. Eigentlich wiederholt die Thora hier nochmal, aber diesmal auf der Ebene des Kollektivs, dasjenige, das die Thora in ihrem ersten Buch über das Individuum Abraham sagte – und zwar im Moment seiner Emanzipation (siehe I 12). Dadurch, dass sie *als solche* über sich selbst hinausweist, das heißt dadurch, dass sie auf die Zukunft ausgerichtet ist und dies im religiösen Kultus auch vom Individuum fordert – durch all dies ermöglicht die Verfassung diese Emanzipation für die zusammengebrachten Israeliten, ohne dass irgendeine „Nationalität" die Sache verdirbt.

Kosmopolitismus. Gegenüber den Söhnen Chets blieb Abraham in Verlegenheit. Obwohl sie dazu bereit standen, konnte er ihnen kein alternatives Regime bieten (I 23). Erst im zweiten Buch der Thora werden wir mit einer Verfassung konfrontiert, der sich jeder anschließen kann. Diese Verfassung ist etwas Kollektives, ihr beizutreten ist jedoch eine *individuelle* Angelegenheit. Zunächst sind auch die Israeliten selbst solche Beigetretenen (II 12,19: *gerim*; vgl. IV 9,14; auch II 22,20: *khi-gerim hèjitem be'erets mitsrajim*). Es ist undenkbar, dass ein G-tt „dem das ganze Land zusteht" (II 19,5: *khi li khol ha-arets*), jemanden davon ausschließen würde.

Dieser Beitritt ist überdies gut durchführbar. Kein einziges Gesetz und keine Verfassung kann das Individuum dazu verpflichten, worum es eigentlich geht, nämlich *innerlich* auf eine transzendente Autorität ausgerichtet zu sein. Einzig *in einem äußeren Modus* kann die Verfassung die Position definieren, die gegenüber der innerlichen Verfügungsmacht liegt, ohne die das emanzipierte Individuum nicht auskommt. Aber gerade wegen dieser Äußerlichkeit ist das Gesetz ganz selbstverständlich innerhalb der Reichweite jedes Menschen. Der Kosmopolitismus, den die Thora mit Abraham assoziiert, wird daher dank der Gastfreundschaft, die das religiöse Gesetz bietet, erst vollständig möglich.

VI. Die kollektive Verfassung und das Leben des Individuums

Wie es sich einer Verfassung geziemt, bürgt sie für die Möglichkeit, dass die Freiheit, die Verantwortlichkeit und die Ernsthaftigkeit des Individuums als entscheidende Faktoren in die Geschichte eingehen. Wie dies fürs Individuum ausgeht, ist im Voraus ungewiss. Die Verfassung sagt darüber nichts aus und *kann* sich darüber natürlich auch nicht äußern. G-tt „zurate zu ziehen" (I 15,22: *lidrosj et HaSjem*) ist und bleibt in der Thora eine individuelle Angelegenheit. Mit anderen Worten: Die permanenten Institutionen (*chukkim*) oder Gesetze, innerhalb derer die Israeliten sich nun *kollektiv* bewegen – diese Institutionen befreien das israelitische *Individuum* zu einem Leben „im Angesicht G-ttes", das heißt gegenüber G-tt. Der Inhalt dieses individuellen Lebens wird nun suspendiert, und zwar gerade kraft der kollektiven Institutionen, um erst danach durch G-tt selbst aufs Neue über das Individuum verfügt zu werden.

Der Übergang von der Ausführung der permanenten Institutionen zum „über sich verfügt bekommen" von Leben impliziert einen Kontrast. Diese permanenten Institutionen sind etwas Kollektives. Das können sie sein, da sie äußerlich und klar definiert sind und indem sie formell sind und von Mal zu Mal wiederholt werden können. In scharfem Kontrast dazu ist das „über sich verfügt bekommen" von Leben etwas Individuelles. Dies ist per se eine innerliche Angelegenheit und als solche etwas Einzigartiges, das sich niemals im Voraus definieren lässt. Wenn du dich deinerseits *in einem kollektiven und äußerlichen Modus* gegenüber G-tt aufstellst, das heißt, gegenüber deiner innerlichen Autorität, dann tust du dies, um als *Individuum* Leben über dich verfügt zu bekommen. So gelangen wir wieder zur Formulierung, mit der wir begonnen haben: „und er lebt durch sie" (III 18,5), – dadurch, dass er das Gesetz beachtet, begibt er sich zu dem Ort (*ha-makom*), der die Adresse ist, an der G-tt Leben verfügen wird. Die Formulierung in der Thora weist somit auf Leben voraus, wovon im Vorhinein nicht feststeht, wie es ausgehen wird. Daher endet die Formulierung mit „Ich bin Gott", beziehungsweise, „Ich werde sein, wer ich sein werde" (II, 3,14; vgl. 33,19).

Um Missverständnissen vorzubeugen, muss ich hier noch etwas hinzufügen. Die Thora lehrt uns Folgendes: „Ein Mensch wird leben durch das Tun des Gesetzes". Weiter oben wurde dies so formuliert: „Wenn ihr mir ein Heiligtum errichtet, dann werde ich in eurer Mitte wohnen" (II 25,8). Vom vorherigen Defizit ist nun keine Rede mehr. Man kann daher *nicht* sagen, was Karl Barth dazu gesagt hat. Er meint, dass die Formulierung „und er lebt, indem er das Gesetz tut" (III 18,5), *nur* die Bezeichnung einer „messianischen, eschatologischen Möglichkeit" ist.[1] Barth sagt hier, dass das Gesetz *nur* die Bezeichnung einer *Verheißung* und einer *Weissagung* ist. Die Ver-

---
1 Karl Barth, *Der Römerbrief* (1922), 394.

heißung und die Weissagung würden auf einen Messias weisen, der zur Zeit Moses noch *abwesend* ist, aber kraft wessen dieses Gesetz erst wirklich „vollbracht" werden könnte[2].

Wir sehen, dass das Gesetz der Thora auch bei Barth „über sich selbst hinausweist" – er verwendet eben diese Wörter.[3] Aber, weil er mit dem Gesetz nur ein *historisches* Über-sich-selbst-Hinausweisen verbindet, macht er das Über-sich-selbst-Hinaus-weisen des Tuns des Gesetzes, wie die Thora es wirklich meint, systematisch *unsichtbar*. Darauf folgt bei Barth die kalte Verwerfung dieses Tuns des Gesetzes („Werkheiligkeit" nennt er es), und dann auch die Verwerfung der ganzen Religion, die in diesem Sinne in der Thora definiert wird, das heißt, die Verwerfung der Thora, wie der Jude und der Philosoph, der ich bin, Thora liest.

Karl Barth ist hier, an diesem Ort (III 18,5), blind für den Sinn, den das Gesetz in der Thora hat. Es ist eben gerade das Gesetz, das den Israeliten erstmals in eine Position bringt, derart, dass er sich nun zum ersten Mal mit der „Majestät von *HaSjem*" (II 40,34–35: *khebod HaSjem*) konfrontiert sieht. Eine größere Intimität ist nicht denkbar. Im Hinblick auf die Geschichte ist es im Prinzip auch ausreichend (II 14,4). Jetzt hängt alles vom Menschen ab – ob er, jedes Mal aufs Neue und an irgendeinem Ort, die *Situation* zuwege bringt, die für den Schöpfer eine Stelle des Zugangs sein kann, sodass dieser Schöpfer nicht länger in seinem Sabbat eingeschlossen bleiben muss.

Der Unterschied zwischen einerseits einer kollektiven und äußerlichen religiösen Kultur, die denn auch durch ein Gesetz definiert werden kann, und andererseits einem individuellen und innerlichen „über sich verfügt bekommen" von Leben, bringt die Thora vor als den Unterschied zwischen dem Bereich des Heiligen (*kadosj*) und dem Bereich des Profanen (*chol*). So sehr das Heilige in all seiner Äußerlichkeit in der Reichweite des Menschen liegt, so sehr liegt das profane Leben, um das es geht, außerhalb der mutwilligen Reichweite des Menschen – er muss es sich immer und immer wieder geben lassen. Mit anderen Worten: So einfach es ist, ein korrekter Israelit zu sein, so schwierig ist es, ein guter Mensch zu sein. Oder noch anders formuliert: So deutlich wie die Religion ist, zumindest in ihrer kollektiven Dimension,

---

2 KD II/2, § 34, 269–270.
3 Karl Barth, *Der Römerbrief* (1922), 71. 78–79, 122. Dieses „Über-sich-selbst-Hinausweisen" stellt Barth gegenüber einem „Sich-an-sich-selbst-Halten", das *typisch* sein würde für ein Volk Israel, das den Messias, den Barth meint, *nicht* anerkennt, und das sich in dieser Weise, so meint er, zum *Prototyp* des menschlichen Scheiterns macht. KD II/2, § 34, 265–268.

so undeutlich ist, immer wieder aufs Neue, die Ethik. Auf diese Weise ist es eben die Religion, die dem Individuum in ethischer Hinsicht Schwierigkeiten bereitet. Die Religion *erneuert* die Frage, der der freie Mensch niemals entkommen kann: „Wie soll ich leben?" Die Religion maßt sich keinen einzigen Moment an, diese Frage je selbst beantworten zu können. Im Gegenteil, für eine Antwort weist die Religion über sich selbst hinaus, sie weist auf G-tt.

Die Religion erinnert das emanzipierte Individuum an dessen Position gegenüber G-tt und rehabilitiert dieses Individuum in dieser Position. Dabei sind die Zugänglichkeit und die Kraft, die den Bereich des Heiligen repräsentiert, immer wieder und immer wieder größer als die Zugänglichkeit und die Kraft des profanen Individuums. Die „Majestät von G-tt" (der *khebod HaSjem*) (II 16,10; 29,43; III 9,6 und 23) erscheint nur den Israeliten, versammelt im Bereich des Heiligen – für Abraham, Isaak und Jakob war das nicht beschieden. Die verweisende Kraft der äußerlichen Institution ist größer als die innerliche eines schwankenden Einzelnen. Aus diesem Grund erachtet es die Thora als nützlich, das Gesetz an das Herz zu binden (II 13,9: die *tefillin*).

Der Unterschied zwischen dem Bereich des Heiligen und dem Bereich des Profanen – also der Unterschied zwischen einerseits dem, was durch die Verfassung *bereits* festgelegt ist, und andererseits dem Leben, das das Individuum *doch noch* über sich verfügt kriegt – dieser Unterschied macht sichtbar, dass das Regime, das die Thora propagiert, ein *liberales* Regime ist. Es verweist über sich selbst hinaus auf einen profanen Bereich, der nicht auf diese Weise durch ein festes Gesetz geregelt ist. Diese profane Domäne unterscheidet sich grundlegend von der religiösen Domäne, die dank ihres äußerlichen und formalen Charakters mit einer gewissen Leichtigkeit „heilig" sein kann. Doch setzt die Thora Vertrauen auf diese profane Domäne. Die Thora setzt Vertrauen auf die profane Domäne, obwohl es sein mag, dass man nie weiß, wie es ausgehen wird. Die Thora tut dies aufgrund des Gedankens, dass gerade im profanen Bereich (wenn es gelingt) eine innerliche Autorität auftritt und eine göttliche Verfügungsmacht erscheint – die Macht nämlich, die Leben über dich verfügt.

VII. Zum Abschluss

So formell das Gesetz auch ist: Es ist, wie wir gesehen haben, nicht so sehr das Ende eines offenen Lebens als vielmehr der Anfang davon. Das Gesetz zurückzuweisen bedeutet, eine Amputation vorzunehmen — die Thora kann ihr Gesetz nicht entbehren. Emanzipation und Kosmopolitismus werden erst durch das Gesetz für das Individuum uneingeschränkt möglich. Das Gesetz wegzunehmen bedeutet überdies, die Israeliten *als Volk* unmöglich zu machen – von ihrem Gesetz losgelöst verfallen auch sie in ein kleinliches Nationaldenken oder in eine irrsinnige Romantik. Dadurch, dass sie Volk sind, gerade aufgrund eines Beitrittes zum Gesetz, jedes Jahr aufs Neue (*Pesach!*), sind die zusammengebrachten Israeliten das einzige Volk, das nicht auf einer nationalen Grundlage Volk ist – es ist in diesem Sinne das einzige Volk, das *als solches* Zukunfts-Volk ist.

Es ist ausschließlich das Gesetz, so habe ich gesagt, das es den zusammengebrachten Israeliten ermöglicht, die Emanzipation und den Kosmopolitismus, die die Thora mit Abraham assoziiert, jetzt auch *als Gesellschaft* durchzuhalten. Als religiöse Verfassung impliziert dieses Gesetz außerdem eine pointierte und gut artikulierte *Erkenntnis* der Bedeutung der Verfassung. Der Zweck der Verfassung ist, das Individuum in die Position *gegenüber* dessen innerlicher Autorität zu bringen, dem Schöpfer von dem Himmel und von dem Land, der Leben über das Individuum verfügt – Inspiration, Identifikation und Orientierung. Ohne all dies entartet die Freiheit des Individuums zu Wahlfreiheit. Genau darum hat diese religiöse Verfassung selbst im Kontext der säkularen Verfassung, die wir in Europa kennen, heute die höchste Dringlichkeit — sie ist notwendig im Hinblick auf die *Fruchtbarkeit* der Emanzipation und des Kosmopolitismus. *Wa-chaj ba-hem, ani HaSjem* (III 18,5).

Rezensionen

Rezensionen

Dick Boer, Theopolitische Existenz – von gestern, für heute (Berliner Beiträge zur kritischen Theorie 19), Hamburg / Münster 2017.

Der Band enthält wichtige Texte des biblisch-kommunistischen Theologen Dick Boer (*1939), der bis 1999 als Dozent an der Universität von Amsterdam und außerdem von 1984 bis 1990 als Pfarrer der Niederländisch-Ökumenischen Gemeinde in Berlin/DDR wirkte. Schon aufgrund der Koexistenz dieser beiden Wirkungsstätten legt es sich nahe, von einer besonderen Stellung Boers im europäischen Protestantismus nach 1945 zu sprechen. Im November 1989 initiierte er den Aufruf „Für unser Land", der für die DDR ein sozialistisch-humanistisches Reformprojekt anvisierte, das jedoch gegen die von Bonn lange vorbereitete kapitalistische Restauration keine Chance hatte.[1]

Der Titel „Theopolitische Existenz – von gestern, für heute" bezeichnet die politische Parteilichkeit der theologischen Existenz, die der Parteilichkeit Gottes entspricht, und verweist auf das ebenso originelle wie lehrreiche Format des Buches:

Sämtliche Texte werden durch kurze erklärende und zuweilen selbstkritische Kommentare aus der Jetztzeit bereichert. Das Geleitwort des Amsterdamer systematischen Theologen Rinse Reeling Brouwer, einem Studenten und Freund Dick Boers, skizziert biographische und geschichtliche Hintergründe. Die Einführung von Thomas Klein, auf dessen Anregung hin der Band offenbar entstand, erläutert in seiner Einführung den Aufbau und Gesamtzusammenhang: Es handelt sich um vielfältige „Interventionen" in politische und kirchenpolitische Debatten innerhalb einer sich als politisch links verstehenden Bewegung und den entsprechenden Gruppen innerhalb der kirchlichen Ökumene sowie um Beiträge zur Bibel und zur „Weiterentwicklung der marxistischen Idee" (15).

Teil I trägt die Überschrift „Grundlegungen einer theopolitischen Praxis: Theologie und Marxismus". Er beginnt mit Boers Rede „Die Kommunisten und die Kirche. Ein Versuch zum Weiterdenken" (1978) bei einer Konferenz der Kommunistischen Partei der Niederlande, in der er die Gründe für seinen Parteieintritt und die aktive Teilnahme am „Kampf für den Sozialismus" (28) darlegt. Programmatisch erklärt er, die mit der Auferweckung Jesu von den Toten in Gang gesetzte „Revolution" (34)

---

[1] Karl Heinz Roth, *Anschließen, angleichen, abwickeln. Die westdeutschen Planungen zur Übernahme der DDR 1952–1990*, Hamburg 2000.

impliziere das Ende der alten „Religion", welche die herrschenden kapitalistischen Macht- und Gewaltverhältnisse legitimiert. Die Solidarität Gottes mit den Menschen bedeute den „kategorischen Imperativ, alle Verhältnisse umzuwerfen, in denen der Mensch ein erniedrigtes, ein geknechtetes, ein verlassenes, ein verächtliches Wesen ist"[2]

Auch wenn Boer mit der Niederlage des „real existierenden Sozialismus" in Osteuropa seinen früheren historischen Optimismus im Blick auf „das Heil als Tendenz der Geschichte" (32) verloren hat, bleibt für ihn die „Logik des Kapitals [...] der Horizont der Welt, in der wir leben", und der Marxismus – als „Lernprozess" (149) mit Affinitäten zur Psychoanalyse sowie zu feministischer Theorie und kritischer Ökologie – das geeignete „analytische Instrument" (147), um diese Welt besser zu verstehen.

Teil II verdeutlicht Boers Rolle als „organischer Intellektueller", d.h. als pädagogischer Akteur der „Gegen-Hegemonie" (A. Gramsci). Er enthält politische Auslegungen des Bekenntnisses zu Gottes „Allmacht"; Predigten; einen Vortrag über den Ort politischer Befreiungsbewegungen in der *Kirchlichen Dogmatik* Karl Barths; zwei Beiträge für das von W. F. Haug herausgegebene *Historisch-kritische Wörterbuch des Marxismus* („Christliche Gemeinde" und „Jenseits/Diesseits"); den Aufsatz „Über die Gemeinde" aus der Festschrift für Hanfried Müller und einen Vortrag über den Apostel Paulus.

Die Berliner Predigten sind besonders eindrücklich darin, dass sie sich auf den Sozialismus nicht nur, wie viele sozial engagierte westeuropäische Theologen, als Idee, sondern als lebendige Realität beziehen. Zu Karl Barths Ekklesiologie notiert Boer: „Die christliche Gemeinde ist Gottes Volk im Weltgeschehen, aber sie scheint dort ziemlich einsam zu sein. Sie ist nicht in der wirklichen Welt der Unterdrückten und ihres Widerstandes verortet" (251). Und im Blick auf den sozial-politischen Gestus ökumenischer Versammlungen bemerkt Boer, dass von diesen feierlichen Erklärungen („commitments") nach 1990 „praktisch nichts geblieben ist" (291).

Der abschließende Teil III enthält Aufsätze zu vier sozialistischen Schriftstellern in der DDR (Bertolt Brecht, Heiner Müller, Volker Braun, Anna Seghers). Dabei interessiert Boer insbesondere der unsentimentale Blick auf den realen Sozialismus sowie Gedankengänge, die in Analogie zu christlichen Glaubenssätzen stehen.

---

[2] Karl Marx, *Zur Kritik der Hegelschen Rechtsphilosophie* (MEW 1), Berlin 1976, 385.

Ein rekurrierendes Motiv in Boers Texten ist die „Große Erzählung" (185) von Gottes Eingreifen zur Befreiung Israels aus der Sklaverei in Ägypten, die in der Gabe der Thora als Anleitung zur Bewahrung der Freiheit gipfelt. Der Dreh- und Angelpunkt seiner Theologie ist allerdings weiter zu fassen als „Revolution Gottes" (43f. u.ö.). Die Exodus-Tradition wird ergänzt durch die Erzählungen von Schöpfung (anfängliche Bewahrung vor dem Chaos), Auferstehung (Überwindung der Todesmächte) und neuer Schöpfung (Jes 65; Gal 6,15; Apk 21). Damit verbunden ist eine religionskritische Auslegung des Ersten Gebots als herrschaftskritische Polemik: Die „Flucht in den Himmel" zum Zwecke der Gewöhnung an schlechte irdische Verhältnisse soll verhindert werden.

Die Texte bis 1989/90 sind antiutopisch orientiert. Instruktiv dazu ist der kurze Aufsatz „Über den real existierenden Sozialismus, an die sich als links verstehenden Theologen unter seinen Verächtern" von 1982. Boer bemerkt dort, wie leicht es sei, Vorbehalte gegen den real existierenden Sozialismus, der sich selber als „Übergangsgesellschaft" verstand, vorzubringen und alternativ das geschichtsenthobene Ideal einer gerechten Welt zu preisen. Doch diese „totale Utopie" führe zu nichts und unterminiere die „kommunistische Zielrichtung" (292) einer Gesellschaft der Freien und Gleichen, die trotz staatlicher Repression erkennbar bleibe. Jenseits von kritikloser Akzeptanz und utopischem Wunschdenken gelte es, „nüchtern und wachsam" (65) zu bleiben. Demgegenüber heißt es nach 1990, „die" (welche?) Revolution sei „nicht machbar [...]. Sie ereignet sich – oder nicht" (159). Der Sozialismus, der sich einst laut Friedrich Engels von der Utopie zur Wissenschaft entwickelt hatte, sei „wieder utopisch" (40) geworden, weil es für ihnen keinen Ort mehr in der realen Welt gebe.

Zugleich will Boer auch im 21. Jahrhundert die Möglichkeit einer klassenlosen, herrschaftsfreien Gesellschaft nicht ausschließen. Das Feld von „Religion" bleibe ein „Kampfplatz", und der Kampf um Befreiung gehe weiter, auch nach dem Ende des realen Sozialismus in Osteuropa (vgl. 168f.). Eine Gewährsperson dafür ist der Apostel Paulus, den Boer mit Alain Badiou als Theoretiker des „Ereignisses" liest. Demnach sei die herrschaftsfreie Gesellschaft *nicht* utopisch, sondern habe ihren Ort in der Gemeinde in der Welt: „Es existiert der Leib des Messias [...]. Was sich zutiefst fremd war, findet sich zusammen: Juden entdecken, dass es eine gojsche Vernunft gibt, die für die Vernunft der Tora offen ist, Gojim erkennen in dem Juden Jesus, dem gekreuzigten Sklaven, den *kyrios*, den Antityp des römischen Kaisers" (299). Die „Gemeinde von Christen und Marxisten" sei zwar nur in Ansätzen realisiert worden, aber es sei möglich, dass ein solches „Wunder" sich (wieder) ereigne.

Abschließend formuliere ich zwei Anfragen. Boer betont die Wichtigkeit der selbstkritischen historischen Reflexion. Seine entsprechenden Kommentare zur DDR, der er sich nicht nur intellektuell, sondern auch emotional verbunden fühlt(e) (vgl. 90), gehören zum Besten, was in dieser Hinsicht zu lesen ist. Er betont, es handle sich um das „Ende *einer* Geschichte" (234), nicht „der" Geschichte.

Was ist aus dieser *einen* Geschichte zu lernen im Blick auf andere Geschichten des Sozialismus und die aktuellen Kämpfe für eine andere, gerechtere Welt?

Zweitens frage ich mich, warum das Thema der „Sünde" in diesem Zusammenhang keine Rolle spielt. Alttestamentliche Texte sprechen auf verschiedene Weise davon, dass Menschen sich gegen Gottes Weisung „versündigen". Gehört dazu auch die Verweigerung gegenüber dem revolutionären kategorischen Imperativ? Und was bedeuten Texte, die von *existenzieller* Bedrohung, Not und Fehlbarkeit sprechen und Gott bei seinen Verheißungen behaften (z. B. im Psalter), für eine sozial-politisch orientierte Theologie?

Matthias Gockel

Verzeichnis der Autoren und Autorinnen

Wessel ten Boom, Pfarrer Emeritus der Protestantischen Kirche in den Niederlanden und Mitglied der Stiftung karlbarth.nl, wesseltenboom@gmail.com

Erik Borgman, Professor for Theology and Religion at the University of Tilburg, e.p.n.m.borgman@tilburguniversity.edu

Matthias Gockel, Assistent Professor für Systematische Theologie an der Universität Basel, matthias.gockel@unibas.ch

Marco Hofheinz, Professor für Systematische Theologie (Schwerpunkt Ethik) an der Leibniz Universität Hannover, Institut für Theologie und Religionswissenschaft, marco.hofheinztheo.uni-hannover.de

Victor Kal, Philosoph an der Universität von Amsterdam, v.kal@uva.nl

Andreas Pangritz, Universitätsprofessor für Systematische Theologie und Direktor des Ökumenischen Instituts an der Rheinischen Friedrich-Wilhelms-Universität Bonn, pangritz@uni-bonn.de

Georg Plasger, Professor für Systematische und ökumenische Theologie am Seminar für Evangelische Theologie an der Universität Siegen, plasger@evantheo.uni-siegen.de

Rinse Reeling Brouwer, Professor Emeritus am Miskotte/Breukelman-Lehrstuhl für theologische Hermeneutik der Bibel und Dozent Emeritus für Dogmengeschichte und Symbolik an der Protestantse Theologische Universität, r.h.reelingbrouwer@pthu.nl

Katherine Sonderegger, Professor for Systematic Theology at Virginia Theological Seminary, ksonderegger@vts.edu

Benjamin Dahlke |
Hans-Peter Großhans (Hrsg.)
Ökumene im Denken
Karl Barths Theologie und ihre
interkonfessionelle Rezeption

220 Seiten | Paperback | 15,5 x 23 cm
ISBN 978-3-374-06491-5
EUR 34,00 [D]

Karl Barth war ein dialogischer Denker. Er gewann seine theologischen Positionen in produktiver Auseinandersetzung mit anderen theologischen Entwürfen und mit vielen anderen Theologen, und dies über Konfessionsgrenzen hinweg. Selbst reformierten Bekenntnisses, setzte er sich insbesondere mit lutherischen und katholischen Theologen auseinander. Auch deshalb stießen viele seiner Schriften, insbesondere sein »Römerbrief« und seine »Kirchliche Dogmatik«, auf großes Interesse und eine breite Rezeption in verschiedenen Konfessionen. Nicht nur in der lutherischen und der katholischen Theologie, sondern beispielsweise auch bei Anglikanern und Waldensern hinterließ er Spuren. Der vorliegende Aufsatzband versammelt Beiträge, die diesen Zusammenhängen nachgehen und die ökumenischen Potentiale von Barths Theologie, nicht zuletzt auch seiner Ekklesiologie, freilegen. Der Band dokumentiert eine internationale Tagung, die im Frühling 2019 an der Universität Münster stattgefunden hat.